Peter Waldmann

El Estado anómico

Peter Waldmann

El Estado anómico

Derecho, seguridad pública y vida cotidiana en América Latina

(Segunda edición revisada)

Iberoamericana • Vervuert • 2006

Edición original:
Der anomische Staat. Über Recht, öffentliche Sicherheit und Alltag in Lateinamerika, Opladen: Leske + Budrich 2002.

Primera edición en español:
El Estado anómico. Derecho, seguridad pública y vida cotidiana en América Latina, Caracas: Nueva Sociedad 2003.

Traducción del alemán: Monique Delacre

Bibliographic information published by Die Deutsche Bibliothek

Die Deutsche Bibliothek lists this publication in the Deutsche Nationalbibliografie; detailed bibliographic data is available on the Internet at http://dnb.ddb.de.

Amor de Dios, 1 - E-28014 Madrid

Wielandstr. 40 - D-60318 Frankfurt am Main

info@iberoamericanalibros.com
www.ibero-americana.net

ISBN 84-8489-242-5 (Iberoamericana)
ISBN 3-86527-251-7 (Vervuert)

Diseño de la cubierta y maquetación: J. C. García Cabrera
Ilustración de la cubierta: Detalle de la portada de la primera edición del *Leviathan* de Thomas Hobbes, *Leviathan: or the Matter, Form and Power of a Common Wealth Ecclesiastical and Civil*, London, 1651. © Foto: bpk Berlin.

Este libro está impreso íntegramente en papel ecológico blanqueado sin cloro.

Impreso en España

Para Petrita

Índice

Prologo a la segunda edición

La primera edición de este volumen ya se había agotado al transcurrir el primer año desde su impresión. Una nueva edición por la editorial «Nueva Sociedad» no era posible ya que esta cerró su producción de libros definitivamente. Por eso acepté con agrado la oferta generosa de Klaus Vervuert de reimprimir el libro en su editorial. Revisando cuidadosamente el texto descubrí algunos errores de imprenta y giros o expresiones en la versión castellana que no correspondían exactamente al original alemán y podían dar lugar a malentendidos. Esto ha sido corregido. En cambio no vi ninguna razón para tocar el contenido de los diversos artículos, incluso en los casos, como el de Colombia, donde uno u otro dato ya no corresponde con la última etapa de su agitado desarrollo. En su esencia los artículos apuntan a tendencias y dilemas estructurales, y estos no han cambiado en los últimos dos o tres años. La tesis del Estado anómico sigue vigente. No sería difícil fundamentarla con más pruebas empíricas tomadas justamente del tiempo que ha pasado desde la primera impresión del libro.

Augsburgo, mayo de 2005

Introducción:
Sobre el concepto del Estado anómico

Resulta difícil *a posteriori* constatar de dónde proviene la idea para un tema determinado y por qué comenzamos a estudiarlo. Quizás hayan sido los estudios universitarios de derecho que realizó el autor, o la impresionante vivencia de una situación genuinamente anómica en la Argentina, sacudida por los desórdenes con características de guerra civil a principios de los años 70, lo que despertó temprano el interés por situaciones en las cuales el mecanismo de reglas sociales y estatales se derrumba (Waldmann 1978b, 1998). De cualquier manera, con este interés el autor se encontraba en general fuera de la corriente científica principal en la sociología del desarrollo y en especial en lo relacionado con América Latina. Otros problemas parecían más importantes a los colegas, tales como las diferencias en la repartición de las riquezas y las tensiones y conflictos que de ello resultaban o como el rasgo autoritario y frecuentemente represivo de los sistemas políticos.

En este sentido se ha podido observar un cambio evidente en los últimos diez años. Como se puede constatar en la cantidad de publicaciones aparecidas sobre el tema; en ese lapso el interés tanto por los diversos ámbitos del derecho formal como por las normas sociales paralelas ha aumentado considerablemente. Esto tiene tres motivos:

— Primero, tras la ola de democratización que recorrió América Latina a mediados de los años 80, hubo que darse cuenta de que la restauración de la democracia no restablecía automáticamente el Estado de derecho. A pesar de las elecciones regulares y de los periódicos cambios de gobierno, en muchos Estados, los funcionarios siguen siendo corruptos y la igualdad de los ciudadanos ante la ley, un deseo incumplido.

— Segundo, las reformas económicas neoliberales le han quitado al Estado una buena parte de sus recursos de antaño. Este sólo interviene de manera marginal en las luchas sociales de distribución y, tras la amplia privatización de las empresas estatales, ha perdido la posibilidad de otorgar prebendas y lucrativos encargos para mantener contentos a sus partidarios y acallar a potenciales adversarios. En resumen, el Estado se ha visto reducido a sus clásicas funciones fundamentales: el mantenimiento de la seguridad y el orden públicos así como la previsión en los servicios básicos de salud, educación e infraestructura vial. Y nadie puede ignorar cuán ineficientes son los órganos estatales justamente en este ámbito esencial de sus atribuciones supremas.

— Tercero, finalmente ha tenido lugar un cambio en la manera de pensar de los economistas. Mientras que durante mucho tiempo su atención estuvo fijada en que la dinámica del mercado pudiera funcionar sin sufrir influencias externas, en tiempos recientes han descubierto, dentro del marco de las ciencias económicas institucionales, la importancia de la protección de los derechos de la propiedad y, en general, de condiciones institucionales estables para alcanzar un crecimiento económico continuo (Harris *et al.* 1995).

Estos tres cambios de perspectiva arrojan una luz más crítica sobre la falta de seguridad legal, que hasta entonces había sido pasada por alto tácitamente en muchos países latinoamericanos. Los ensayos reunidos en este libro analizan el motivo de la incapacidad general del Estado latinoamericano para crear un sistema de leyes y normas transparente y consistente con el fin de dirigir de manera efectiva el comportamiento social. Redactados durante los últimos diez años, todos los artículos giran en torno al trasfondo histórico, las formas concretas, los modelos perpetuadores y las soluciones sustitutivas de la legalidad constitucional deficientemente desarrollada en América Latina. Nuestras reflexiones desembocan más de una vez en la idea del Estado anómico, es decir, de un Estado que, según criterios de lo que debería ser su buen funcionamiento, no sólo presenta ciertas carencias y debilidades sino que prácticamente invierte parte de estos criterios. Dada la importancia del concepto para entender este libro, nos parece oportuno explicarlo algo más detalladamente.

ANOMIA Y ESTADO: UNA CONTRADICCIÓN APARENTE

A primera vista Estado y anomia parecen conceptos opuestos. El neologismo 'anomia' fue introducido en la sociología por Émile Durkheim a fines del siglo XIX. El clásico sociólogo francés entiende por ello situaciones y ámbitos sociales que se caracterizan por la subregulación o la falta de reglas (Durkheim 1992, 1990). Omitiremos aquí la trayectoria que tuvo este concepto, bajo la forma modificada que le dio el discípulo de Parsons, R. K. Merton, en la sociología del comportamiento desviado (Merton 1968), ya que para el objetivo de esta investigación nos parece más indicado referirnos directamente a Durkheim. Situaciones que carecen de toda regulación social, como se las imaginaba Durkheim, constituyen en la realidad social más bien una rara excepción. Por eso ampliaremos aquí el concepto incluyendo circunstancias normativas contradictorias o confusas. Proponemos decir que una situación social es anómica cuando faltan normas o reglas claras, consistentes, sancionables y aceptadas hasta cierto punto por la sociedad para dirigir el comportamiento social y proporcionarle una orientación (Dreier 1997; Waldmann 1998).

Para obtener una imagen más precisa de las carencias que pueden contener las normas y los conjuntos de normas sociales es necesario tener presente las características centrales de los sistemas de normas capaces de funcionar. Las normas deben:

- ser claras y comprensibles (dimensión lingüística);
- apoyarse en el consenso de una gran parte de los afectados (aceptación moral y dimensión de orientación social);
- ser apuntaladas por sanciones para garantizar un control efectivo del comportamiento (función reguladora).

La posibilidad de cumplir parcialmente con las tres exigencias evidencia que puede haber diferentes grados y niveles de anomia social. En este sentido hay que tener en cuenta que siempre cuando dentro de una sociedad o de un grupo social no se llega a un acuerdo sobre los componentes lingüísticos de las normas (por ejemplo, sobre conceptos como «legítima defensa», «propiedad privada» o «injuria») ya se ha alcanzado un estado avanzado de anomia («confusión babilónica de lenguas»). Un fenómeno que se observa con frecuencia en los países del Tercer Mundo, también en América Latina, cierta fricción entre las dimensiones tres y dos: el derecho formal asegurado por sanciones estatales choca con reservas internas en la población que en su comportamiento sigue más bien reglas basadas, en primer lugar, en la aceptación social. Estas normas paralelas en algunos casos entran en acción sólo de manera complementaria al derecho formal, pueden empero adquirir las dimensiones de un antiorden completo que neutraliza parcialmente el derecho estatal. En general, encontramos con más frecuencia niveles intermedios del menoscabo parcial del orden oficial vigente; es decir, encontramos una combinación específica de conjuntos de normas formales e informales situados entre los extremos de un orden legal que cumple con todos los criterios por un lado y, por otro, los incumple totalmente. Una gran parte de las exposiciones de este tomo analiza este tipo de niveles intermedios.

El Estado y lo estatal en este sentido representan aparentemente un extremo opuesto al concepto de anomia ya que, al menos en la historia europea, están estrechamente vinculados con la concepción del orden y la legalidad. Esta asociación mental no es únicamente el resultado del concepto moderno del Estado de derecho sino que se remonta al Estado absolutista de la temprana edad moderna y, en el fondo, hasta la polis griega de la época preclásica (siglos VI y VII a.C.) (Gehrke 1995; Hofmann 1987). El sentido y el objetivo del dominio estatal ha sido siempre garantizar un mínimo de orden y seguridad públicos y el instrumento central para realizar esto era la promulgación de leyes abstractas generales. Para ello es por de pronto secundario que el legislador, como el monarca de la época absolutista, de acuerdo a la fórmula *princeps legibus solutus*, se encontrara por encima de las leyes (Wyduckel 1979) o que éstas persiguieran el objetivo de someter al poder Ejecutivo a sólidas reglas en sus intervenciones a expensas del individuo, como se hizo costumbre en general a partir del siglo XIX. Lo decisivo era más bien la división, que con esto postulaba el Estado, entre una esfera pública y una privada, unida a la exigencia de configurar y controlar la primera de acuerdo a reglas generales, transparentes y vinculantes para todos por igual.

Antes de relativizar este modelo en lo que a América Latina se refiere y de establecer un lazo entre el Estado en aquel continente y ciertas formas de anomia, queremos quitar del medio una objeción que lógicamente se podría hacer. Ésta consiste en que es improcedente, y que equivale a una contracción eurocentrista de la perspectiva, el pretender transferir la idea del Estado, nacida en el contexto histórico europeo, como estructura normativa a formas políticas extraeuropeas[1]

[1] Hay que tener en cuenta que también la interpretación que hacen los historiadores de la evolución de la idea del Estado en Europa está sometida a un cambio.

ya que no se adecuaría a las condiciones tan diferentes bajo las cuales fue implantado y se desarrolló el modelo estatal fuera de Europa. A este reparo respondemos que nuestro proceder puede ser injusto pero no hay alternativas. El Estado europeo es definitivamente, como lo ha demostrado muy efectivamente W. Reinhard en un libro recientemente editado por él (Reinhard 1999b), uno de los más exitosos productos de exportación del Viejo Continente. Sobre todo, tras la última ola de descolonización, después de la Segunda Guerra Mundial, ha aumentado rápidamente la cantidad de Estados existentes (habiéndoseles otorgado garantías de existencia totalmente inusuales hasta entonces) (Jackson 1990). En lo que a los Estados latinoamericanos en especial se refiere, que en su mayoría surgieron ya a principios del siglo XIX y cuentan por lo tanto con casi doscientos años de soberanía legal, sus elites políticas dirigentes se orientaron desde el principio hacia ejemplos europeos y hacia el de los EE. UU., tan pronunciadamente que cualquier modelo estatal que se desviara de ellos contradiría su propio sentido.

Nuestra hipótesis, según la cual también los Estados pueden desarrollar características anómicas, rebasa los límites dentro de los cuales ha sido tratado hasta ahora el problema de la anomia. Durkheim y los sociólogos interesados en cuestiones de anomia que lo sucedieron, consideraban que la principal causa del surgimiento de situaciones anómicas era el cambio social acelerado. Se basaban en que los cambios de las estructuras sociales que cuestionan las costumbres y reglas tradicionales no producen forzosamente de inmediato nuevas normas y mecanismos de control. Durkheim, al suponer esto, tenía presente a la Francia de la Tercera República sacudida por escándalos y, en general, a la disolución de los conceptos morales y normativos causada por la veloz industrialización, urbanización y diferenciación social en la Europa del siglo XIX. También K. Merton asocia la idea de anomia en primer lugar a fallas sociales y a desatinos estructurales (Merton 1968). Queda sin embargo el interrogante de si también la esfera política puede ser la causante de efectos que erosionen las normas.

Mientras que en los años 70 y 80, se destacaban sobre todo los impulsos provenientes del centro estatal para disciplinar a la sociedad, en lo sucesivo se hace hincapie mucho más en la utilización del aparato estatal por súbditos y ciudadanos. Ambos puntos de vista contrastan con la poco ilusoria interpretación del Estado europeo en la temprana edad moderna del sociólogo Charles Tilly, que lo considera explotador y extorsionador. Véase Tilly (1985).

El autor de estas líneas vislumbró el primer indicio en esta dirección al investigar las dictaduras militares latinoamericanas. Comprobó que los dictadores pueden tener gran interés en destruir las bases legales y las normas sociales informales, que dan a la población cierto sostén interno y externo, para poder gobernar con la mayor desconsideración. En vista de ello, en Augsburgo iniciamos un amplio proyecto de investigación comparativa bajo el título «Dictadura y anomia social». Aunque todavía no dispongamos de todos los resultados de la investigación, ya podemos prever una confirmación, al menos parcial, de la hipótesis inicial. Según ésta, las dictaduras, dejando de lado el hecho de que mediante la coacción represiva puedan garantizar la seguridad y el orden, frecuentemente socavan en sumo grado las normas legales y sociales. Esto motiva la pregunta general de cuáles son los efectos de la dominación estatal que impulsan la anomia que plantearemos a continuación.

Por anticipado, queremos subrayar que no todos los Estados latinoamericanos pueden ser considerados anómicos. Chile, Costa Rica, tal vez también Uruguay, no caen bajo esta categoría. A pesar de ello, en la región el número de Estados con tendencias anómicas más o menos acentuadas es lo suficientemente grande como para justificar un análisis general del fenómeno. Para realizar este análisis, el punto de partida debe ser la descripción de algunas características generales del Estado latinoamericano.

Sobre las debilidades estructurales del Estado latinoamericano

Una de esas características es su debilidad estructural. Este rasgo permaneció oculto durante mucho tiempo debido a las pretensiones del Estado latinoamericano de querer regular casi todo interviniendo en numerosos ámbitos sociales y además por el hecho de que, poseyendo muchas empresas estatales, constituía un importante factor económico. Los regímenes militares, muy propagados en la región durante los años 60 y 70, así como los robustos sistemas de dominación posrevolucionarios de México y Cuba, han contribuido a confirmar la imagen del todopoderoso «Leviatán». A pesar de todo, las apariencias engañaban. Si nos fijamos, más que en las competencias que se hacían valer, en la efectiva capacidad de organizar y dirigir que el Estado latinoamericano tiene en relación con la sociedad, se evidencia que su poder siempre ha tenido límites muy claros.

En ninguna parte se manifiesta esto más claramente que en la realización de los monopolios de la recaudación fiscal y de la coacción física legítima, los dos monopolios clásicos cuya reivindicación está asociada con el poder estatal. Como lo ha señalado hace poco A. Boron, el Estado latinoamericano no ha conseguido nunca obligar a sus ciudadanos pudientes a pagar consecuentemente los impuestos adeudados (Boron 1998: 53). A pesar de que las tasas impositivas directas son relativamente bajas si se hace una comparación internacional, los ricos consiguen siempre sustraer una parte de sus ingresos a la recaudación fiscal mediante transferencias a bancos europeos o norteamericanos. Las autoridades estatales se convierten frecuentemente *a posteriori* en cómplices de esta forma de evasión fiscal al prometer condonaciones impositivas a aquellos que estén dispuestos a repatriar el dinero evadido. El monopolio de la coacción física no está en mejores condiciones. Ahora como antes, no todos los grupos sociales han abandonado las armas, la justicia por mano propia es un fenómeno muy extendido y un gobierno que no puede dejar satisfechos a sus ciudadanos tiene que contar con que éstos se rebelen de manera más o menos violenta contra los órganos y las instituciones estatales. Aun en el pequeño y relativamente pacífico Honduras fueron registrados en el ámbito público —durante una investigación que duró unos seis meses— incontables hechos violentos perpetrados con evidentes intenciones políticas (véase el cap. 1 de este volumen).

Desde el punto de vista estructural, la debilidad del Estado se presenta como la doble incapacidad de garantizar un orden pacífico vinculante para todos y de brindar las prestaciones elementales, es decir, como una debilidad relacionada con el orden y otra relacionada con la organización. Ambas están estrechamente relacionadas entre sí y tienen como trasfondo la incapacidad estatal de hacer cumplir por todos las leyes y los decretos y no sólo limitarse a promulgarlos. En el ámbito legal es donde más claramente se manifiesta que en muchos Estados latinoamericanos la *estatalidad* nunca ha sido definitivamente realizada: empezando por las constituciones, cuya letra y espíritu se infringen permanentemente, pasando por las leyes con frecuentes deficiencias técnicas, contempladas por los ciudadanos en principio con desconfianza y aplicadas por las autoridades administrativas selectiva y arbitrariamente, hasta los jueces y tribunales no siempre accesibles para el ciudadano corriente y considerados corruptos en general. La aplicación del derecho en América Latina es un amplio campo que permite observar todas las formas de desviación imaginables de lo que realmente merecería el nombre de Estado de derecho.

La debilidad estatal tiene dos aspectos complementarios: por un lado, el Estado nunca ha podido imponerse en los aspectos centrales de la soberanía (monopolio de la recaudación impositiva y de la fuerza) frente a los grupos de la sociedad y los individuos que le disputan este derecho. Por otro, nunca ha conseguido refrenar ni disciplinar a sus propios miembros y órganos, siendo esto en parte la consecuencia y en parte la causa de lo mencionado antes. No son únicamente los ciudadanos corrientes quienes no tienen mucho respeto ante las leyes sino que los propios funcionarios del Estado las contravienen con regularidad.

A pesar de todo, también un Estado débil es un Estado[2]. Estados fracasados y en desintegración, como encontramos crecientemente en África (Tetzlaff 2001), constituyen en América Latina todavía una excepción (en todo caso podríamos pensar en Colombia). Una relativamente larga independencia formal de los Estados en esta región ha permitido que surjan arreglos institucionales y tradiciones a los que se les puede certificar una resistencia y estabilidad considerables. Una característica de América Latina es por cierto la existencia de una estatalidad formal e institucionalmente asegurada, pero cuyo contenido no es lo que promete. En esta contradicción reside lo desconcertante e irritante en el trato con el ciudadano de parte de los representantes del Estado. Y en ella vemos la esencia del rasgo anómico que atribuimos al Estado latinoamericano.

La tesis de la anomia

La tesis de la anomia se puede resumir en cuatro puntos:

— El estado latinoamericano no ofrece a los ciudadanos ningún marco de orden para su comportamiento en el ámbito público, sino que es más bien una fuente de desorden. No crea las condiciones

[2] Un Estado débil es particularmente peligroso, como lo demuestran las numerosas violaciones de los derechos humanos, debido a las cuales las fuerzas de seguridad latinoamericanas recurrentemente aparecen en los títulos de los periódicos. Justamente, debido a su debilidad y sus aprietos, el Estado latinoamericano procura frecuentemente mantener o restaurar ficticiamente la soberanía que se le disputa con todos los medios de que dispone.

para que haya una certeza en cuanto al comportamiento y la orientación sino que más bien contribuye a desorientar y confundir a los ciudadanos.

— Esto se debe en parte a que pretende regular ámbitos sociales y modos de comportamiento que ocupa ficticiamente y que no está en condiciones de dominar y controlar efectivamente. La debilidad de los órganos estatales para imponer sus reivindicaciones invita a los grupos sociales que rivalizan con ellos a ocupar dichos espacios y ámbitos, de manera que el ciudadano no sabe las reglas de quién debe cumplir[3]: las universalistas del Estado o las particularistas de los respectivos grupos sociales.

— Por otra parte, el propio personal estatal, los funcionarios de la Administración, los jueces y los policías son la causa de continuas irritaciones, temores y sensaciones de inseguridad de los ciudadanos, ya que no cumplen con las leyes estatales. Lejos de constituir un oasis de fiabilidad y seguridad, son focos de arbitrariedad y de desviación de las normas. El problema esencial es que los privilegios y las atribuciones especiales que se les concede a los funcionarios en razón de su función suprapartidista son utilizados con fines privados y se transforman en armas peligrosas dirigidas contra los ciudadanos, que procuran defenderse del abuso de la autoridad (recordemos el «desacato»).

— Un Estado que no está en condiciones de satisfacer las necesidades básicas de los ciudadanos respecto del mantenimiento del orden y de la seguridad, desde el punto de vista de los afectados carece de legitimación elemental. Con este concepto, que se remonta a Heinrich Popitz nos referimos a la fundamental función del Estado de ofrecer un marco vinculante que haga que tanto el comportamiento estatal como el social sean calculables hasta cierto punto, que produzca aquella mínima confianza social básica y con ello la seguridad necesaria en el trato social, sin la cual las interacciones sociales son muy propensas a perturbarse y están llenas de riesgos. En última instancia, se trata del contrato fundamental que, como diría Hobbes, justifica al Estado, esto es, el contrato que antecede a cualquiera de las demás legitimaciones en cuanto al contenido (basados en el carisma, en procedimientos

[3] Con M. L. A. Hart se puede decir que lo que en el fondo falta es una regla vinculante que determine cuáles son las normas vigentes y cuáles, en cambio, no lo son (Hart 1961: 97).

que responden a principios democráticos, etcétera), del valor del orden por el orden en sí (Popitz 1992: 221; Trotha 1994: 69). Lo que el Estado latinoamericano le sigue adeudando a sus ciudadanos es justamente la creación de ese orden, razón por la cual ellos a su vez le niegan el reconocimiento básico.

He aquí algunas observaciones suplementarias para completar los cuatro puntos: en primer lugar, debería haber quedado claro que el atributo anómico no se refiere tanto al abuso de las facultades estatales en sí como a la confusión general que éste genera. Se podría afirmar, polémicamente, que un aparato estatal cuyos miembros son corruptos en su totalidad, una Administración que pone un «precio» a todas las actuaciones oficiales son menos anómicos que circunstancias en las que nadie sabe exactamente qué es lo que cuenta, cuál es la regla vigente. O, como un taxista colombiano le dijo una vez al autor: «seguro, hay también policías correctos, lo malo es que uno no sabe cuáles son porque todos llevan uniforme». Allí donde lo decisivo es exclusivamente el poder y la dotación con recursos se reduce la dimensión de la anomia ya que entran en función reglas naturales que todo el mundo conoce (véase el artículo sobre Santa Cruz, Bolivia en este volumen). El más anómico es aquel Estado que no renuncia a sus pretensiones de ordenar y regular pero que no está en condiciones de realizarlas.

Los puntos 2 y 3 delatan que el autor tiene una actitud mucho más crítica frente a los productores de anomia en el aparato estatal que frente a los desviacionistas sociales. Ello se debe a la influencia del filósofo británico del derecho, M. L. A. Hart, quien opina que se podría disculpar al simple ciudadano que adopte un «punto de vista externo» y procure soslayar las leyes. En cambio, no se debería tener la menor indulgencia con los administradores y guardianes de la ley que se comportan de manera ilegal. Un Estado capaz de funcionar necesita una considerable cantidad de ciudadanos que adopten el «punto de vista interno», es decir que voluntariamente, sin la amenaza de sanciones, respeten las leyes. Con razón, se pregunta, quién estaría dispuesto a ello sino aquellos cuya existencia física y psíquica depende de las leyes que interpretan y aplican de oficio (Hart 1961: 110).

No hemos concretizado aún a qué desviaciones de las reglas por parte de los responsables estatales nos referimos. Las infracciones de las leyes más graves que pueden cometer los funcionarios son el abuso de la fuerza y la corruptibilidad. En general se supone que bajo regímenes militares lo corriente sean más bien las intervenciones violentas y que, desde la restauración de la democracia, la corrupción haya pasado a primer plano; pero hay que cuidarse de las simplificaciones burdas. No es raro que ambas formas del abuso de autoridad se presenten combinadas, por ejemplo, cuando amenazas con medidas de fuerza son utilizadas con la finalidad de obtener sobornos del ciudadano. Particularmente alarmante resulta constatar repetidamente que en numerosos Estados la violencia y la corruptibilidad no se limitan a los rangos bajos y mal pagados de los funcionarios, sino que, al contrario, van aumentando a medida que se sube por la pirámide jerárquica. Esto puede ser interpretado como indicio de que el Estado latinoamericano no ha sabido socializar ni disciplinar a sus elites y de que, al revés, son éstas las que lo instrumentalizan para perseguir sus intereses privados.

No es difícil encontrar pruebas de que los ciudadanos se niegan a reconocer básicamente al Estado, como hemos mencionado en el punto 4. Nada es tan usual en la región como «echar pestes» sobre el Estado, sus representantes y sus órganos. Muchos latinoamericanos son sumamente nacionalistas, pero no tienen el menor escrúpulo en pactar con amigos, colegas y hasta con cualquiera cuando sea a expensas del Estado. Ya hemos mencionado que pocos tienen inconveniente en evitar, por ejemplo, el servicio militar o el pago de impuestos. El poco apego al país natal se manifiesta en la facilidad y la frecuencia con las que se cambia un Estado por otro. Dentro de América Latina, las largas y difícilmente controlables fronteras facilitan el cambio. Más allá, la migración no es tan fácil porque es necesario hacer trámites oficiales. Especialmente en tiempos económicamente difíciles, delante de los consulados de los países que gozan de mayor bienestar se forman largas colas de gente joven que quiere emigrar, sea para regresar a la tierra de sus antepasados, sea para buscar otro país que prometa un futuro mejor, más posibilidades de progresar y más seguridad legal que el propio.

Anomia y desarrollo

¿Qué efecto tiene la anomia inducida por el Estado sobre el desarrollo de un país, hasta qué punto obstaculiza procesos sociales y económicos de modernización? ¿Cuáles son las posibilidades de eliminar estos obstáculos?

Para contestar estas preguntas es necesario recordar una vez más lo que se designa como anomia. Algunos científicos han ampliado tanto el concepto que se vuelve sinónimo de todo lo malo que puede amenazar a una sociedad y sus miembros: inseguridad y caos, aislamiento y alienación, desintegración social, crisis de orientación, tensiones y conflictos. Por otro lado, hay que recordar que ya Durkheim había distinguido dos ejes de problemas sociales: el de la integración social y el de la regulación social (Durkheim 1990; Besnard 1987; Thome 2001). Una sociedad puede ser relativamente caótica sin que sus miembros piensen darle la espalda o romper la cohesión social. Cuando las personas no cumplen con las leyes, tienen un trato laxo con las reglas formales e informales, entonces crece el riesgo de decepción en las interacciones sociales y cada uno debe invertir más tiempo y empeño para ponerse de acuerdo con los otros a fin de alcanzar objetivos para los cuales necesita el apoyo de terceros. Pero esto no significa forzosamente que el grupo o la sociedad afectada amenace con desintegrarse. En otras palabras, anomia es sobre todo un factor de costos sociales. Obstaculiza el tráfico social, quita eficiencia a los procesos sociales que tienen un fin determinado, pero no afecta forzosamente la cohesión social.

Una subregulación crónica y un constante menosprecio por las normas pueden, a la larga, tener repercusiones sobre la coherencia interna de una comunidad. En lo relativo a América Latina, consideramos que este peligro proviene sobre todo de dos procesos. El primero está relacionado con la provisionalmente consolidada forma democrática de gobierno en esta región. Según la concepción occidental existe un vínculo inseparable entre democracia y Estado de derecho. Los sociólogos y politólogos latinoamericanos señalan que no se puede atribuir los déficit del proceso de formación del Estado condicionados por la historia a la recién restaurada forma democrática de gobierno; que en el caso europeo el desarrollo hacia el Estado de derecho prácticamente ya estaba cerrado cuando les tocó el turno a las reformas democráticas (sobre Alemania, véase Nipperdey 1993; véase también el ensayo sobre «Obstáculos para el Estado de derecho» del presente volumen), mientras que los países de América Latina se encuentran frente a la mucho más difícil tarea de tener que realizar ambas reformas casi simultáneamente, ya que se ven obligados, apenas consolidado el proceso de democratización, a continuar inmediatamente con una reforma del Estado de derecho. Sin embargo, es un hecho que la legitimación de los partidos y los gobiernos elegidos democráticamente será muy débil mientras que el precedente problema de la creación por el Estado de un marco de orden calculable no haya sido resuelto satisfactoriamente.

En particular, la economía necesita un orden protegido institucionalmente. Volvamos a lo ya expuesto sobre la revalorización de los derechos de propiedad por la nueva rama de la economía institucional. Como lo demuestran estudios históricos comparados de los EE. UU. y América Latina, para el imparable ascenso de la economía estadounidense desde, a más tardar, la finalización de la Guerra de Secesión a mediados del siglo XIX, han desempeñado un papel central el derecho de propiedad y el sucesorio garantizados constitucionalmente así como, en general, la seguridad legal imperante en ese país (Fleer/Tobler 2001). La economía y el mercado capitalistas necesitan estar enmarcadas por condiciones institucionales estables. Si América Latina no quiere quedar atrás de otras regiones semiperiféricas, como el sudeste asiático, no podrá evitar hacer grandes esfuerzos para contener los factores responsables de la inseguridad legal reinante, en particular la corrupción y la inseguridad pública en las ciudades. Es evidente el hecho de que la continua decadencia económica tiene consecuencias negativas sobre la integración social de estos países.

¿Cuáles son las posibilidades de convertir un Estado que tiene la tendencia a alentar la anomia en uno que funcione «normalmente» y que la frene? Los entendidos en la materia son optimistas al respecto. Se basan en que el proceso de globalización junto con controles externos directos e indirectos (como, acaso, los informes de «Transparency International») a la larga obligarán a los jefes de Estado latinoamericanos a imponer de manera consecuente los principios y los postulados del Estado de derecho en todos los ámbitos. El autor de estas líneas admite que en este aspecto es algo más escéptico. Esto se funda en que considera que los déficit descritos tienen su origen en tenaces actitudes y modos de comportamiento que se han ido adaptando durante siglos y en que, justamente Argentina, la nación más avanzada en el proceso de modernización no ha dado hasta ahora muestras de transformarse en un verdadero Estado de derecho[4].

[4] Nos parece que el punto capital es la actitud de las elites. No faltan ejemplos de elites que se identifican con el Estado y que al principio gobiernan de manera autoritaria y arbitraria, pero con el tiempo se puede lograr que se moderen y sometan a las leyes. En cambio, sigue siendo un misterio cómo hacer para que elites de poder, que consideran al Estado como su patrimonio y lo utilizan para realizar sus objetivos particulares, se sientan obligadas a identificarse con el rol de líderes de Estado y entiendan su función como servicio a la comunidad. Lo único que podría estar seguro es que influencias y controles externos no pueden ocasionar este cam-

La estructura de este volumen

El volumen consta de dos partes principales. La primera contiene estudios y análisis generales, orientados tanto de manera histórica como estructural. En tanto parámetro comparativo utilizamos a Europa y a los EE. UU. El primer ensayo se centra en las diferentes tradiciones de las elites europeas y latinoamericanas, mientras que el segundo enfoca la importancia de las instituciones políticas para la estabilidad política de un país. Esto es ilustrado con el ejemplo concreto de la diferencia del rol que desempeña la constitución en la fundación del Estado en América Latina y en los EE. UU. También en el tercer artículo argumentamos en parte de manera histórica, pero sobre todo destacamos allí los intereses y las estructuras que obstaculizan la realización en el presente de reformas del Estado de derecho. La escéptica conclusión relativa al futuro del Estado de derecho tiene su complemento en el último ensayo de esta parte, que se refiere a conjuntos de normas sociales existentes que son extralegales o que se encuentran al margen de la legalidad. En primer lugar, desarrollamos una tipología de las posibles formas en que se relacionan el derecho formal y las normas paralelas informales; a continuación ponemos de relieve la forma de funcionar de sistemas alternativos de normas y sus características esenciales utilizando procesos para dirimir conflictos.

La segunda parte está compuesta por cuatro estudios que se refieren a casos específicos. El primer artículo, redactado en colaboración con Carola Schmid, presenta una visión de conjunto de la policía latinoamericana, su historia, su estructura organizativa y las formas típicas que utiliza para abusar del poder. Se basa en un simposio científico realizado en 1995 y financiado por la Fundación Konrad Adenauer, al que fueron invitados expertos en policía de toda América Latina y de EE. UU. Los otros tres estudios se concentran en diferentes países. La principal conclusión que sacamos

bio de mentalidad y que el impulso decisivo debe necesariamente tener su origen en la propia sociedad afectada. Véase también Elster (1989: 263), en donde se expone que en lo relativo a la corrupción existen sólo dos estados estables: o se la mantiene ampliamente bajo control o penetra por todos los poros de la sociedad. En lo relacionado con la anomia originada por el Estado opino que sucede algo similar. O es el Estado en primer lugar un productor de orden y seguridad o se convierte en una fuente adicional de desorden e inseguridad. Fases intermedias y, por lo tanto, una transición paulatina de una situación a otra parece muy difícil de realizar.

de ellos, es que hay que cuidarse de hacer generalizaciones apresuradas, ya que cada sociedad representa un caso especial en cuanto a los problemas de la anomia. El artículo sobre Argentina empalma con uno anterior sobre los mismos temas en este país (Waldmann 1996a). Hemos tratado de lograr una división más precisa de la esfera de las normas informales y de clasificar el caso de Argentina en las categorías generales de los problemas de regulación e integración. En el artículo sobre Colombia se trata de la evidente violación de las normas del Estado de derecho debido al recurso arbitrario a la violencia. Se investigan las causas del paulatino desencadenamiento de la violencia en ese país y el impacto que tiene sobre el derecho, la economía y la política. Finalmente, en el último ensayo, someteremos la tesis de la anomia a una prueba de falsificación. La suposición es que si es el Estado el que produce la anomia, las regiones relativamente alejadas de su influencia tendrían que padecer menos bajo esta calamidad. Siguiendo este punto de vista, hemos elegido para nuestra investigación una región y una ciudad descuidadas crónicamente por el Estado central de Bolivia, es decir, Santa Cruz de la Sierra. No queremos anticipar los resultados del análisis, pero podemos afirmar que no dan motivo para cuestionar la hipótesis fundamental de este volumen.

ASPECTOS GENÉRICOS

1. Una imitación que tuvo poco éxito. Por qué el modelo estatal europeo no ha podido imponerse en América Latina

Las Américas del Sur y Central fueron gobernadas durante varios siglos desde Europa, más tiempo que cualquier otra región extraeuropea. Esta circunstancia explica por qué después de la independencia a principios del siglo XIX, la mayor parte de los jefes de Gobierno y de los intelectuales miraron hacia Europa buscando consejo para organizar el orden político en sus jóvenes Estados. Las ideas y principios que han marcado al Viejo Continente en los dos últimos siglos —el nacionalismo y la democracia, la división de los poderes y la protección mediante la constitución, el Estado de derecho y el Estado de bienestar— han pasado también a formar parte constituyente de la cultura política de los países de América Latina. Su historia reciente y situación actual no se pueden entender sin tener en cuenta las corrientes de ideas y las instituciones extraídas de la doctrina europea del Estado y de su puesta en práctica. Este es uno de los aspectos del proceso político en estos países. Pero además existe otro que se opone diametralmente a lo que sería la copia auténtica del modelo europeo y que hasta el presente ha impedido eficazmente su realización efectiva. Expresándolo con unos pocos conceptos claves, diremos que este antimodelo se caracteriza por la predominancia de patrones de orientación particularistas y clientelistas sobre normas abstractas, la preferencia de las relaciones y de los lazos personales a las consideraciones objetivas.

Discrepancia con el modelo

La discusión sobre el Estado latinoamericano durante mucho tiempo se basó en una premisa equivocada al asumir que se trataba de un Estado poderoso, muy «fuerte». Había una serie de rasgos que parecían justificar esta presunción: la tradición ibérica del autoritarismo, que en el ámbito andino podía continuar con las estructuras jerárquicas de la época precolombina, el papel clave de la Iglesia Católica, que durante siglos ejerció el monopolio de la fe en el subcontinente, sin olvidar el rol preponderante de los militares hasta fines de los años 80. Además, causaban impresión las pretensiones del Estado latinoamericano de querer regular los más diversos ámbitos sociales, incluyendo la economía. Si se hubiera puesto más atención en *la capacidad del Estado para hacer cumplir* los incontables reglamentos y ordenanzas implantados, se hubiera tenido una imagen muy diferente de él.

En efecto, según nuestra tesis, en América Latina los Estados son por tendencia mayoritariamente débiles[1]. Las excepciones confirman la regla; entre éstas se encuentra Chile, donde el Estado alcanzó relativamente temprano una posición hegemónica frente a la sociedad, situación similar a la europea. Otras excepciones las constituyen regímenes posrevolucionarios, como el del Partido Revolucionario Institucional (PRI) de México desde finales de la década del 30 hasta fines de la del 90 o, desde hace 40 años, la Cuba casi dictatorialmente dominada por Fidel Castro. Dicho sea de paso, a estos Estados se los puede considerar sólo parcialmente soberanos en el sentido de la doctrina europea del Estado. Es verdad que, luego de las sangrientas luchas iniciales y de raras interrupciones bélicas, consiguieron llegar a un acuerdo bastante estable sobre sus fronteras externas. Sin embargo, existe una contradicción entre el éxito obtenido en la independencia hacia fuera y la incapacidad de estos jóvenes Estados

[1] El siguiente bosquejo se basa en primer lugar en las investigaciones propias del autor sobre los problemas de la violencia política en América Latina y en gran parte se desvía de las opiniones corrientes sobre el Estado y sus funciones en esta región. Por este motivo es limitada la posibilidad de corroborarlo mediante indicaciones bibliográficas. Sin embargo, en los nuevos estudios, por ejemplo, en el trabajo de F. Escalante Gonzalbo o en los recientes ensayos de G. O'Donnell, se señala la estructura doble del Estado y la debilitación que ésta le produce (véase Tobler/Waldmann 1991; Waldmann 1994, 1996c; Escalante Gonzalbo 1992; O'Donnell 1993, 1997).

de imponer hacia dentro sus pretensiones de soberanía. En el ámbito interno del Estado, los países latinoamericanos sólo cumplen en parte con los tres criterios según los cuales se define, desde G. Jellinek, la soberanía (Jellinek 1905: 388; Reinhard 1999a: 16; Breuer 1998: 18): no disponen de una población uniforme, su territorio está desmembrado, el monopolio de la coacción física es controvertido.

Para quién haya viajado por estos países o se haya interesado intensivamente por ellos, no es difícil advertir que están muy lejos de haber producido un ciudadano uniforme con los mismos derechos y deberes. En los estados con minorías aborígenes (mayorías «relativas»), las comunidades indígenas que se administran según sus propias normas constituyen la excepción más llamativa de lo que representaría el haber impuesto una ciudadanía con una situación homogénea. Muchos de los derechos civiles garantizados oficialmente, por ejemplo el libre acceso a las autoridades administrativas y a los tribunales, están prácticamente reservados a una limitada capa de ciudadanos instruidos y pudientes, mientras que para los pobres y los marginados, que en estas sociedades representan con frecuencia la mayoría de la población, existen solamente en teoría. Generalmente, el principio de igualdad previsto por la Constitución formal es contrarrestado y violado de muchas maneras por redes de relaciones sociales y por normas particularistas específicas de los diferentes grupos.

La limitación de la soberanía estatal no es menos evidente si aplicamos los otros dos criterios: la necesidad de poseer un territorio homogéneo y el monopolio de la coacción física legítima. En este sentido, es característico que en casi todos estos países existan espacios y ámbitos —de grandes dimensiones, en parte— que se sustraen a la intervención del Estado y están dominados por fuerzas alternativas.

Esta constatación no es nueva. También en la época colonial y en el siglo XIX, el control estatal se limitaba esencialmente a las ciudades y su entorno, mientras que en el inconmensurable interior del territorio —en particular en las zonas topográficamente poco accesibles o con un clima desfavorable— a los grupos sociales que llevaban la voz cantante les importaba poco el poder central. Por ejemplo, en las vertientes boscosas de los Andes y en los valles fluviales de Colombia, así como en los valles de Guatemala, durante siglos imperó la ley del más fuerte (Riekenberg 1990: 33). En las pampas argentinas y en los llanos venezolanos, ejercían el poder, hasta mediados del siglo XIX en el primer caso, y principios del XX en el segundo, caudillos regionales, algunos de los cuales ascendieron desde simples gauchos o llaneros y, otros, eran desde su origen poderosos terratenientes. En zonas apartadas eran las bandas de asaltantes firmemente establecidas (México, por ejemplo) (Gerdes 1987) o las ya mencionadas comunidades indígenas con sus propias reglas, las que completaban el cuadro de los espacios tradicionalmente alejados del alcance del Estado.

Llama la atención que el número e importancia de aquellos grupos y espacios no haya disminuido durante el proceso de modernización que recorrieron estas sociedades en los últimos cien años sino que, a lo sumo, se hayan desplazado. Mientras que antiguamente los encontrábamos en los límites o fuera del ámbito de influencia estatal, hoy en día los hallamos también en el centro de las sociedades y, en parte, de las grandes ciudades. Así es que en todas las metrópolis latinoamericanas existen barrios poblados por las capas bajas en los cuales la policía evita entrar por temor a ser agredida[2]. En estos lugares ejercen el poder grupos a quienes el Estado les es indiferente o que lo consideran su enemigo: bandas rivales de jóvenes delincuentes, milicias civiles y «escuadrones de la muerte», cárteles de drogas y jefes de bandas criminales con sus guardaespaldas. En parte, han erigido un régimen totalmente arbitrario y, en parte, ejercen su poder de una manera transparente —claro que con medidas draconianas que chocan con las leyes oficiales.

Un ejemplo más de estos espacios —en este caso situados en el centro mismo del poder estatal formal —en los cuales las leyes no están vigentes son los centros penitenciarios de estos países (sobre Venezuela, véase Gabaldón 1996). No están generalmente sometidos a ningún control estatal efectivo, sino que constituyen enclaves con normas propias con las cuales los propios presos organizan su vida en común. Según el país, esto puede suceder hasta de acuerdo a los principios económicos de mercado (los reclusos acaudalados pueden instalarse en estas cárceles de manera muy confortable) o de acuerdo a una jerarquía que se basa en la violencia física. El personal car-

[2] Esto sucede hasta en un país como la Argentina que, también según las pautas europeas, es bastante civilizado. Durante una estadía en 1998 como docente invitado en Córdoba, una de las ciudades más importantes del país, al autor se le advirtió que debía evitar una villa miseria ubicada en un lugar céntrico en la cual ni la policía osaba entrar. Sólo los domingos se podía ingresar en ella libremente. Ese día se realizaba allí una feria en la cual uno podía volver a adquirir los objetos que durante la semana habían sido robados. Sobre Rio de Janeiro, véase K. Hart (1998).

celario no tiene poder o está degradado a ser un órgano al servicio de los presos. La policía se guarda bien de intervenir en los asuntos internos de estas comunidades de reclusos y se contenta con vigilar las penitenciarías hacia fuera a fin de evitar peligros para la sociedad que los rodea.

Además de estas zonas con control estatal reducido que han surgido en tiempos recientes en los centros urbanos existen territorios, en el interior escasamente poblado, en los cuales propietarios latifundistas con sus séquitos armados, organizaciones guerrilleras u otras asociaciones alternativas ejercen el poder.

Para definir similares circunstancias en las cuales situaciones y espacios sociales se sustraen a la intervención directa del Estado en África, G. Spittler ha creado la feliz fórmula de «la autonomía a la sombra de Leviatán» (Spittler 1980). Ésta muestra las posibilidades pero también los límites de estas entidades parcialmente soberanas (Waldmann 1998: 156 y ss.). La probabilidad que tienen de establecer sus propias normas y de imponérselas a cada uno de los miembros es limitada ya que su soberanía es sólo condicional, en cierto modo tomada del Estado en calidad de préstamo. Si el Gobierno legal decidiera concentrar su poder de coacción y aplicarlo con consecuencia, estaría generalmente en condiciones de ocupar estos enclaves de poder y exterminarlos o someterlos. Casos como el de Colombia, donde asociaciones guerrilleras tienen ocupadas desde hace décadas grandes partes del país y son capaces de medirse en pie de igualdad con las Fuerzas Armadas constituyen una excepción y no la regla. Sería sin embargo demasiado pedir al Estado latinoamericano que eliminara de un golpe todas las zonas, acumuladas con el tiempo, en las cuales el derecho no existe o se encuentra muy diluido. Además, una concentración de fuerzas como la descrita requiere un esfuerzo organizador del que estos Estados sólo son capaces en crisis extraordinarias.

Al decir esto llegamos a la médula de la deficiencia del Estado latinoamericano: su incapacidad de ejecutar la gran cantidad de leyes y decretos que promulga (Garzón Valdés 1997b). *A posteriori* es difícil dictaminar si esta debilidad ejecutoria está relacionada con la resistencia de ciertos grupos a aceptar disposiciones y obligaciones decretadas por las autoridades o con la falta inicial de una voluntad decidida, por parte de los políticos en el poder y de sus agentes ejecutores, de imponer a la sociedad reglas obligatorias. Desde principios de la época colonial hasta nuestros días nos encontramos con un patrón infinitamente repetido: al principio, las autoridades exigen el cumplimiento de medidas conducentes a eliminar usos y costumbres que desde el punto de vista estatal son jurídica y moralmente problemáticos; pero ante la resistencia a aceptar la nueva ley de parte de grupos sociales en posiciones clave, los representantes del Estado terminan transigiendo y finalmente se adaptan a las reglas del juego que habían pretendido combatir.

Se puede constatar que el resultado de los fracasados esfuerzos de someter a la sociedad a un control estatal efectivo es la penetración sutil del aparato estatal por intereses y procedimientos particulares. Sobre todo en la manera de funcionar de la burocracia estatal se refleja la superposición de una mentalidad estatal-neutral por otra social-particularista. La mayoría de los funcionarios desconocen lo que Max Weber llamaba una estricta disciplina institucional, es decir, el decidir según reglas abstractas *sine ira et studio* (Weber 1972: 128 y ss., 551 y ss.)[3]. Si bien tienen una vaga idea de las tareas que debe realizar su organismo y sobre todo de los privilegios de que gozan como funcionarios del Estado, no quieren saber nada del postulado inmanente de toda burocracia que se refiere a la *desubjetivización* del poder. Antes bien, consideran que su posición les ofrece la posibilidad de enriquecerse y de hacer participar a sus allegados de las ventajas que otorga su función. Es sabido que la Administración y el sistema judicial —aunque hay que diferenciar según los países— de América Latina son corruptibles desde la base hasta la cúspide.

La deficiencia estatal que se manifiesta en la incapacidad de las autoridades de imponer normas se hace notar igualmente en otros órganos y funciones estatales, y deja recaer una peculiar sombra de sospecha sobre toda la actividad estatal. Finalmente, se echa de menos un principio, una razón propia que comprometa al Estado a alcanzar el bien común (Münkler 1987, cap. IV). Los actos de soberanía son fácilmente sospechosos de parcialidad, es decir, de servir a intereses particulares. Y no puede ser pasado por alto el hecho de que en estas sociedades, si bien son nacionalistas en alto grado —como es posible constatar siempre en los campeonatos internacionales de fútbol—, el Estado no tiene mucho prestigio. El abuso constante de los bienes de la nación con fines privados tiene por última conse-

[3] Naturalmente, hay que añadir que el ideal de burocracia que Weber desarrolló tampoco se puede aplicar sin restricciones a la situación real de la burocracia europea y cada vez se aleja más de ella. Una alternativa, partiendo del modelo estadounidense, la propone J. Q. Wilson (1989).

cuencia que el límite entre lo público y lo privado sea muy poco claro. Se desdibuja, así como la división de roles en el individuo, entre persona privada y ciudadano, que tiene los mismos derechos y deberes generales que todos. Resultan determinantes ciertas fuerzas intermediarias: asociaciones, grupos de interés e instituciones semipúblicas que llenan el espacio existente entre el individuo y el poder estatal, y tienen por consecuencia que el lazo de soberanía, que en los Estados modernos los une, se rompa y falsifique de muchas formas. Bajo esta influencia, no se produce ninguna sumisión general sino que ésta se limita a diversos grados de obediencia debida; se suspende la igualdad delante la ley y en su lugar, básicamente, lo único que existe son hechos particulares (Escalante Gonzalbo 1992: 97; Huhle 1993).

Al acentuar las características que diferencian el Estado latinoamericano del europeo, no se deben, sin embargo, olvidar dos aspectos. Primero, hay que subrayar que, a pesar de las debilidades destacadas, se trata realmente de un Estado; es decir, de un centro de coordinación y regulación política con una naturaleza propia, que dispone de considerables recursos (funciones y prebendas, honor y prestigio, competencias para regular y para ejercer la coacción). Las sociedades latinoamericanas están todavía muy alejadas de la genuina inexistencia del Estado que se produce en los casos de manifiesta desintegración estatal (como, por ejemplo, en África). Segundo, la falta de disposición a cumplir estrictamente las normas no debe ser confundida con un abierto rechazo frente al Estado y sus leyes[4]. La aprobación de leyes importantes puede contar con un interés público considerable, lo mismo que los cambios en las leyes penales, la presentación del presupuesto fiscal o el cumplimiento de las reglas relevantes para las elecciones. La permanente contravención de las leyes no excluye su alta valoración en la conciencia colectiva. La actitud ambigua que los latinoamericanos tienen en relación con el Estado y el derecho formal no puede ser sometida a una clasificación sencilla.

[4] Recuérdese el dicho aún corriente en América Latina según el cual: «la ley se acata pero no se cumple».

FALTA DE MONOPOLIO DE LA COACCIÓN FÍSICA LEGÍTIMA Y DE LA CAPACIDAD DE DISCIPLINAR

La debilidad del Estado latinoamericano para imponer sus resoluciones se debe, más que a otras circunstancias, a la falta de un aparato de coacción física legítima que sea superior a los demás sectores de la sociedad que le hacen competencia. Con esto volvemos a aquel criterio que desde Max Weber y Norbert Elias es un rasgo clave del Estado moderno (Weber 1972: 29; Elias 1969): el monopolio en el ejercicio de la coacción física legítima[5]. El Estado latinoamericano, así como tampoco su poderoso vecino, los EE. UU., no han podido nunca arrancar definitivamente este monopolio a sus ciudadanos. Existen, naturalmente, considerables diferencias entre los diferentes países. El Estado chileno ejerce un control sobre la sociedad mucho más efectivo que su vecino argentino; la situación de Colombia, continuamente atribulada por conflictos internos crónicos, no se puede comparar con la de la relativamente pacífica Costa Rica. Bajo Gobiernos militares aumenta la presión ejercida por el poder sobre los ciudadanos y por eso se reduce la tendencia de éstos a tomar arbitrariamente la ley con su propia mano. Sin embargo, nos atrevemos a formular la tesis general de que en estos países el Estado no puede esperar que los individuos le obedezcan incondicionalmente ya que les queda abierta la posibilidad de defenderse personalmente en casos excepcionales, es decir, de recurrir a la violencia para oponer resistencia frente un inconveniente que los perjudique supuesta o realmente.

Para confirmar esta tesis es suficiente leer los periódicos en cualquier metrópoli latinoamericana: están llenos de noticias sobre choques violentos entre individuos, grupos enteros o entre ciudadanos y las fuerzas de seguridad estatales. Para comprobarla, el autor de estas líneas encargó hace algunos años un estudio sobre Honduras, uno de los países más pacíficos de América Central. Se pudo constatar que, durante los seis meses que duró la investigación, las acciones militantes de protesta de grupos sociales contra las autoridades y sus resoluciones estaban al orden del día: desde las barricadas callejeras

[5] La palabra «legítima» es importante porque excluye la violencia de los delincuentes y de las bandas de asaltantes que operan en la ilegalidad. Nos referimos más bien a las actividades coactivas que entran en competencia con la coacción física ejercida por el soberano (Breuer 1998: 19).

en cruces y puentes o la ocupación de edificios o terrenos reclamados para instalar sus viviendas, pasando por ataques a policías o asaltos a mítines electorales de partidos adversos, hasta desmanes racistas masivos y el secuestro de políticos de la oposición (véase también Salomón 1993). Otro ejemplo lo ofrece el conflicto en la provincia del sur mexicano, Chiapas, que desde hace algún tiempo aparece con frecuencia en las primeras páginas de la prensa. A pesar de que el Estado posrevolucionario mexicano controlaba como pocos la sociedad mediante una estrecha red de instituciones leales al Gobierno, no pudo impedir que en una parte del país algunos grupos expresaran violentamente su descontento con la situación local (Gabbert 1997).

La tesis de la carencia del Estado latinoamericano en cuanto al monopolio de la coacción tiene dos aspectos (Waldmann 1994). Por un lado, afirma que el Estado y sus representantes nunca han logrado convencer a los ciudadanos de no tomarse arbitrariamente la justicia con sus propias manos. Esto no significa que todo el mundo, cuando lo considere indicado para imponer sus intereses, vaya a atacar a sus adversarios o a rebelarse contra las autoridades. Pero el recurso a la violencia, o la amenaza de usarla, como instrumento subsidiario tiene mucha aceptación sobre todo por aquellos individuos o grupos que carecen de otras fuentes de poder (las capas bajas y los grupos marginales). El segundo aspecto se refiere a la estructura interna del propio aparato estatal. Su debilidad se manifiesta en el hecho de que tradicionalmente ha sido incapaz de hacerse obedecer estrictamente por sus propias instituciones, sobre todo por las Fuerzas Armadas. Motines de todo tipo e intentos de golpe, con o sin éxito, eran frecuentes hasta hace poco en la región. Está por verse si la transición hacia la democracia parlamentaria, iniciada en casi todos estos países a partir de 1983, representa la renuncia definitiva a querer resolver de manera violenta los conflictos políticos que se producen dentro del aparato estatal.

El crónico desacato de la interdicción de la violencia, tanto en el ámbito social como en el estrictamente político, le ha dado a América Latina la fama de ser un subcontinente políticamente inestable que se caracteriza por ininterrumpidas luchas frecuentemente violentas (Moreno/Mitrani 1971). La ubicuidad y la gran variedad de las manifestaciones violentas no debe inducirnos a sacar la errónea conclusión de que la cantidad de las víctimas de la violencia política en esta región supere la de otras. Las guerras con grandes pérdidas de vidas humanas así como las revoluciones sangrientas han sido en América Latina relativamente poco frecuentes. Es más bien la difusa y desparramada violencia «indisciplinada» la que determina la imagen social y política más que las grandes olas de violencia, ciertamente muy disciplinadas, como muestra, por ejemplo, la historia de la Europa reciente. Esta diferencia está relacionada, entre otras cosas, con el distinto desarrollo que han tenido el Viejo y el Nuevo Continente en los tiempos modernos. Por este motivo lo bosquejaremos brevemente.

La concentración de los medios de coacción en manos del Estado es en Europa el resultado de un proceso que se extiende durante varios siglos, en cuyo transcurso la cúspide de la conducción estatal fue usurpando cada vez más competencias. Como las agrupaciones sociales (las regiones, los estamentos, las comunas) no se dejaban arrancar sus tradicionales derechos ni su independencia sin ofrecer resistencia, la transferencia del poder a favor de los centros de poder estatal tuvo que ser forzada durante un proceso de sometimiento disciplinario lleno de conflictos. *Grosso modo,* se pueden distinguir en éste dos fases[6].

En la primera fase, durante los siglos XVII y XVIII, tuvo lugar lo que Gerhard Oestreich llamó *proceso disciplinario fundamental*: Los monarcas reforzaron la presión para someter y hacerse obedecer tanto sobre el aparato Ejecutivo estatal naciente como sobre la sociedad en general. Las libertades de ambos fueron restringidas y fueron obligados a respetar más los fines e intereses del Estado. Estos esfuerzos tuvieron un éxito bastante considerable en relación con las mismas instituciones estatales, en particular con los militares y la Administración; ambos fueron transformados en un instrumento dócil en las manos de los gobernantes. En cambio, los esfuerzos estatales de control no alcanzaron el último nivel de la pirámide estamental de la sociedad. Las nuevas formas de registro de la totalidad de los ciudadanos, las medidas para enmarcarlos y ponerlos bajo tutela así como las amenazas de penas draconianas para el caso en que no se respetaran las órdenes o las interdicciones estatales no pudieron impedir que la mayor parte de la pobla-

[6] La literatura especializada sobre los temas que se tratarán a continuación es apenas abarcable, aun para historiadores especializados en la temprana edad moderna. Autores centrales en este contexto son Max Weber, Norbert Elias y Michel Foucault, quienes iniciaron el debate sobre el proceso disciplinario. El autor se contenta con indicar algunos trabajos que han sido particularmente instructivos para él: entre ellos se encuentran Oestreich (1969), Breuer (1986), Rassem (1983). Una visión de conjunto la presenta Mann (1993); en especial sobre las elites de poder, véase Reinhard (1996).

ción europea, incluyendo a delincuentes y grupos marginales, no estuviera al alcance de la intervención estatal en la época del Absolutismo.

Esto cambió sólo en la segunda fase, que abarca el siglo XIX y principios del XX. A pesar de que en ella los sistemas de gobierno autocráticos fueron reemplazados por monarquías parlamentarias y sistemas democráticos que otorgaron a los ciudadanos ciertos derechos y sometieron al poder autoritario a reglas exigibles judicialmente, la capacidad de control y penetración de las instancias estatales se incrementó en una medida hasta entonces impensable. Esto se debía, en lo que se refiere a las posibilidades de dominar un territorio hasta sus últimos confines, sobre todo a la rápida construcción de la red de carreteras y ferrocarriles, que a su vez era el resultado del auge industrial, del aumento del comercio y del crecimiento de la población, así como a la mayor movilidad de esta. Los principales instrumentos para incrementar la disciplina social eran establecimientos e instituciones que proporcionaban a educandos y reclusos un nuevo sentido del tiempo y del deber: escuelas y cuarteles, fábricas, cárceles, penitenciarías y casas de trabajo (éstas últimas ya existían desde el siglo XVI). El principal agente estatal que en las grandes ciudades velozmente expandidas mantenía la limpieza y la higiene, la tranquilidad, el orden y la seguridad era la policía urbana que había sido introducida en 1838 en Londres y se había extendido rápidamente por todo el continente (Mather 1959; sobre Prusia véase Funk 1986).

Retrospectivamente y haciendo la comparación con América Latina, se destacan sobre todo dos rasgos que caracterizaron el ascenso del Estado europeo hasta alcanzar una plenitud de poderes ilimitada: primero, la fuerte presión ejercida por la rivalidad sobre los centros de poder europeos. La competencia confesional y la que existía entre los nacientes Estados, que luchaban constantemente por la hegemonía en Europa, eran los principales motores de su desarrollo y al mismo tiempo la palanca para obligar a creyentes y súbditos a respetar los intereses del Estado[7]. Por ejemplo, los monarcas con-

[7] Este rasgo del desarrollo europeo, particularmente destacado por la literatura especializada reciente, ya fue claramente reconocido por Bertrand de Jouvenel en los años 40. Véase Jouvenel (1972), en especial el cap. 18. Un resumen provisorio de las investigaciones la hace J. Burckhart (1997); sobre la rivalidad de las confesiones, véase Reinhard 1983.

seguían hacerse pagar con regularidad los impuestos por los ciudadanos sólo gracias a la permanente alusión a los peligros que resultaban de las guerras y a la necesidad de disponer de fondos financieros para una efectiva defensa. W. Reinhard habla en este contexto de un proceso circular de acumulación de poder por el Estado que se autorreforzaba. Como los impuestos no se pagaban voluntariamente, fue necesario crear un aparato de coerción para recaudarlos. Su consolidación dependía a su vez de la disponibilidad de fondos fiscales, de manera que la extracción de recursos de la población y el perfeccionamiento del aparato estatal de coacción se condicionaban y se potenciaban mutuamente (Reinhard 1999a: 24 y 304)

El otro rasgo está relacionado con el equivalente mental para alcanzar el monopolio de la coacción, el proceso disciplinario espiritual: es típico que en Europa éste se haya desarrollado de «arriba para abajo». Los hombres de letras adeptos al neoestoicismo, Justus Lipsius, Erasmo de Rotterdam y otros, habían advertido temprano que los gobernantes y todos los portadores de responsabilidad política debían ser los primeros en controlar sus pasiones y aprender a comportarse de acuerdo a las virtudes clásicas de la dignidad, la firmeza, la constancia y la clemencia antes de exigir lo mismo de sus súbditos (Rassem 1983: 221; Münkler 1987: 185). Si bien el alcance de este tipo de instrucción dirigida a los príncipes no debe ser sobrevalorado, indica que se había reconocido el principio de que los gobernantes deben ser un ejemplo para los gobernados.

Si nos fijamos nuevamente en América Latina, constatamos la inexistencia de un principio semejante. Si bien, como se destaca en una reciente investigación de Peer Schmidt (1997), la doctrina neoestoica era ampliamente conocida en la América colonial, nada indica que haya tenido alguna resonancia digna de mención entre los funcionarios coloniales o criollos. También, de otros casos de dominación colonial —como el régimen que los ingleses instauraron en Irlanda—, se sabe que los colonialistas no tenían reparos en no respetar los principios y las leyes vigentes en sus metrópolis y en modificarlas a su gusto para sus propios fines. Con el objeto de justificar sus arbitrarias medidas invocaban la existencia de circunstancias excepcionales y de dificultades de cuya existencia la Corona en su lejana residencia no tendría ni la menor idea (Miller 1978). En el caso de las colonias españolas ultramarinas, es de suponer que tanto los funcionarios administrativos con ocupaciones temporarias en ellas como los criollos con residencia permanente consideraban que estaban allí no para desempeñar una tarea con responsabilidad sino más bien para enriquecerse rápidamente y sin miramientos. Si bien la Corona en repetidas ocasiones trató de adoptar enérgicas medidas para impedir la explotación de los indígenas y combatir el abuso de poder, terminaba siempre por ceder. En parte, hasta propiciaba indirectamente la compra de cargos y la corrupción pagando sueldos tan bajos a los funcionarios que éstos se veían casi forzados a recurrir a ingresos pecuniarios ilegales para poder mantener un nivel de vida adecuado a su posición (Pietschmann 1992, 1994).

Cuando la Casa Real española, harta de la desidia instalada, decidió ajustar las riendas en la segunda mitad del siglo XVIII y poner disciplina en la Administración colonial mediante una reforma y aumentar la recaudación de impuestos de las colonias con el sistema de intendentes, éstas —al igual que las norteamericanas— se emanciparon violentamente de la metrópolis. Esto significa que el movimiento independentista constituyó una reacción al proceso centralizador y disciplinario que tenía su origen en Europa e impidió así que éste alcanzara América Latina.

La brecha existente en Europa entre las amplias pretensiones del Estado de dirigir y controlar y las condiciones de vida reales fue cerrándose gracias a la Revolución Francesa y al proceso indicado anteriormente, producido en el siglo XIX (industrialización, aumento de la población, urbanización y ampliación de la infraestructura). En América Latina, en cambio, la contradicción entre la teoría constitucional y la realidad cotidiana creció en esa época. Las largas luchas por la independencia, que duraron décadas, desembocaron finalmente en contiendas y desórdenes internos, en los cuales caudillos rivales se disputaban la supremacía sobre los territorios emancipados, mientras que prácticamente se derrumbaba el orden público (Buisson/ Schottelius 1980; Fisher 1992: 15). La arbitrariedad y el abuso de poder duraron más de una generación, y sólo regía la ley del más fuerte. En general, esta fase acababa cuando el más poderoso y brutal de los caudillos, tras vencer a sus rivales, proclamaba el Estado nacional y hacía promulgar una constitución. Aunque se dejara aconsejar por eruditos de la jurisprudencia, conocedores del desarrollo constitucional europeo y el norteamericano y a pesar de que no faltaron los esfuerzos bien intencionados para verificar el texto constitucional en la realidad política, era en general demasiado tarde para alcanzar la ventaja en el desarrollo que le habían ganado en el ínterin el Viejo Continente y EE. UU. Se siguió manteniendo una considerable distancia entre las construcciones republicanas formales, en las cuales los principios de la división de los poderes, del Estado de derecho y las libertades ciudadanas estaban arraigadas, y la práctica política, caracterizada por el autoritarismo, el personalismo y el clientelismo (Garzón Valdés 1997a: 325; Loveman 1993). Desde aquella época, cierta esquizofrenia (o hipocresía) es una característica típica del pensamiento, los discursos y las actuaciones en la política latinoamericana.

Para entender mejor por qué el Estado latinoamericano no ha podido devenir una copia fidedigna de su modelo europeo, hay que tener en cuenta tres circunstancias más. Entre ellas se encuentra la falta de serios conflictos o rivalidades exteriores. Recordemos que éstos constituyeron el empuje principal del desarrollo estatal europeo en la temprana edad moderna, sobre todo en los siglos XVII y XVIII. La gran extensión de América Latina les evitó a los jóvenes Estados las empecinadas guerras territoriales que fueron ineludibles en la Europa tan estrechamente compartimentada y el problema era más bien la colonización y el control de los en parte inmensos (o extremamente accidentados) territorios.

En segundo lugar, en América Latina se siente la ausencia de los establecimientos y organismos que tuvieron un inapreciable valor para el proceso disciplinario y de sometimiento de amplias capas de la población en Europa. Las Fuerzas Armadas latinoamericanas fueron durante siglos una institución débil e indisciplinada; las fábricas industriales surgieron en los países especializados en exportaciones de materias primas de origen animal y mineral sólo en los años 30 del siglo XX y las escuelas en su mayoría se encontraban y están aún en manos privadas. La única institución que difundía sistemáticamente el orden y la disciplina era la de los jesuitas y éstos ya fueron expulsados de América Latina durante la época colonial.

Tercero, no se debe olvidar que estos Estados fueron fundados bajo un signo republicano y liberal (Brading 1994: 94). De este modo no se produjo el proceso absolutista que en Europa había preparado durante varios siglos el dominio definitivo de la sociedad por el Estado tras la Revolución Francesa. El significado de un principio dinámico de apoyo a la monarquía hereditaria, tanto para perfeccionar el aparato centralista de poder, como para ejercitar la obediencia y promover la lealtad de los ciudadanos frente a la autoridad, no se puede estimar demasiado alto (Reinhard 1999a: 23 y 138). Su difusión en Europa hizo que el Estado liberal-democrático del siglo XIX pudiera continuar sin demasiadas dificultades con la labor comenzada, adaptando a los ciudadanos al marco del Estado nacional. En América Latina, en cambio, el Estado debe seguir haciendo grandes esfuerzos para ser aceptado por la sociedad como autoridad legítima para mantener el orden público.

NEGOCIAR LA OBEDIENCIA

Lo que se presenta como un imperfecto desarrollo del poder estatal puede, inversamente, ser considerado también un triunfo relativo de ciertos grupos y fuerzas sociales —de los *intermediarios,* factores de poder o como quiera que se los llame en la literatura especializada— sobre el poder político central. Han sabido impedir que el Estado se desvincule de la sociedad y se constituya en una institución de derecho propio, fijando las condiciones básicas y las normas de comportamiento tanto para los individuos como para la sociedad en general. En América Latina, el Estado nunca se convirtió en un fin en sí mismo, sino que ha continuado siendo un instrumento para implementar los diversos fines de la sociedad. Constituye un foro institucional tanto para camarillas políticas dirigentes como para los grupos sociales más débiles que buscan dirimir conflictos y redistribuir posibilidades de obtener ingresos y bienes. Obedecer sin dudar las disposiciones de las autoridades estatales es hasta el presente algo poco común para sus ciudadanos. Por lo general, la obediencia *se negocia*, es decir, se busca un compromiso entre los funcionarios que representan al Estado y al bienestar general, o que por lo menos lo pretenden, y los ciudadanos o los grupos renitentes y descontentos. En este sentido, el proceso político latinoamericano refleja todavía un modelo de constitución preabsolutista, basada en el principio de la negociación y del contrato[8].

En un ensayo frecuentemente citado de los años 80, Charles Tilly expuso que el auge de poder del Estado europeo en los tempranos tiempos modernos se fundamentaba en la continua «extorsión» de sus ciudadanos: el monarca absolutista, al sugerir la existencia de una permanente amenaza por los belicosos señoríos vecinos, tenía un pretexto para legitimar su función como indispensable garante de la protección y seguir extendiendo su ámbito de influencia sobre el país y su población (Tilly 1985). Es característico de América Latina que allí el reparto haya sido más bien inverso, es decir que grupos sociales desempeñaran el papel del extorsionador y esquilmaran todo lo posible al Estado o abusaran de él para sus fines particularistas. Es

[8] En esto se manifiesta una similitud con la importancia del principio del contrato o acuerdo como base del consenso constitucional en los EE. UU., pero también con las categorías del pensamiento de las minorías étnicas de Europa, que nunca han abandonado ciertas reservas en cuanto a la lealtad frente al Estado central. Véase Waldmann (1997: 261 y ss.).

proverbial la propensión del Estado latinoamericano a ceder ante las presiones. Esto se debe, en primer lugar, a su estructura doble, al hecho de que su carácter de aparato burocrático, en el sentido de Max Weber, es sólo limitado; además, representa una red clientelista de monstruosas dimensiones; no sólo debe tener en cuenta los ávidos deseos de sus miembros directos sino también los de sus amigos y parientes, que quieren participar de los privilegios que otorga el poder (Pritzl 1997). Si las expectativas particularistas son defraudadas por el Estado, las reacciones no se hacen esperar. El medio tradicional utilizado por los diferentes grupos o asociaciones para manifestar su descontento era la amenaza con la violencia o su aplicación inmediata. Los ejemplos de esta manera de proceder, tanto en el pasado lejano como en el reciente, son incontables. Entre éstos cuentan los movimientos ostentativos de tropas en cuarteles situados en las cercanías de la capital cuando se trata de medidas a adoptar que afectan a los intereses de los militares; huelgas con ocupaciones de edificios por los empleados estatales a los que se les niega un aumento de sueldo; disturbios violentos vinculados con manifestaciones de las capas bajas y de grupos marginales como reacción ante el encarecimiento de los alimentos básicos o de los precios de los medios de transporte urbano. En el curso de la reciente ola de democratización, los medios para ejercer presión se van desplazando hacia el ámbito simbólico-comunicativo. Pero, sin embargo, el mecanismo básico de ejercer influencia sobre el Estado mediante presiones, relaciones y negociaciones de compromisos según el principio de la reciprocidad ha cambiado poco.

Surge entonces el interrogante de por qué las elites dirigentes de estos países se embarcaron en la complicada forma del Estado de derecho moderno para articular sus intereses y allanar sus conflictos en lugar de preferir un modelo de gobierno más simple, como, por ejemplo, uno de tipo patrimonial (Mansilla 1990). La respuesta es compleja. Primero, hay que recordar que muchos de estos Estados se encontraron sometidos durante décadas a un régimen militar que suprimió la división de poderes, y se vieron reducidos a un eje básico de gobierno: de un lado, el poder Ejecutivo militar y, del otro, el variopinto resto de grupos de interés y de políticos aspirantes al poder. El hecho de que, a pesar de todo, los países latinoamericanos hayan vuelto al Estado constitucional democrático, al menos en su apariencia externa, se debe a la influencia de la opinión pública internacional. Este es un factor nada desdeñable, pues tiene influencia directa sobre los criterios que utilizan para otorgar créditos y ayudas financieras las organizaciones internacionales, como el Banco Mundial o el Fondo Monetario Internacional, de cuyo apoyo estos países dependen. Segundo, en los propios países se produjo un cambio político de humor y aumentó la presión contestataria hasta que los militares se vieron forzados a emprender la retirada del ámbito político. Una tradición constitucional occidental casi bisecular ha dejado sus huellas en la conciencia colectiva. Instituciones como elecciones libres y una justicia independiente —a pesar de que con frecuencia se contravenga su espíritu y su letra— han pasado a formar parte constituyente de la cultura política de estas sociedades.

Existe también un argumento a favor del mantenimiento de este *status quo* estructuralmente híbrido que resulta de la práctica del poder. A los observadores europeos les podrá parecer sumamente complicada la manera como los políticos de estos países deben, en el fondo, tener en cuenta los principios y las reglas de dos órdenes político-sociales: por un lado la libertad, la igualdad y el respeto de las leyes que tienen su fundamento en la constitución formal y, por otro, el particularismo y la consideración de intereses especiales y de lazos clientelistas que representan un orden alternativo cuya efectividad no es menor. Sin embargo, quien se ha criado en estas estructuras duales no las considera siempre una carga sino que ve en ellas una posibilidad: la de obtener recursos suplementarios (a pesar de su debilidad, el Estado representa una fuente de recursos) y sobre todo la ampliación del respectivo margen de poder aprovechando la rivalidad entre los dos órdenes (Waldmann 1998: 159).

Sean cuales fueren, en última instancia, los motivos decisivos de las elites latinoamericanas para adoptar un modelo constitucional dual, lo cierto es que de este modo tanto la calidad del Estado como la de sus acciones han sufrido una modificación básica, si se las compara con el ideal europeo. Exageradamente, se podría afirmar que en estos países el Estado no encarna la constancia y la previsibilidad sino que para los ciudadanos es fuente de un permanente desconcierto. Esta inseguridad afecta en primer lugar a quienes dependen en sus empleos directamente del Estado o que han optado por una carrera política. El Estado latinoamericano que sufre bajo una crónica carencia de recursos no sólo es incapaz de garantizar a sus empleados y funcionarios un salario adecuado y seguro sino que tampoco respeta las reglas básicas de la división de poderes políticos ni de la profesionalidad burocrática. Los funcionarios tienen que contar permanentemente con la intromisión de sus superiores en sus funciones; el poder Ejecutivo no respeta la independencia de la justicia y podríamos añadir muchos ejemplos más. En este contexto está también la observación de que los políticos hasta hace poco no podían contar con el resultado de las elecciones ya que, antes de poder asumir el poder, los vencedores debían negociar con las principales instituciones, sobre todo con los militares, y su asunción dependía del resultado de estas negociaciones (Anderson 1967b: 233 y 236).

Pero el Estado latinoamericano no constituye un factor de inseguridad sólo para los políticos y los empleados estatales; para el simple ciudadano la situación no se presenta mejor, al contrario. De la desconfianza general que la mayor parte de la gente tiene en estos países frente a las autoridades estatales es característica su relación con la policía (Waldmann/Schmid 1996, así como el capítulo 5 de este libro). La policía latinoamericana es, a juicio de la población, muy dudosa, pues tiene fama de no cuidar el orden y la seguridad públicos, sino, al contrario, de aumentar la inseguridad general. Dichos como «si ves un policía, cambia rápidamente de acera» o «si acudes a la policía con un problema, éste se agrandará» expresan claramente el escepticismo y el miedo ampliamente difundidos. Hace poco, un escritor brasileño le mostró al autor de estas líneas, al ser interrogado sobre su opinión de la policía, varias tarjetas de visita de policías de Río de Janeiro (su domicilio) que llevaba siempre consigo. Éstas demostraban su amistad con funcionarios de la policía y lo protegían de ser maltratado o extorsionado por otros policías; de los delincuentes decía tener menos miedo ya que éstos le sacaban sólo lo que llevaba encima. El comentario prueba dónde se encuentra la verdadera raíz de la irritación que sienten los ciudadanos en general frente al Estado y en particular frente a la policía: es menos el hecho de que éstos les impongan cargas y deberes, es algo que finalmente hacen todas las administraciones estatales, sino la falta de relación entre las obligaciones y la posibilidad de defenderse o de controlar, y sobre todo el que el Estado, pervirtiendo su función, se convierta en un factor de riesgo difícil de calcular en la vida cotidiana de cada uno.

Aparte de este malestar general y de la apariencia frágil e híbrida, no se debe subestimar la resistencia del Estado latinoamericano. Ya ha dado frecuentes pruebas de su capacidad de adaptación a profundos cambios, tanto en el ámbito regional como global. En el pasado tuvo que afrontar movimientos más o menos revolucionarios que pretendían transformar de manera radical el aparato estatal y limpiarlo de elementos clientelistas. La experiencia ha demostrado, sin embargo, que su empuje sólo se mantuvo mientras permanecían excluidos del círculo de los sustentadores del poder. Después de haber sido aceptados en el círculo de las elites dirigentes, gracias también a su actitud amenazante, abandonaron gran parte de sus amplios proyectos de reforma y se adaptaron en gran medida a las reglas vigentes del juego político (Anderson 1967b). Muchos elementos hacen prever, que esta sorprendente capacidad de absorción del sistema político prevalecerá también frente a los desafíos estructurales recientes, la liberalización y la democratización; es decir que se harán concesiones formales al espíritu político de la época, las cuales, empero, tan sólo rozarán los mecanismos más profundos de la negociación y distribución del poder (O'Donnell 1993, 1997).

2. La relevancia de la constitución durante la fase de la creación de los Estados Unidos y de los Estados latinoamericanos

Introducción

Este ensayo tiene por tema la comparación del desarrollo que tuvieron los Estados Unidos, por un lado, y los Estados latinoamericanos, por otro, durante el «largo» siglo XIX. Mientras que los Estados Unidos se transformaron en el transcurso de este siglo en una potencia mundial tanto en el ámbito económico como político y militar, las naciones latinoamericanas se hundieron en el caos de las guerras civiles de las cuales lograron recuperarse sólo paulatinamente, luego de haber adquirido la independencia de España. Aun después de haberse consolidado como Estados en la segunda mitad del siglo, nunca llegaron a ser más que potencias de segunda categoría en el contexto internacional. El presente estudio parte de una doble hipótesis. Por un lado, asumimos que ciertas condiciones estructurales, como por ejemplo la fase de creación de un Estado, tienen un impacto decisivo que llega mucho más allá de esa primera fase. En otras palabras, creemos que ciertas debilidades institucionales de los Estados latinoamericanos, que pueden ser observadas hasta la actualidad, se originaron en la época fundadora al comienzo del siglo XIX. Por otra parte, planteamos la hipótesis más específica de que la forma de concebir la Constitución y el trato que esta y las leyes reciben es una de las causantes del desarrollo o la falta de este de los países latinoamericanos.

Realizar una comparación entre América Latina y los Estados Unidos bajo esta premisa encierra ciertos riesgos. Teniendo en cuenta la importancia positiva que la Constitución Federal de 1787 tuvo para el proceso de formación de la nación y del Estado de los Estados

Unidos, corremos el peligro de que la comparación con América Latina, debido al contraste, degenere en una enumeración de deficiencias y de «desviaciones» con respecto al modelo norteamericano. Además se podría cuestionar el uso generalizador del término «América Latina». ¿No debiera acaso diferenciarse entre Estados pequeños y grandes, Estados ubicados en el centro del antiguo imperio colonial español y aquellos Estados que han surgido en las regiones periféricas de este mismo imperio? (Schröter 1992). Además, en el caso de los Estados Unidos se trata de una sola Constitución, si no contamos las de los Estados federados. Por el contrario, en América Latina, en el transcurso del siglo XIX se han redactado más de 100 constituciones (Loveman 1993: 368). ¿Cuál de ellas deberíamos utilizar para nuestros fines comparativos?

El autor es consciente de las dificultades que supone este análisis comparativo y reconoce que algunas de ellas son inevitables. Es difícil, por ejemplo, impedir que el proceso que llevó a la creación de la constitución en los EE. UU. aparezca más favorable que el mismo proceso en el sur del continente. Además cabe destacar que este tipo de comparación implica la necesidad de hacer simplificaciones y reducciones esquemáticas con respecto a la realidad. Si bien esto se debe, por un lado, a la lógica a la cual esta forma de análisis obedece, por otro, radica en el hecho de que el autor no está igual de bien compenetrado con todos los casos estudiados. Pese a todas estas reservas, el autor apuesta por este análisis comparativo, ya que está convencido de que la comparación es el método más idóneo para sacar a la luz las características específicas de un objeto estudiado. Esto es válido tanto para las comparaciones de «similitudes» como para las que resalten las «diferencias» (Nohlen 1994: 507).

Se preven las siguientes etapas de investigación: Primero se realizará una comparación entre las condiciones generales que rodearon la fundación de los EE. UU. y la de los Estados latinoamericanos. Luego se analizará el proceso de emancipación de la metrópoli que se presenta como un proceso doble, tanto de rechazo como de continuación del legado colonial. La tercera parte enfoca la dimensión temporal en la cual se ubica la creación de un nuevo orden político. Además es necesario tener en cuenta el contexto social que acompañó el proceso de fundación del Estado. Cerramos el ensayo con una serie de consideraciones acerca de las diferentes funciones que cumplen las constituciones en los EE. UU. y en América Latina.

CONDICIONES GENERALES

No trataremos aquí de analizar los diferentes legados coloniales en cuanto a la cultura política de los EE. UU. y de América Latina (véase para ello el párrafo siguiente). En vez de eso, procuraremos investigar las circunstancias que incidieron de forma inmediata en el proceso de emancipación política y jurídica, sea que lo hayan agilizado o bien obstaculizado. Al comparar América del norte y del sur bajo esta óptica, destaca un factor que supera de lejos a los otros en cuanto a importancia. Nos referimos a la medida en la cual el proceso de emancipación fue llevado a cabo de forma voluntaria.

Si diéramos crédito a lo que dicen los involucrados, las diferencias serían solamente pequeñas. Tanto en el norte como en el sur, los colonos afirmaban seguir siendo fieles súbditos de la Corona respectiva y cumplir con sus obligaciones. Sostenían que ellos no habían cambiado de actitud, sino que, al contrario, el aumento de las obligaciones y los controles por parte del gobierno de la metrópoli era lo que los forzaba a concentrarse en mayor medida que antes en sus propios derechos e intereses. Sin embargo, estas explicaciones muy similares partían de situaciones y disposiciones muy distintas. En lo que se refiere a las colonias norteamericanas, se puede decir que había llegado el momento indicado para que se desligasen de la metrópoli (Heideking 1989a: 36; Adams 1973: 34). Varios pequeños levantamientos y acciones de protesta señalaban que ya se había generado un distanciamiento interno. Al menos la clase alta colonial estaba preparada para dar este paso decisivo. Por lo general, el pueblo tenía conciencia de encontrarse en una fase de cambios radicales en el ámbito político, de que se anunciaba un comienzo nuevo y discutía abiertamente las diferentes opciones que se ofrecían.

La situación en América Latina era muy diferente, ya que ésta había sido forzosamente impulsada a independizarse por la crisis del Estado español (en concreto, a través de la ocupación de la Península Ibérica por las tropas napoleónicas). Seguramente en este caso tampoco faltaron expresiones de descontento dirigidas sobre todo contra el intento de Carlos III de disciplinar a la Administración (Fisher 1992: 43). A pesar de ello, los historiadores concuerdan en que nadie, tampoco en las zonas marginales del imperio colonial, cuestionaba seriamente la hegemonía de la Corona española como tal (Bushnell 1985: 95; Halperin Donghi 1991: 90; para la zona de La Plata, Ferns 1969: 49). Este paso no había sido ni considerado, con la excepción de ciertos personajes marginales como Francisco de Miranda (Lucena Salmoral

1992: 216), ni existía la predisposición para hacerlo. Fue la apatía de la Monarquía española la que obligó a la clase criolla, residente sobre todo en las regiones costeras orientadas hacia el comercio exterior, a que encabezase y controlase el movimiento de independencia después de haber superado las dudas iniciales. Los conflictos armados y el clima general de inestabilidad política que se habían apoderado del mundo occidental después de la Revolución Francesa pronto hicieron imposible el retorno a la tutela de la Monarquía española y a la forma de gobierno monárquico en general (Halperin Donghi 1991: 93). No quedaba otra opción que apostar por la independencia.

La estratificación social y étnica en las colonias latinoamericanas (Lynch 1985: 32) fue uno de los motivos principales por los que la clase gobernante criolla procuró evitar que el poder estatal permaneciese sin dirección durante mucho tiempo. Por cierto, también en las colonias británicas a lo largo del Atlántico existían diferencias entre la condición económica de la pequeña y pudiente clase alta y el resto de la sociedad. Sobre todo en el sur, se hacía una diferenciación clara entre los dueños blancos de las plantaciones y los esclavos negros. Sin embargo, el grueso de los colonos eran arrendatarios blancos y estancieros independientes con pequeñas y medianas propiedades. Por el contrario, en América Latina los criollos blancos constituían solamente una minoría en casi todas las posesiones de la Corona española. A ellos se enfrentaba una mayoría de mestizos e indios, mulatos y negros explotados social y económicamente. No es de sorprender que los blancos, sobre todo la clase alta criolla, viviese con el temor de que una disminución del control hegemónico diese pie a rebeliones por parte de las clases oprimidas y que esto generase una revolución social.

A ello se suman otras circunstancias que dificultaron el desarrollo armonioso del proceso de reestructuración política en Latinoamérica. Una de ellas era la inmensa extensión geográfica del imperio colonial español. Debido a ello, las elites criollas y las sedes de los virreinatos tenían poco contacto entre ellas y no pudieron ponerse de acuerdo para adoptar una actitud común al separarse de la metrópoli. Las capitales de los virreinatos resultaron ser obstáculos para el sucesivo desarrollo político. El declive en cuanto a poder y recursos entre estas capitales y el interior era tan grande que resultaba difícil unirlos en el contexto de un Estado nacional. También representaba un problema el hecho de que, a diferencia con el norte, existían tres en vez de dos niveles que podían servir teóricamente como base territorial para la fundación de los nuevos Estados. Aparte de las provincias y las unidades territoriales de tamaño mediano (los posteriores Estados nacionales) basadas en gran medida en las llamadas «audiencias» o las capitanías generales de la época colonial, se barajaba inicialmente la posibilidad de considerar a toda América Latina como una nación unida bajo un solo techo estatal (Chiaramonte 1986; Criscenti 1961).

Con respecto a todos estos puntos, los fundadores de los EE. UU. tenían claras ventajas con respecto a las elites criollas. Las colonias inglesas eran relativamente pequeñas si las comparamos con las enormes extensiones de América Latina. Es precisamente por ese motivo que desde temprano se estableció el contacto entre los grupos dirigentes de las diversas colonias. No habían metrópolis que oprimieran el interior y el proceso de fundación del Estado desde el principio se limitó a la alternativa de distribuir el poder entre varios Estados sueltos o de dar prioridad a la unión de éstos en uno solo.

Sin embargo, había también una serie de problemas que dificultaron el proceso de fundación del Estado tanto en el norte como en sur. En ambos casos fue sólo una minoría la que participó activamente en el movimiento independentista. Por ello, era necesario encontrar una forma de interesar a la mayoría en el proyecto de la independencia de la metrópoli. En este sentido, en ambas partes de las Américas las guerras de independencia desempeñaron un rol importante, ya que conmovieron a grandes sectores poblacionales y desencadenaron olas de movilizaciones sociales y geográficas. Las guerras, sobre todo las guerras anticoloniales, en muchos casos adquieren una dinámica propia que puede exceder las metas a las cuales los iniciadores habían apuntado inicialmente. Tanto en América del norte como del sur, era necesario impedir que las tendencias radicales cogiesen demasiada fuerza y dificultasen o entorpeciesen la transición controlada hacia un nuevo orden político. Al final de las guerras de independencia y de las civiles, tanto las elites del norte como las del sur se encontraron con que sobre los nuevos Estados pesaba la hipoteca de que sus países estaban desangrados y pobres, y el tesoro nacional completamente endeudado.

La dialéctica del proceso de emancipación

La relación con las respectivas metrópolis continuó siendo ambivalente y tensa aun después de haber concluido las guerras de independencia. Por un lado existía el afán de obtener autonomía política unido a cierto distanciamiento del modelo estatal empleado por el poder colonial, al que se le reprochaba abuso de poder e incapacidad. Por el otro, resultaba inevitable incorporar a la nueva estructura estatal ciertos elementos institucionales de la propia historia colonial, elementos que a la vez eran parte de la tradición compartida con la metrópoli. Esta dialéctica de distanciarse intencionalmente y a la vez de conservar ciertas costumbres políticas heredadas es un fenómeno que encontramos tanto en América del norte como del sur. Además del clima ideológico de la época y de las experiencias adquiridas en la guerra civil, es éste un factor determinante en los contenidos de las nuevas constituciones y de su aplicación en la práctica.

Según J. Heideking se puede observar que la Constitución Federal de los EE. UU. representaba en muchos sentidos la antitesis de la del Estado británico. En aquella época, éste era el Estado de Europa más desarrollado gracias a la existencia de organismos burocráticos sumamente eficientes, como por ejemplo el Banco Central, y debido a un cuerpo militar profesional así como un Parlamento que estaba a cargo de todas las tomas de decisión política (Heideking 1999a: 2). El desarrollo en la metrópoli había producido un «impresionante Estado fiscal-militar» lo cual para los colonos suponía traicionar las originales virtudes británicas y era interpretado como señal de decadencia política. A la hora de fundar sus propios Estados, los colonos adoptaron posturas inspiradas por una actitud de oposición que rescataba, a veces intencionalmente, elementos de constituciones premodernas (Mann 1993: 143; Adams 1973: 25; sobre todo Heideking 1999a: 6 y 10). Entre estos elementos cabe mencionar la restricción del poder estatal por un sistema elaborado de *checks and balances*, que más tarde fue complementado por un catálogo de derechos fundamentales. Otro elemento era la restricción de las competencias que el Estado federal tenía con respecto a cada uno de los Estados miembros, así como la intención general de impedir la creación de una burocracia demasiado poderosa. En vez de mantener un ejercito permanente se prefirió delegar la responsabilidad de la defensa nacional a las milicias de los Estados miembros; finalmente cabe mencionar la gran importancia que se le asignaba al pueblo y a la opinión pública como garantes del carácter democrático de la toma de decisiones políticas.

A pesar de todos estos nuevos (o aparentemente «viejos») acentos con los cuales la Constitución norteamericana se distinguía de la de la metrópoli —de la que nunca había existido un texto escrito—, debemos recordar que la Constitución de los EE. UU. fue creada y promulgada aplicando en gran medida procedimientos y reglas que el poder colonial había introducido o aprobado, es decir que habían sido experimentados mucho antes de la independencia (Stourzh 1984; Adams 1973: 30; Mann 1993: 137). Por ejemplo, existía desde hacía tiempo la tradición de crear versiones escritas de las leyes importantes (*charters*); además los ciudadanos estaban acostumbrados a manifestar sus opiniones en reuniones políticas, a enviar delegados para que participasen en los gremios, a aceptar las tomas de decisiones por voto mayoritario, y a convencer a la oposición con argumentos en vez de emplear armas para acallarla. Desde este punto de vista, la revolución no significó una ruptura completa con el pasado y con los principios que habían tenido validez durante la época colonial, más bien los radicalizó reforzando los elementos de democracia de base, como en el caso de las reuniones municipales.

Desde el inicio, en América Latina la situación fue más compleja y multifacética que en los EE. UU. Al principio esto se debía, por un lado, sobre todo al abandono involuntario de la tutela que había brindado la Corona española. Por otro, era la consecuencia de un proceso político que se había producido en la metrópoli, en cuyo transcurso las fuerzas liberales se impusieron temporalmente. Nos referimos a la Junta de Sevilla y luego a las Cortes de Cádiz, cuyas propuestas liberales ejercieron una influencia decisiva sobre las constituciones de los países latinoamericanos (Rodríguez 1998). Sin embargo se puede constatar que también en América Latina, por lo general, predominaba la ley de la «imitación mediante la oposición». Se acentuaba la soberanía jurídico-estatal recién adquirida a través de un distanciamiento enfático con respecto a los elementos autoritarios y corporativos que habían caracterizado el régimen colonial español (Lechner 1992: 72). Esta reorientación progresiva se manifestó en una serie de medidas relativas a los principios de la soberanía del pueblo y de la división de poderes, que fueron incorporadas a todas las constituciones, y que tocaban sobre todo los siguientes aspectos: la abolición del comercio de esclavos, el establecimiento del derecho a nacer libre[1], la abolición de la Inquisición y la restricción de los derechos del clero y la Iglesia, la abolición de los títulos de nobleza y de los privilegios para primogénitos, la libertad de desplazamiento y de expresión, la protección de la propiedad privada, la igualdad de

[1] Por lo general, no se abolió la esclavitud, en vez de ello los negros seguían apostando preferiblemente por el prolongado servicio militar para adquirir la libertad (Bushnell 1985: 121).

los ciudadanos ante la ley y el derecho al voto, fuera éste general o limitado por criterios de propiedad (Halperin Donghi 1991: 113; Bushnell 1985: 110, 129).

Sin embargo, encontramos referencias en la literatura que nos indican que el principio de igualdad de los ciudadanos ante la ley no contaba por completo con el apoyo de las clases media y alta criollas, mientras que los derechos de libertad sí disfrutaban de una aceptación general (Lynch 1985: 47). Debido a un sentimiento de superioridad o bien de desconfianza frente a las capas sociales bajas y de piel oscura (Loveman 1993: 65), el sector criollo se limitaba frecuentemente a avalar el principio de la igualdad sólo de forma retórica sin considerar seriamente su puesta en práctica. Por lo general, las nuevas constituciones se veían afectadas por el hecho de no ser seriamente aplicadas en la vida política. Apenas habían sido creadas y promulgadas, tenían que ceder a nuevas leyes o a la fuerza bruta. Esto se debía entre otros al hecho de que las elites latinoamericanas carecían de experiencia práctica en cuanto a procedimientos de democracia y de autoadministración en general. Las reformas borbónicas de la segunda mitad del siglo XVIII, que habían sido inspiradas por el pensamiento liberal del absolutismo, habían generado una disminución de los criollos en los cargos responsables de la Administración colonial. Ellos tenían sólo la posibilidad de elegir representantes suyos en el ámbito municipal. Como consecuencia de ello, los concejos municipales fueron los primeros en intentar sustraerse al control del régimen colonial (Halperin Donghi 1991: 100; Bushnell 1985: 95; Ferns 1969: 73).

En esta circunstancia reside la enorme diferencia que existe entre las condiciones iniciales de los movimientos de independencia de EE. UU. y de América Latina[2]. Por un lado, los grupos en el norte que se habían rebelado contra la dominación colonial realizaron sus propias ideas en lo que a la forma de organización del Estado y los principios de distribución de poderes se refiere. Por otro, en su procedimiento podían recurrir a las reglas probadas y establecidas desde la época colonial, tales como la formación de mayorías y la compensación de intereses, para garantizar la aceptación general de su propuesta e impedir conflictos explosivos. La situación en América

[2] No profundizaremos aquí en qué medida las posibilidades de desarrollo de un Estado, que es producto de un movimiento de independencia, han sido influenciadas por el hecho de que el movimiento se haya dirigido contra una metrópoli decadente o próspera.

Latina era diferente, ya que las elites criollas tenían que enfrentarse a dos situaciones desconocidas. Primero, el dotar a los Estados emergentes de una nueva base legitimadora (la soberanía del pueblo, la división de poderes, etcétera); segundo, el ratificar e implementar este nuevo orden recurriendo a las reglas democráticas que este mismo postulaba. Esta doble dificultad exigía demasiado a los Estados emergentes y sus elites.

Las consecuencias provocadas por las diferentes condiciones iniciales se manifestaron rápidamente. En el fondo, estas consecuencias no han sido superadas hasta el día de hoy. En lo que a los EE. UU. se refiere, la aprobación de la Constitución Federal resultó ser una base sólida para el desarrollo político y social que siguió, pese a los serios conflictos sociales y a la casi quiebra de la unión nacional (con la Guerra de Secesión) que lo acompañaron. En tiempos recientes, se ha señalado repetidamente el potencial dinámico que tienen estos elementos premodernos en la formación estatal y social de los EE. UU. (Heideking 1999a: 10 y ss.). Efectivamente, estos rasgos, que en épocas de incontestada soberanía estatal parecían anticuados y contrarios al progreso, actualmente, en una época que se suscribe a la desregulación y desburocratización, se convierten de repente en ventajas para el desarrollo. Nos referimos a rasgos tales como la descentralización y el federalismo de los EE. UU., el predomino de la confianza general en la capacidad de iniciativa del ciudadano en detrimento de la que se tiene en mecanismos autoritarios de control, así como la división estricta que se hace entre las esferas política y religiosa. De esta forma, el ámbito religioso ha podido conservar su credibilidad, la cual tiende a perderse en sistemas democráticos. Esto explica también la vitalidad inquebrantable de la vida religiosa en los EE. UU.

Las elites criollas se mostraron incapaces no sólo de redactar las constituciones republicano-liberales sino, también, de implementar estas constituciones en la práctica respetando justamente esos principios republicanos, y este es el aspecto más destacable. En la historia de los Estados latinoamericanos abundan los textos constitucionales elegantemente redactados (Garzón Valdés 1999). Si bien, en el transcurso del tiempo, se estableció cierto pragmatismo, articulado en algunas medidas tales como la posibilidad de limitar por ley los derechos constitucionales, de dotar al poder Ejecutivo de cierta facilidad de poderes especiales así como la ausencia casi completa del control civil sobre el ejército. Sin embargo, las elites criollas, en lo esencial, se atuvieron a su plan inicial de combinar el paso hacia la independencia política con la transición hacia un sistema de Estado republicano liberal. El problema principal no eran tanto las constituciones en sí, sino más bien la falta de energía al ponerlas en práctica en la realidad política. En la práctica permanecían vigentes reglas muy diferentes de las estipuladas en la constitución. Seguía prevaleciendo sin restricciones el espíritu de la intolerancia y del particularismo; seguía predominando netamente el afán de poder sin respeto por las barreras impuestas por las leyes[3]. En la historia latinoamericana, sobre todo de la primera parte del siglo XIX, abundan las guerras civiles, los conflictos entre bandas, los golpes de Estado exitosos y fracasados, las rebeliones y las «revoluciones de palacio».

La incorporación de principios y normas a las constituciones, sin correspondencia alguna en la práctica, originó una permanente ambigüedad y doblez en el discurso político y jurídico que tuvo consecuencias fatales a largo plazo. A esto se refiere Octavio Paz al afirmar que los latinoamericanos emplean con mucha naturalidad la mentira, o lo que Brian Loveman asevera al establecer una conexión directa entre la constitución y la tiranía (Gumucio 1987: 122; Loveman 1993). Por un lado, estas constituciones proclamaban la libertad de la opinión política, por otro, en muchos Estados era uso perseguir a la oposición de la forma más cruel. Por una parte, la constitución exigía la división de los poderes, por otra, el Gobierno imponía su voluntad pasando por encima del Parlamento y del poder judicial. Por un lado, los Estados se adherían al principio de la libertad de confesión, por otro declaraban el catolicismo como religión del Estado. Podrían mencionarse un sinnúmero de otros ejemplos más (Loveman 1993: 60). Según el filósofo de derecho británico H. L. A. Hart, en el fondo no existía (y sigue sin existir en muchos casos) una regla vinculante que definiera cuál era la norma jurídica vigente y cuál no (Hart 1961: 77, 92). Sobre todo la llamada economía institu-

[3] No se condenaba necesariamente siempre el hecho de que el Gobierno no respetara las leyes y ejerciera sus poderes de forma autoritaria. Al contrario, frecuentemente esta era considerada la única forma viable de garantizar la seguridad y el orden en la sociedad. La justificación clásica de este estilo gubernamental proviene del venezolano L. Vallenilla Lanz («Césarismo democrático», primera edición 1919). Los representantes exitosos y más recientes del bonapartismo plebiscitario son G. Vargas y J. D. Perón. Es sólo desde la reciente ola de democratización de los años 80 que el modelo del Estado de derecho liberal-democrático es por lo general considerado como el único modelo estatal viable. Para mayor información sobre ideologías de Estado autoritarias véase P. Waldmann (1971).

cional ha puesto de manifiesto (para América del norte, véase North 1983) en qué medida este defecto puede frenar el desarrollo económico de un país.

CONSTITUCIONES: CREACIÓN DE ORDEN Y DE MITOS

Los procesos que conducen a la creación de una constitución pueden variar en el tiempo. En algunos Estados latinoamericanos se promulgaron constituciones en serie (el caso extremo es Bolivia con un total de 14 constituciones promulgadas entre 1825 y 1957; véase Garzón Valdés 1999: 113). Esto puede interpretarse como experimentos en búsqueda de la «verdadera» constitución. Por el contrario, en los EE. UU., los fundamentos constitucionales para el nuevo orden político se establecieron en un corto lapso. La Convención de Filadelfia y la consiguiente ratificación de la Constitución Federal por parte de los Estados miembros, y a más tardar la primera reforma de 1791 que sancionaba los derechos fundamentales, dieron fin (por lo menos de forma provisoria) al proceso de creación del nuevo Estado, proceso que se había iniciado con la proclamación de la independencia en 1776 (Lutz 1988: 96). La entrega pacífica del poder gubernamental a la oposición diez años después confirma que la Constitución funcionaba. Este proceso comprimido tuvo muchas ventajas comparado con la provisoria situación jurídica y política en la cual se encontraron muchos Estados latinoamericanos hasta mediados del siglo XIX. Redujo los costos militares y económicos de la transición de un orden a otro, impidió que la violencia se desbordara y brindó excelentes oportunidades para la creación posterior de mitos que fundamentaran la identidad nacional.

Para poder apreciar adecuadamente las ventajas prácticas que supone la sustitución acelerada del orden viejo por uno nuevo, hay que tener en cuenta que el proceso de emancipación, tanto en América del norte como del sur, se dividía casi siempre en dos fases. En la primera fase, la independencia del poder colonial era claramente prioritaria; el discurso constitucional hacía hincapié en la libertad y en la formación de una voluntad política autónoma. En la segunda fase, predominaba la preocupación por el nuevo orden estatal. ¿Cómo debía diseñarse el nuevo Estado para garantizar la convivencia estable y satisfactoria de los diferentes grupos sociales? Si bien la primera fase se caracterizaba por tendencias particularistas y separatistas, la segunda se dedicaba a hacer propuestas constructivas que apuntaban a la creación de una organización estatal capaz de funcionar y de representar los intereses generales. Respecto al transcurso de ambas fases, se pueden constatar enormes diferencias entre los EE. UU. y la mayoría de los Estados latinoamericanos.

En los EE. UU., la guerra de la independencia —la «revolución» contra la metrópoli— también desencadenó fuertes tendencias centrífugas. En reacción a la «tiranía» británica, muchas personas se sintieron más atraídas por la idea de conformar una asociación suelta de varias sociedades de tamaño limitado, estructuradas de forma igualitaria, que por la propuesta de fundar un Estado compacto (Mann 1993: 155). A estas tendencias de descentralización se oponía la posición adoptada sobre todo por A. Hamilton, quien reclamaba la creación de un Estado federal que tuviese los recursos necesarios para actuar tanto hacia fuera como hacia dentro. Según Hamilton, el Estado federal debía estar dotado de un cierto grado de poder y de eficientes instituciones centrales para poder abarcar y contener todos los Estados miembros. La Constitución recogió ambas tendencias. Los constituyentes lograron reconciliar las fuerzas antagónicas, representativas de las dos fases, evitando una crisis de autoridad política (Adams 1973: 39).

Al tornar la mirada a América del sur, se evidencia el logro que supuso esta síntesis obtenida en tan poco tiempo. En el caso latinoamericano también se produjo una transición sin fricciones, pero no entre la fase de separación de España y la de la de renovación del Estado, sino entre la guerra de la independencia y las guerras civiles que le sucedieron[4]. Los conflictos internos en torno a la futura estructuración del subcontinente ya habían surgido con vehemencia durante las luchas contra la Corona. Una vez lograda la liberación de toda Sudamérica de la hegemonía española, éstos continuaron con la misma fuerza. Lo que cambió frecuentemente eran los objetos de conflicto y los frentes político-militares. En parte las pugnas se referían a reclamos territoriales y, en parte, a principios jurídicos o a la cuestión de cómo estructurar el Estado. En algunos casos se trataba de intereses económicos, como, por ejemplo, la alternativa entre merca-

[4] Chile presenta en cierto grado una excepción a esta regla, donde las turbulencias políticas que surgieron después de la fundación del Estado fueron sustituidas por el Gobierno estable de Diego Portales. La Constitución de 1833 dio el fundamento para ello. Asimismo, en Venezuela, la Constitución de 1830 brindó las condiciones necesarias para permitir que el Gobierno de José Antonio Páez se desarrollase durante 18 años con bastante estabilidad.

do libre o protección de la industria nacional, en otros, se disputaban rivalidades personales con medios militares. Intentos ocasionales, por parte de los diferentes partidos, de ganarse el apoyo proveniente del extranjero (sobre todo el del influyente imperio insular británico) complicaban adicionalmente la situación (Buisson 1992; Bushnell 1985; Lynch 1973).

Las tensiones principales surgían por lo general entre dos grupos: por un lado las elites de las capitales de los anteriores virreinatos; por otro, los dirigentes de milicias locales o familias influyentes de pequeñas ciudades. Basándose en las fronteras coloniales, los primeros pretendían crear un Estado nacional de gran superficie, mientras que las elites locales buscaban intensificar el proceso de fragmentación política de manera que la provincia o región fuese la unidad básica del nuevo orden político. Gracias a su habilidad militar y a su iniciativa política, los líderes locales lograban movilizar a menudo un nutrido número de seguidores. Esta época de inseguridad interna y de permanentes guerras entre bandas es recordada en muchos países como la época del caudillismo (Waldmann 1978a: 191). Durante mucho tiempo los caudillos lograron impedir que las elites capitalinas ampliasen su hegemonía a la región que rodeaba estas ciudades[5]. Recién a partir de la mitad del siglo XIX, la idea de crear un territorio nacional volvió a cobrar fuerza junto con el modelo de desarrollo orientado hacia la exportación. Los pioneros de la consiguiente fundación de un Estado nacional eran en muchos casos caudillos, que ejercían el poder incontestado sobre grandes territorios luego de haber derrotado a todos sus rivales.

El papel que desempeñaron las guerras (hayan sido para lograr la independencia o de carácter civil) en el proceso de independencia es importante, ya que de ellas surgieron las condiciones, difíciles de corregir, para la conformación y la organización del Estado. Al respecto, no debieran sobrestimarse las diferencias entre América del norte y del sur. En épocas de nacionalismo, las guerras suelen ser fuentes de cambios difícilmente predecibles y controlables. Movilizan a grandes cantidades de personas que, arrancadas de su contexto cotidiano, se ven ante la nueva posibilidad de mejorar su condición de vida mediante el uso de la violencia. La movilización militar de grandes

[5] No debe sobrestimarse el contraste entre las elites urbanas y los caudillos. En varios casos, las elites urbanas recurrían al apoyo de un caudillo para garantizar el orden y la seguridad pública.

masas de gente produce por lo general una presión democratizadora difusa, que pone en cuestión las instituciones tradicionales y los órganos de representación. En todos estos aspectos ambas regiones tienen muchas similitudes (Halperin Donghi 1991: 120; Heideking 1999b). Lo que las diferencia son las consecuencias que tuvieron las guerras, siendo decisivo el hecho de que la de las colonias británicas haya sido de corta duración.

Además de los ejércitos regulares, había en América del norte una serie de guerrilleros y de milicias formadas espontáneamente que luchaban por cuenta propia (Heideking 1989a: 39; 1999b). Sin embargo, estos nunca cuestionaron la autoridad de las Fuerzas Armadas y regulares de G. Washington, es decir nunca pusieron en duda los principios fundamentales de ordenamiento militar. Con sus persecuciones y acciones propagandísticas, las unidades irregulares contribuyeron de manera decisiva a la difusión del pensamiento patriótico (Heideking 1999b: 137). Su agitación era por un lado una advertencia a las clases altas de las colonias de que tomasen en serio la opinión pública y fuesen flexibles en asuntos sociales. Por otro, estas movilizaciones y otros pequeños levantamientos (sobre todo la Shay-Rebellion) que tuvieron lugar después de la guerra, eran interpretadas como señal de que las corrientes democráticas de base podían descontrolarse fácilmente y transformarse en una anarquía general o en una revolución social. La Constitución Federal de 1787 tuvo en cuenta estas dos lecciones. Gracias a la aceptación general que ésta recibió, la misma logró intensificar el impulso dado por el movimiento de independencia y orientado hacia el fortalecimiento del proceso de concientización e integración nacional. El precio, sin embargo, fue la exclusión de ciertos problemas imposibles de resolver en el debate constitucional, como lo fue la esclavitud. De esta forma, se impidió la continuación inmediata de la lucha que en ese momento pudo haberse producido, ahora entre las propias colonias. A pesar de ello, a largo plazo la guerra civil resultó ser inevitable.

El caso contrastante de América Latina demuestra que los *Founding Fathers* de la Constitución norteamericana tomaron la decisión correcta al intentar impedir la generación de conflictos internos (aunque ciertos asuntos delicados sólo hayan sido postergados sin resolverlos). En América Latina, por lo general no se logró frenar las fuerzas anárquicas y destructivas que las guerras de independencia habían desatado. La violencia se incrementó, destruyó las instituciones estatales y no dejó intacto un solo ámbito, generando una situación que, al estilo de Hobbes, ha sido descrita como lucha de todos contra todos (Halperin Donghi 1991: 155; Ferns 1969: 76). Sólo a partir de la mitad del siglo se calmaron las olas de violencia. Los cortos y pasajeros períodos de paz en ciertas regiones no fueron el resultado de la restauración del respeto ante la ley. Se debieron a que algún poderoso consiguió controlar a sus adversarios y mantenerlos a raya mediante el uso de la violencia. Las turbulencias sanguinarias que se prolongaron durante varias décadas han marcado a los países latinoamericanos de forma duradera y determinante. La economía quedó arruinada, la población, dramáticamente empobrecida, y el tesoro nacional, completamente endeudado (Bushnell 1985: 150; Lynch 1973: 338). La degeneración de las costumbres generales y de la cultura política constituía un legado particularmente problemático que hacia necesario la presencia permanente del ejercito en la vida política (Loveman 1993: 63). Tal como lo indica M. S. Ferns, a partir de ese momento, han existido dos escenarios de disputa política en los cuales un político ambicioso tiene que saber moverse. Uno es la plataforma civil, el otro, la militar (Ferns 1969: 65). La posición privilegiada asignada al ejército se evidencia en las constituciones promulgadas a partir de los años 30 que mantuvieron un carácter esencialmente republicano pese a su orientación generalmente conservadora (Romero 1969: 140; Halperin Donghi 1991: 210).

Además de los daños económicos y políticos generados por las guerras civiles en América Latina, es necesario destacar los «simbólicos». Constituyen una época oscura que ha sido generalmente borrada de la conciencia pública y pasada por alto en la historiografía de muchos países latinoamericanos (Riekenberg 1995: capítulos 2 y 4). Se suelen vincular los comienzos de los movimientos de independencia en 1810 directamente con los procesos de formación estatal y nacional, que se iniciaron sólo a partir de la mitad de siglo, como si no existiese una brecha entre estas dos fases. Los testigos intelectuales de la época y los dirigentes políticos con visiones a largo plazo quedaron amargados y resignados ante las incesables luchas. Se dice que Simón Bolívar, el gran libertador, comentó antes de morirse que no se había conseguido nada más que la libertad (Lynch 1973: 335). Este escenario contrasta claramente con el de los EE. UU. donde, pocos años después de haber terminado exitosamente la guerra de independencia, la promulgación de la Constitu-ción Federal fue celebrada como el momento culminante del movimiento de la independencia y como la verdadera hora de nacimiento del nuevo Estado. Aquí radican los motivos por los cuales en los EE. UU. existe una relación muy estrecha y casi religiosa entre el sentimiento nacional y el constitucionalismo. Asimismo, esto explica en esta nación la voluntad inquebrantable que existe de explorar y reinterpretar en cada fase histórica los principios centrales de la Constitución y de asignar tanta importancia a la «cultura legal» (Vorlaender 1989: 69).

El contexto social

En su obra *De la democracia en América*, que A. de Tocqueville redactó en los años 30 del siglo XIX, señaló repetidamente la importancia que las «costumbres» tienen para el funcionamiento de la democracia en los EE. UU. (Tocqueville 1976: 332). Según el observador francés, la opinión pública es igual de importante que las leyes. Tocqueville se admiraba del alto nivel de educación que los americanos tenían con respecto a asuntos de importancia general aun en las regiones más remotas de este país, por lo demás poco desarrollado en ese entonces. Elogia a las mujeres por ser importantes fuentes de apoyo de la moral y de la familia. Además, recalca las ventajas de la gran difusión que tiene la religiosidad ya que ésta pone limites a la ambición exagerada de enriquecerse y constituye por ello una requisito indispensable para garantizar el funcionamiento de las instituciones republicanas. Tocqueville llega a la conclusión de que el Estado democrático es exitoso en los EE. UU. porque está fundamentado en el pensamiento y la actuación de los ciudadanos. En la misma época, un grupo de intelectuales argentinos jóvenes, conocidos como la «Generación del 1837», decide estudiar con detalle la realidad social de su país antes de hacer una propuesta para la nueva Constitución nacional (Romero 1969: 134). Este grupo se encontraba bajo la impresión del desarrollo oscilante entre la dictadura y la anarquía en la región del Plata, y estaba influenciado por el pensamiento de la escuela histórica de derecho alemana, sobre todo de F. C. von Savigny. Había llegado a la conclusión de que no era posible transferir arbitrariamente las leyes de un país a otro, sino que era necesario adaptarlas a las condiciones sociales del nuevo país antes de implementarlas. ¿Cuál era la realidad social en el norte y en el sur de América cuando las colonias se separaron de su metrópoli respectiva? ¿Concordaban o divergían las normas y estructuras sociales, por un lado, y el modelo estatal, por otro, al promulgar las nuevas constituciones?

Si tratamos de contestar esta pregunta en el caso de las colonias británicas en América del norte, se puede constatar que la mayoría de las observaciones y reflexiones hechas por Tocqueville cincuenta años después pueden ser aplicadas retrospectivamente a la fase de fundación del Estado norteamericano. Las investigaciones relevantes nos indican que, al comienzo de la guerra de independencia, las colonias ya constituían esencialmente una nación, es decir se caracterizaban por un alto grado de homogeneidad sociocultural y madurez política (Mann 1993: 37; Tobler 2000: 56): Existían por cierto culturas regionales y locales parcializadas y había tensiones, por ejemplo, entre el sur, cuya economía estaba basada en la esclavitud, y el norte que la rechazaba. Asimismo, la ética de igualdad y bienestar común de las comunidades predominantemente rurales en la llamada «frontera» contrastaba con la ambición individualista de riqueza y ascenso social que era típico de las grandes ciudades del este. Sin embargo, predominaban por lo general los factores integradores que proporcionaban una base de intereses y orientaciones de valor compartidos. Entre ellos, cabe mencionar el alto ingreso *per cápita* promedio, un alto grado de alfabetización debido a la religiosidad generalizada (a través de la lectura de la Biblia), así como la distribución relativamente equilibrada de bienes e ingresos. El carácter esencialmente democrático de la sociedad colonial se expresaba también en el hecho de que un porcentaje más elevado de la población que en la metrópoli tenía derecho a votar (Stourzh 1984: 164).

Eran dos los grupos que constituían los pilares de esta sociedad. Uno era la capa compuesta de pequeños y medianos granjeros y completada por artesanos y comerciantes urbanos. El otro era la pequeña clase alta de los llamados notables, que descendían de las familias tradicionales de las colonias y que además de poseer grandes extensiones territoriales desempeñaban un oficio como comerciantes o abogados.

La sociedad norteamericana estaba compuesta sobre todo por granjeros que tenían pequeñas unidades de producción capitalista. Estos constituían junto con la clase media urbana alrededor del 90% de la población blanca (Tobler 2000: 56). Esta masa de colonos rurales que compartían intereses similares así como cierta gama de valores y actitudes, constituían un grupo social con un gran potencial de poder. Junto con la baja clase media urbana que se articulaba sobre todo en los llamados *town meetings*, este grupo influenciaba de forma decisiva la opinión pública, cobrando esta última cada vez mayor importancia durante la fase de la emancipación y de la creación del Estado.

El contrapeso estaba formado por los notables descendientes de las antiguas familias coloniales que habían dirigido e ideado el movimiento de independencia, dotándolo a la vez de una base filosófica y teórica. También en este caso se trataba de un grupo relativamente homogéneo, además unido por contactos amistosos o lazos familiares más allá de los limites coloniales, y cuyos miembros destacados habían recibido una formación humanista además de jurídica en muchos casos (Mann 1993: 48). Mientras que los granjeros representaban el elemento democrático igualitario de la revolución (incluyendo las visiones radicales de redistribución en los sectores inferiores de esta clase), las familias de los notables, pese a su receptividad en lo relacionado a un orden que pusiera límites al poder estatal, confiaban más en minorías formadas e instruidas para tomar las decisiones adecuadas respecto al bien común y a la protección de los propios intereses de propiedad (Gargarella 2000). La relación dialéctica que suponía tanto la generación de tensiones como de compromisos entre los dos grupos claves de la sociedad, dotó de un elemento específico a la revolución y al proceso que condujo hacia la creación del nuevo Estado, aunque cabe destacar que este proceso nunca escapó al control de la capa que había sido tradicionalmente dominante.

Pese a que esta descripción parezca un tanto simplificadora[6], alcanza para evidenciar hasta qué punto la situación social era diferente de la que reinaba en América Latina. Hay que recordar una vez más que, en la época en que las tropas napoleónicas invadieron la Península Ibérica, nadie en América Latina pensaba seriamente en suspender la lealtad a la Corona española. La sociedad criolla estaba demasiado fragmentada y dividida en ese momento como para que un proceso de concientización y de generación de voluntad nacional fuera posible. Debido a las grandes distancias geográficas que existían entre los importantes centros urbanos, las clases altas no tenían prácticamente contacto entre ellas. Además, las diferencias entre los centros urbanos y las zonas rurales cercanas y remotas que los rodeaban eran tan grandes con respecto al nivel de educación y a las percepciones y costumbres cotidianas que se podría decir que la gente vivía prácticamente en dos mundos diferen-

[6] No se ha tenido en cuenta en ella el elemento proletario en las ciudades ni a los negros en el sur. Además, cabe destacar que la clase de los notables no apoyó en su totalidad la revolución, más bien un 20% adoptó la posición de la metrópoli. Estos llamados *loyalists* emigraron en gran parte al Canadá.

tes. Sólo en el ámbito local y regional había intentos que apuntaban hacia la generación de una conciencia colectiva (Bushnell 1985: 116, 148; Romero 1969: 101). Fuera de estas «patrias chicas» no existía un sentimiento nacional extendido que hubiese podido servir de base para un Estado nacional.

Este hecho no se debía sólo a la fragmentación espacial de las sociedades criollas, sino también a la heterogeneidad de las capas sociales y a las diferencias abismales que existían entre ellas (Lynch 1973: 339). En estas diferencias confluía la discriminación étnica racista y una gran desigualdad socioeconómica entre ricos y pobres. La clase alta criolla, de piel blanca, no quería tener nada en común con la población de piel oscura que constituía el grueso de las capas sociales bajas, y se cerraba sistemáticamente frente a éstas. Esta actitud de rechazo tenía su origen, por un lado, en un sentimiento de superioridad frente a la falta de educación y a la alegada inferioridad de indios y negros. Por otro, se debía al temor de revoluciones sociales. Este temor se alimentaba entre otros motivos de la experiencia con el levantamiento de Túpac Amaru en el Virreinato del Perú que había movilizado una gran cantidad de seguidores (Cornblit 1995).

El grupo de los blancos pobres, de mestizos y mulatos que habían ascendido en la jerarquía social agudizaba las diferencias de clases en vez de mitigarlas, ya que estos se identificaban en gran medida con la clase blanca dominante. Tampoco se podía esperar que las clases bajas a su vez divididas internamente hiciesen una contribución al diseño del orden político.

Asimismo, la clase alta era incapaz de ponerse de acuerdo sobre un proyecto coherente para la distribución de poder social y la organización política, ya que estaba a su vez dividida internamente (para la región del Plata véase Ferns 1969: 66). Los terratenientes conservadores, acostumbrados a estructuras jerárquicas, estaban en desacuerdo con los comerciantes de las ciudades costeñas, que eran liberales y abiertos a nuevas ideas. Mientras que los primeros le veían poco sentido a los principios republicanos de igualdad ante la ley y de división de poderes, los otros carecían de una base real de poder que les hubiese permitido ganar apoyo y empuje para la implementación de sus ideas. Además se destacaba un tercer grupo, compuesto por intelectuales urbanos que redactaban y defendían las constituciones inspiradas por el espíritu de la Revolución Francesa y norteamericana y que por su estrecha colaboración con la prensa emergente podrían describirse como los precursores de los políticos profesionales de hoy en día (Halperin Donghi 1972: 400; Garzón

Valdés 1994: 49). Si bien ellos habían estudiado detenidamente el desarrollo de las constituciones europeas, carecían frecuentemente de conocimientos acerca de la realidad social en el propio país, y sobre todo de las zonas rurales. ¿Cómo iban a poder enfrentar eficazmente la permanente intromisión de los militares en la vida política o movilizar el apoyo político que era necesario para hacer posible la implementación de sus proyectos constitucionales?

En las discusiones en torno a la consolidación de las instituciones democráticas y propias de un Estado de derecho en los países del Tercer Mundo, se señala frecuentemente que es necesario un mínimo grado de homogeneidad de condiciones de vida en las respectivas sociedades para hacer efectiva la igualdad de derechos (Garzón Valdés 1999: 120; Tocqueville 1976: 284). Sin profundizar esta discusión se puede constatar que América Latina en el momento de desligarse de España estaba lejos de haber logrado este mínimo nivel de homogeneidad y cohesión social que hubiese sido necesario para posibilitar el éxito del proyecto republicano. No había burguesía, no había iniciativas de crear una sociedad civil que hubiesen podido llenar de vida los principios nobles de la constitución invocados en los documentos escritos.

Función y percepción de la constitución

Los diseñadores del nuevo orden político en América Latina se enfrentaban con un problema serio. Desde que la legitimación básicamente sacra de la monarquía había sido sacudida por las dos grandes revoluciones, la norteamericana y la francesa, parecía casi imposible retornar al modelo de Estado monárquico. Mientras que los Estados tradicionalistas en Europa experimentaban con modelos en los cuales el monarca estaba debilitado y sometido a una constitución, esta alternativa era prácticamente inviable para los países latinoamericanos emergentes[7]. ¿De qué les habría servido conseguir un candidato europeo para el trono que desde el principio hubiese tenido que renunciar a la ventaja principal de la legitimación monárquica, el carisma de la herencia? Entre los modelos de Estado sólo quedaba una opción, la república. Sin embargo, tanto en el ámbito estructural

[7] Hubo ocasionalmente intentos de ganar el apoyo de un monarca europeo para encabezar un Estado latinoamericano, estos sin embargo fracasaron siempre.

como mental, las sociedades latinoamericanas no estaban preparadas para la construcción de repúblicas independientes. Como hemos visto, faltaban las condiciones sociales tales como una cierta homogeneidad de los estilos de vida y de las condiciones económicas de ingreso y fortuna. Tampoco existía una clase dirigente político-intelectual que hubiese sido capaz de asumir esta tarea.

Los intelectuales y las personas interesadas en política que se preocupaban por encontrar una futura forma de organización de Estado para sus sociedades, tenían dos opciones. O bien tomaban en cuenta las condiciones sociales existentes, con su desigualdad social y su diversidad regional, tratando de encontrar la mejor solución posible; o sometían esta realidad, deficiente en su opinión, a constituciones liberales y progresistas con la esperanza de que a largo plazo la realidad social se adaptara al espíritu vanguardista con el cual las leyes habían sido redactadas. El primer punto de vista contaba sobre todo con el apoyo de un grupo llamado conservador, mientras que los liberales apostaban por el efecto transformador de la constitución. En muchos países las disputas entre estas dos principales fracciones políticas siguieron durante todo el siglo XIX (prolongándose en algunos casos más aun). Sin embargo, hay que tomar en cuenta que las posiciones eran en algunos casos más flexibles de lo que sugiere la respectiva denominación programática, ya que a veces un partido cambiaba de bando según la constelación política.

De hecho, en la mayoría de los Estados latinoamericanos, las constituciones diseñadas durante el siglo XIX se inspiraban en ideas liberales y republicanas, hecho que contrastaba —como hemos señalado anteriormente— con las formas concretas de ejercicio del poder. Luego de finalizar la larga etapa de las guerras civiles, se produjo cierto desencanto que dio lugar por ejemplo a un manejo más restrictivo del derecho a voto y que hizo que se otorgaran poderes especiales al Ejecutivo con el fin de garantizar el orden político (Lechner 1992: 81; Bushnell 1985: 147; Halperin Donghi 1991: 210). Sin embargo, en principio estos cambios no afectaron el optimismo ni la convicción de que con el pasar del tiempo la «verdadera» constitución formaría adecuadamente a las personas.

Tomemos el ejemplo de J. B. Alberdi, perteneciente a la ya mencionada generación de 1837, que ideó la Constitución argentina de 1853. De acuerdo con el proyecto de esta generación, según el cual la constitución debía corresponder más a la realidad social que las propuestas anteriores, las reflexiones de Alberdi que tuvieron una influencia decisiva en el texto, contenían una serie de observaciones y consideraciones acertadas acerca de la realidad socio-política de la región del Plata. Entre ellas, por ejemplo, que los ciudadanos aún no estaban lo suficientemente bien preparados para vivir en una república y que debían ser educados en este sentido; que la posición dominante de Buenos Aires era una desventaja para el Estado nacional que se pretendía fundar o que la diversidad y el particularismo regional, característicos de la Argentina, no dejaban otra opción que la creación de un Estado federal. Pero luego se impone su actitud utopista al declarar que las constituciones son herramientas de la civilización que deben facilitar sobre todo el desarrollo de un país y que por ello deben priorizar asuntos técnicos frente a los humanos (Alberdi 1966: 18, 47). Según Alberdi, la Constitución argentina debía cumplir las siguientes funciones:

— Fomentar el desarrollo del país, sobre todo mediante una inmigración dirigida.
— Educar al soberano, es decir el pueblo, a que adopte una actitud republicana.
— Educar también a los gestores del poder estatal, acostumbrarlos al uso de las leyes a través de la concesión de generosos poderes, antes que convertir dichas leyes en instrumentos para controlar a estos mismos mandatarios.

Esta acumulación de funciones contrasta claramente con las metas que los padres de la Constitución norteamericana de Filadelfia tenían en mente. Si bien en las constituciones de los Estados miembros se puede encontrar una diversidad de funciones parecida, los padres fundadores de la Constitución Federal tenían sobre todo una preocupación. Buscaban encontrar un equilibrio entre la concentración del poder estatal y la garantía de la libertad individual. En otras palabras, pretendían conceder al individuo el mayor grado posible de libertad para actuar y desarrollarse, sin que éste afectase seriamente la capacidad de funcionamiento de los órganos estatales (Adams 1973: 36). Este era el sentido de las discusiones públicas, documentadas en los *Federalist Papers* y de los compromisos en parte originales[8] que resultaron de las arduas negociaciones entre los que favorecían sólo la unión de los Estados miembros y aquellos que estaban a favor de un

[8] Uno de los logros originales consistió en aplicar el modelo estatal republicano a un Estado gigante, pese a que debido a la influencia de Montesquieu se suponía que este modelo era sólo adecuado para pequeñas sociedades. Véase Botana (1991: 154).

Estado federal; entre los que defendían la creación de un fuerte poder central y los que se oponían, dando preferencia a la división de poderes, a limitar los derechos del Estado central y a establecer un catálogo compuesto por una serie de derechos fundamentales.

Las llamativas diferencias sugieren que el norte y el sur de América diferían tanto en su concepción de la constitución como en la del hombre (en general, Schneider 1987; Stourzh 1988). La literatura especializada en torno a la propuesta de la Constitución de 1787 evidencia que los padres fundadores norteamericanos eran sumamente críticos y escépticos en cuanto a la naturaleza del hombre (Botana 1991). Por un lado estaban de acuerdo con Montesquieu en que la virtud y el sentido común de los ciudadanos es una condición indispensable para que la república sea viable. Por otro, sin embargo, desconfiaban de las emociones incontrolables ya que éstas pueden ser la causa del abuso de poder en el caso de que éste se concentre en pocas personas o también en una masa grande de gente. La función esencial de las constituciones debía ser proteger al ciudadano individual y a la comunidad de estos abusos. Por ello, se otorgaba a las constituciones un rango especial que las colocaba por encima de las decisiones gubernamentales y parlamentarias así como de las simples leyes (Stourzh 1984: 168). Se opinaba que debían ser una especie de última garantía para el cumplimiento de los principios de justicia fundamentados en ellas, principios que debían poder ser invocados por cualquiera. Sobre la base de esta percepción, se sobreentiende que las constituciones debían ser esencialmente intocables, circunstancia que no debía impedir una revisión parcial de sus contenidos con el fin de adaptarlos a nuevos desarrollos sociales.

Los padres de las constituciones latinoamericanas parecen haber tenido una imagen del hombre un tanto más positiva que los norteamericanos (aunque ésta se mezclaba con un tenor fatalista como nos demuestra el desprecio por los indios y en parte también por la «raza ibérica»). Asimismo, su interpretación acerca del sentido y de la finalidad que tienen las constituciones era un tanto más despreocupada. Si bien los fundadores de las constituciones latinoamericanas tenían en cuenta que el hombre comete errores, lo consideraban «bueno» tal como lo sugiere el pensamiento de Rousseau o bien opinaban que era posible formarlo mediante la educación y las instituciones adecuadas. La elevada confianza que los padres de las constituciones latinoamericanas depositaban en el valor de la cultura y la educación hacía que asignasen una función clave a las elites políticas e intelectuales para el desarrollo que sus países tenían que recuperar. La constitución debía ser un instrumento importante para este fin. Además, debía servir de reglamento para organizar el poder gubernamental y distribuir las atribuciones políticas, y para poner límites al ejercicio del poder. Sin embargo, éstas eran consideradas secundarias con respecto a la función principal. Ésta consistía en anticipar el proyecto de un futuro orden político y social, en educar a los hombres para ese fin y en orientar el desarrollo hacia el mismo.

Es posible que estas distintas percepciones se hayan alimentado de diferentes tradiciones ideológicas. G. Stourzh ha señalado que además de la visión moderna proveniente de la filosofía política anglosajona que destaca la protección de los ciudadanos y los mecanismos de control del poder, existe una percepción más antigua con respecto a las constituciones. Según ésta, la constitución está simplemente compuesta por decretos y leyes dictados por la autoridad (Stourzh 1988: 43). ¿Sería posible que este concepto alternativo estuviera todavía presente en la mente de los fundadores de las constituciones latinoamericanas, pese a los conocimientos que ellos hayan tenido de las constituciones contemporáneas?

En todo caso, su concepción, basada sobre todo en el carácter instrumental de la constitución, que se diferenciaba claramente de la de los fundadores de las constituciones norteamericanas, encerraba dos grandes riesgos. El primero resultaba del bajo valor propio que se le asignaba a la constitución al verla en primer lugar como un medio para un fin determinado. Esto en el entendido de que los medios tienen que obedecer a sus respectivos fines y pueden ser cambiados por otros si no cumplen con el fin o si surge otro objetivo. Aquí radica posiblemente una de las razones por las cuales las constituciones hayan sido cambiadas tantas veces a lo largo de la historia política de muchos Estados latinoamericanos en el siglo XIX (y en parte también del siglo XX). El segundo riesgo está relacionado con la pregunta de cuál debe ser el objetivo específico que la constitución debe cumplir y quién lo define. En el caso ideal se trata de objetivos generales y nobles, como el progreso, el crecimiento, el bienestar de todos los ciudadanos u otras metas similares. ¿Cómo impedir que ciertos grupos y partidos se apoderen de los órganos constitucionales y del aparato legal con el fin de perseguir sus intereses particulares? El siglo XIX está lleno de ejemplos que demuestran como los grupos de poder han utilizado el Estado para imponer sus intereses especiales[9]. Dado

[9] Las actitudes de los terratenientes de Venezuela y de la región del Plata en la primera mitad del siglo son un buen ejemplo de ello. Por un lado gobernaban sus

que ni al Estado ni a la constitución se les atribuía un rango superior que debía ser respetado por todos, éstos quedaban fácilmente a la merced de fuerzas rivales.

EPÍLOGO

Nuestro análisis comparativo puede ser leído desde varios puntos de vista. Puede entenderse como el intento de explicar la permanente inestabilidad política de América Latina en el siglo XIX, puede ser considerado una contribución a la concepción particular que los latinoamericanos tienen del Estado o bien puede leerse como un comentario acerca de las deficiencias básicas que las condiciones institucionales ofrecían para el desarrollo económico del siglo pasado. Nosotros hemos querido mostrar sobre todo el condicionamiento histórico del trato ambiguo de las normas legales, comenzando por aquella norma básica, la constitución, que en realidad debía ser la norma que orienta a todas las demás. Se han identificado varias causas que han contribuido a que las constituciones de estos países no hayan alcanzado la importancia que le corresponde a la norma suprema, a la que define los criterios para el reconocimiento de todas las demás normas legales:

— la adopción temprana de disposiciones liberales y progresistas en las constituciones promulgadas después de la independencia, que eran difícilmente compatibles con la realidad social y cuya implementación tenía que enfrentar dificultades (si realmente existía la intención seria de implementarlas). De esta forma se cimentó la base para un discurso ambiguo, que en el ámbito retórico invocaba principios contra los cuales a la vez se atentaba permanentemente a la hora de llevarlos a la práctica;
— la creación temprana de dos formas de solucionar conflictos políticos, una civil y otra militar. La concesión de poderes especiales al poder Ejecutivo y las prerrogativas de las Fuerzas Armadas ins-

haciendas sin preocuparse por las leyes. Por otro, sabían utilizar el Estado para sus propios intereses. Hacían que se promulgasen leyes que limitaban el derecho de los pastores a desplazarse libremente y que los obligaban a adoptar un puesto fijo de trabajo, caso contrario corrían el riesgo de ser reclutados para el servicio militar (véase Lynch 1973: 343; Halperin Donghi 1991: 167).

titucionalizaron prácticamente el uso de medios violentos para imponer fines políticos. La habituación durante muchos años a la ambigüedad política ha dejado sus huellas en la conciencia colectiva y es difícil de cambiar;

- finalmente, la tendencia a ver en la constitución un medio para alcanzar determinadas metas político-sociales. Si bien en el comienzo esto había sido ideado para lograr fines superiores, esta interpretación de la constitución (así como de las leyes que se derivan de ella) puede dar fácilmente lugar al abuso por parte de intereses particulares.

No afirmamos que los factores aquí presentados hayan sido la principal y única causa de la actitud ambigua que muchos latinoamericanos manifiestan en el trato que le dan al derecho y a las leyes. Sin embargo, lo que sí se puede constatar es que al fundar los nuevos Estados no se supo aprovechar la oportunidad que se ofrecía en ese momento para combatir un mal antiguo.

Si bien este estudio ha estado principalmente estructurado por el análisis de los contrastes que existen entre los EE. UU. y América Latina, no se deberían sobrestimar las diferencias entre ambos, en general y también respecto de la actitud frente al derecho y a las leyes. También en los EE. UU. la obediencia a la ley tenía sus límites; la corrupción, por ejemplo, era y sigue siendo un problema endémico tanto en América del sur como del norte (Gardiner/Olson 1974). En ambos casos el Estado nunca ha logrado imponer el monopolio del empleo legítimo de la coacción física (Graham/Gurr 1969). Sin embargo, en los EE. UU., las desviaciones del Estado legal se limitan a ámbitos e instituciones de segunda categoría. A diferencia de América Latina, los órganos estatales y la estructura de organización política en su totalidad nunca han sido afectados. Esto se debe probablemente también al éxito del proceso que condujo a la creación de la constitución en su fase fundadora y que se destaca de forma positiva de los procesos análogos que tuvieron lugar pocos años después en América Latina.

3. Obstáculos para el Estado de derecho

Luego de que la democratización de América Latina en los años 80 hubiera sido considerada en general como un gran progreso, en la década del 90 comenzó a hacerse sentir entre los politólogos (merece mención sobre todo el argentino Guillermo O'Donnell) cierto malestar respecto del futuro desarrollo de las aún jóvenes democracias. Se criticaba que la participación de la población se limitaba a las periódicas elecciones, mientras que el resto del tiempo los responsables del poder actuaban según su propia voluntad. Los principios de la división de poderes eran tan poco respetados como la separación entre asuntos oficiales y particulares. El nepotismo y el clientelismo habían aumentado en lugar de disminuir sin que los órganos estatales de control hubiesen intervenido para impedirlo. Ni qué hablar de la igualdad de los ciudadanos ante la ley. Expresiones como «democracia delegativa» o «ciudadanía de baja intensidad» ponían de relieve las deficiencias analizadas por O'Donnell en una serie de ensayos (O'Donnell 1989, 1993, 1997 y 1999; véase también Mansilla 1990). El análisis culmina con el reproche de que estos Estados tienen aún un componente manifiestamente autoritario (O'Donnell 1993: 1360), puesto que el concepto de democracia está estrechamente ligado con el cumplimiento de las exigencias del Estado de derecho. No se trata únicamente de que los ciudadanos puedan ejercer su derecho a votar sin impedimentos, sino, además, de que puedan hacer uso de sus derechos civiles para exigir que rindan cuentas las autoridades que abusan de sus competencias. Y la mayoría de los Estados latinoamericanos están todavía muy alejados de estas condiciones ideales.

En los comentarios que siguen no queremos estudiar tanto las conclusiones conceptuales que saca O'Donnell de sus análisis (desembocan en una ampliación y una profundización del concepto de democracia); sino que nos concentraremos más bien en el problema planteado por él. ¿Es cierto que el desarrollo del Estado de derecho en esta región está muy atrasado conparándolo con las reformas democráticas? ¿Cómo se explica esto? ¿Se debe sólo, como a veces se afirma, a la falta de voluntad de los Gobiernos para hacer las reformas pertinentes o a que tales reformas tienen más incidencias en la red de las relaciones cotidianas entre el Estado y los ciudadanos que las elecciones sólo periódicas?

Después de haber dado en el primer apartado una breve ojeada a las principales deficiencias que se pueden observar en América Latina desde el punto de vista constitucional, en los próximos analizaremos las hipotecas y los obstáculos que impiden la realización de los postulados del Estado de derecho: empezando por los tradicionales patrones de comportamiento, pasando por las experiencias hechas durante las no tan lejanas dictaduras militares, hasta los problemas básicos que representa el traspaso de la confianza de las instituciones a las personas y viceversa. Finalmente, mediante una comparación con el desarrollo europeo del siglo XIX, plantearemos la cuestión de cuáles son las posibilidades de superar la crisis del Estado de derecho.

Deficiencias del derecho formal y las normas sociales paralelas

La opinión de dónde se debe empezar con la lista de las peores deficiencias respecto al Estado de derecho depende del punto de vista y de los intereses del observador. Por ejemplo, es de suponer que, desde la perspectiva de las capas sociales bajas, se atribuye relativamente poca importancia a las contravenciones que los Gobiernos latinoamericanos perpetran contra la constitución. Lo que les fastidia es el comportamiento arbitrario y con frecuencia vejatorio de las autoridades con los individuos pertenecientes a estas capas, así como la gran falta de seguridad legal imperante en los barrios pobres de las grandes ciudades (Nolte 1999: 25) Las capas media y alta probablemente lamenten más la falta de transparencia legal, la imprevisibilidad de la justicia y la impotencia del Estado frente a la creciente criminalidad. A continuación daremos una ojeada sistemática a las principales deficiencias de estos sistemas de derecho. Esta revisión comienza con las normas básicas de la constitución y se extiende sobre las leyes y su aplicación hasta llegar al control tanto de los infractores de la ley como de los que, a través de los tribunales, las aplican[1].

En lo que a las *constituciones* de estos países se refiere, Ernesto Garzón Valdés ha destacado repetidas veces que su vigencia no debe ser medida según los exigentes criterios de las constituciones de Europa o de los EE. UU. (Garzón Valdés 1999: 110, 113). Dice que los políticos y los jurisperitos de estos países se caracterizan frecuentemente por una verdadera obsesión constitucionalista, es decir, por la creencia casi mágica de que mediante reformas constitucionales se puede cambiar la política o mejorar las cosas. En la historia de una nación como Bolivia, sacudida por incontables golpes militares, en 150 años se han promulgado nada menos que catorce constituciones diferentes. Afirma que a pesar de ello, generalmente, la realidad política casi no es afectada por estos cambios. El proceso político se desarrolla según reglas que no están mencionadas en las constituciones. Los propios tribunales constitucionales, cuya función sería vigilar que las normas constitucionales sean cumplidas, aceptan su violación, por ejemplo, por golpes militares, y se acomodan a las nuevas circunstancias impuestas. Todas estas comprobaciones impulsan a Garzón Valdés a declarar que las constituciones forman parte de la mitología política de estos países sin tener ningún vínculo con la realidad (Garzón Valdés 1999: 126). En consecuencia, propone que en el futuro se prescinda de reformas y en su lugar se procure aplicar en la práctica las constituciones vigentes.

Este consejo puede parecer plausible en lo relacionado con las constituciones, en cambio, en el nivel siguiente, el de la *legislación*, se encontraría en cambio con muchos impedimentos, ya que en la mayoría de estos países existe una cantidad incalculable de leyes y decretos cuya rigurosa aplicación no sólo sería imposible sino también indeseable. Entre ellos se encuentran disposiciones obsoletas (por ejemplo respecto de las mujeres o de las minorías), que ya no condicen con el sentido de la justicia de estas sociedades. El problema principal no es tanto la «injusticia» sino más bien la falta de

[1] Este resumen no pretende, desde luego, ser exhaustivo; es sólo el material de base para la argumentación que sigue. Sobre todos los problemas que mencionaremos existe una amplia literatura especializada. A título de introducción, véase también O'Donnell (1999: 310 y ss.).

transparencia de las leyes vigentes (sobre el Perú, véase Brandt 1999: 208). El activismo del aparato legislativo hace que con frecuencia se aprueben nuevas normas sin examinar con detenimiento la situación legal preexistente en el ámbito en cuestión. En consecuencia no es raro que existan disposiciones heterogéneas y aun contradictorias para reglamentar las mismas circunstancias[2]. A esta falta de transparencia contribuyen las numerosas excepciones que limitan la obligatoriedad general para ciertos grupos (en relación con las leyes impositivas argentinas, véase *Veintiuno*, Año 1, Nº 53, julio 1999: 8). Todo esto tiene por consecuencia que quien busque justicia carece de la posibilidad de formarse una idea clara de la situación legal en una cuestión determinada. La incalculable variedad de leyes significa, además, que los «expertos en leyes», es decir, los abogados, los tribunales y las autoridades disponen de un margen discrecional ilimitado e incontrolable para adoptar el punto de vista que consideren oportuno, sean cuales fueren los motivos.

Con esto llegamos al tercer ámbito, el de la *aplicación de las leyes*. El hecho de que las autoridades administrativas latinoamericanas están aún muy lejos de tratar a todos los ciudadanos de igual manera ya ha sido resaltado. Con frecuencia, resulta que, al contrario, hay que «hablar» con las autoridades para negociar la solución de un problema. Esta difundida costumbre tiene por consecuencia que la ley sólo es aplicada con toda su fuerza a los débiles o los «sonsos» (O'Donnell 1999: 312). Este es el sentido que tiene el popular dicho según el cual «para los amigos todo, para los enemigos la ley». Tampoco es un secreto que los propios guardianes de la ley, cuando no cumplen con ella, aun en casos de graves violaciones de los derechos humanos, casi siempre quedan impunes (el llamado «problema de la impunidad», Ambos 1997). Más adelante analizaremos detenidamente tanto la lógica en que se basan las costumbres corruptas de la burocracia estatal como la amenaza y la aplicación de la violencia ilegal. Por ahora sólo queremos señalar que la parcialidad y la corruptibilidad de la burocracia estatal comienza ya con la elección del personal. Al contratar nuevos empleados, a los candidatos se los

[2] Es notable que J. M. L. Adeodato considere que cierta contradicción constituye una virtud de la legislación brasileña, ya que la heterogeneidad geográfica y social del país confronta a los jueces con problemas insolubles ante el texto puro de la ley. Esta opinión no representa la de la mayoría de los juristas de la región (véase Adeodato 1998).

elige no tanto por su competencia profesional sino según criterios de nepotismo y favoritismo. A los candidatos a su vez los mueven más el afán de poder y los intereses materiales que los profesionales.

Esto no es sólo aplicable a la burocracia estatal en general sino que, con ciertas limitaciones, también a los tribunales y los magistrados. La justicia se encuentra entre los grupos que peor fama tienen en estos países. Se la considera totalmente oportunista —durante las dictaduras militares, casi ningún juez osó levantar la voz—, corrupta e imprevisible (Nolte 1999: 19). Estos reproches constituían el trasfondo de las reformas judiciales emprendidas por doquier en los años 90. Con éstas se procuró asegurar mejor la independencia financiera e institucional de los jueces y darles mayor formación profesional por un lado, y, por otro, hacer cambios en el derecho procesal y en el financiero (Nolte 1999; Hammergren 1998; Correa Sutil 1999, etcétera). Sigue quedando abierto el interrogante de si estas reformas —entre las cuales cuentan también procedimientos de selección más estrictos— tuvieron alguna influencia sobre el «espíritu» con que se administra la justicia en estos países, es decir sobre los criterios y la mentalidad de los jueces; probablemente habría que responder a esta pregunta con una buena dosis de escepticismo (Diaby-Pentzlin 1998: 93). Para grandes partes de la población, sobre todo las capas bajas y los grupos marginales (los indígenas, por ejemplo), las instancias judiciales se encuentran de todos modos fuera de su alcance. Para ellos y con ellos, también con asistencia extranjera, se ensayan en ciertos lugares y a título de compensación formas alternativas de dirimir conflictos (Diaby-Pentzlin 1998: 102).

Para completar el cuadro queremos mencionar que aún existen ámbitos y espacios en los que la ley no se aplica o sólo en forma muy diluida. Nos referimos, por ejemplo, a los territorios del interior controlados por las organizaciones guerrilleras, los cárteles del narcotráfico o los grandes terratenientes y también a las barriadas marginales de las grandes ciudades dominadas por bandas de delincuentes. En estas zonas a las que la ley no llega y en las que la fuerza y la violencia tienen prioridad frente al derecho, tienen vigencia reglas «naturales» muy poco parecidas a las normas formales.

En una presentación breve como la que hemos querido hacer es necesario utilizar pinceladas gruesas que no pueden hacer justicia a la variedad y las diferencias de las estructuras legales que rigen en toda América Latina. La pretensión de vigencia permanente de las leyes que es característica del derecho occidental nos induce a poner con ligereza en el mismo saco los diferentes grados y frecuencias de la desviación del modelo ideal. En realidad, la diferencia existente entre las culturas jurídicas nacionales de estos países es en parte considerable: por ejemplo la que hay entre el tradicionalmente severo observador de la ley que es Chile y la Argentina, siempre tendiente a la anomia, o entre la Costa Rica relativamente libre de violencia y el pequeño El Salvador, en el que, a pesar de haber concluido la guerra civil que duró una década, el nivel de violencia sigue siendo alto. Lo que hemos tratado en primer lugar es de señalar que el Estado de derecho funciona deplorablemente mal en estos países. El derecho formal está muy lejos de constituir un marco confiable y calculable para las actividades cotidianas de sus habitantes. Las leyes son a menudo poco satisfactorias desde el punto de vista técnico, están concebidas con parcialidad y se las aplica según criterios de selección muy cuestionables, mientras que las violaciones de la ley o su abuso son raramente perseguidos y sancionados.

Este diagnóstico ya es en sí alarmante. Cuando constatamos que las desviaciones del espíritu y de la letra del derecho formal con frecuencia no son estadísticamente fortuitas sino que responden a ciertas reglas, el tema se vuelve más explosivo aun. Detrás de ellas no se encuentra únicamente el intento de sustraerse a las leyes formales, además, en innumerables casos, se aspira a conformar una norma social contraria. En otras palabras, existe en estas sociedades un conflicto a veces tácito y otras abierto entre el derecho formal sancionado por el Estado y las ideas informales de las normas que tiene la sociedad[3].

Esta coexistencia de normas estatales con normas sociales ya ha llamado la atención a diversos autores (Escalante Gonzalbo 1995: 211; Mansilla 1990; O'Donnell 1997: 71). Sin embargo, ninguno ha sabido ponerla de relieve como el antropólogo brasileño Da Matta (1987). El punto de partida y el eje de su argumentación es el concepto del ciudadano tal como ha sido desarrollado en la cultura occidental. Por éste se entiende un individuo al que de antemano se le atribuyen determinadas cualidades abstractas como dignidad, autonomía, libertad, privacidad e igualdad con todas las demás personas.

[3] Este conflicto es a veces mencionado, pero hay pocas investigaciones empíricas al respecto. Una de las explicaciones de esta situación es que resulta difícil y demanda mucho tiempo investigar estructuras duales de manera precisa. En la cátedra del autor se desarrolla actualmente un proyecto dirigido por la Dra. C. Schmidt que investiga la relación entre estructuras formales e informales en una rama limitada de la Administración, la policía latinoamericana.

El principio de la igualdad tiene sobre todo vigencia en la relación del individuo con el Estado, frente al cual se encuentran todos los ciudadanos como una masa atomizada homogénea sin la intervención de miembros intermedios. En las sociedades capitalistas, las relaciones entre los individuos están, como en el mercado, reglamentadas por contratos.

Según Da Matta, esta concepción universalista de la ciudadanía tiene en las naciones industriales occidentales la tendencia a devenir una concepción dominante que cubre y reprime todas las demás (Da Matta 1987: 309, 323). Explica, además, que el brasileño medio la conoce, pero hasta ahora representa para él sólo una de las varias identidades que aprende, una que para los brasileños tiene cierto resabio negativo. Positivamente, en cambio, es valorada una identidad alternativa que ve al individuo como persona. Como tal el individuo no constituye una unidad abstracta sino que está incluido en una red amplia y concreta de relaciones sociales: con la familia cercana y lejana, con los vecinos y amigos, con sus amigos y parientes, con los colegas, etcétera. Dice que las relaciones son «concretas» porque cada uno participa en ellas de acuerdo a atributos precisos: como marido o esposa, hermano o hermana, padre o madre, jefe o empleado, rico o pobre. Por este motivo, la idea de igualdad es para el brasileño algo extraño. Cuando la autoridad le reprocha alguna violación de la ley, tiene la tendencia a considerarse un caso especial y reclama haciendo valer su alta posición o amigos influyentes: «¿Sabe con quién está Ud. tratando?» es la fórmula típica que según Da Matta todo brasileño ha utilizado alguna vez (Da Matta 1991: capítulo 4).

Llegados a este punto, interrumpiremos la reproducción de sus observaciones y análisis, pero debe haber quedado claro que, en resumidas cuentas, nos encontramos frente a un completo orden contrario. Un «antiorden» en el cual se borra el límite entre el individuo privado y el ciudadano y, de este modo, también el que debería existir entre la esfera privada y la pública. En este antiorden, el espacio entre el ciudadano y el Estado está lleno de entidades y poderes intermedios; aquí la igualdad ante la ley no constituye un principio general y vinculante, y los lazos sociales poseen el mismo valor o uno mayor que el derecho sancionado.

En el caso de que las reflexiones de Da Matta —y mucho hace suponer que es así— sean no sólo pertinentes en el caso de Brasil, sino también, con modificaciones específicas según los países, para América Latina en general, entonces el planteamiento hecho al comenzar sufre una ampliación y, al mismo tiempo, una especificación. Ya no nos podemos limitar a analizar únicamente las causas de la falta o del atraso de la verificación de los postulados del Estado de derecho, sino que debemos preguntar además cuál es el origen del «antiorden», por qué razón prevalece y cuáles son las fuerzas sociales que mantienen este equilibrio precario entre el orden normativo social y el estatal.

La intemporalidad de la herencia colonial

Varios autores afirman que el origen de un orden contrario al formal remonta a la época colonial. Su argumento es que bajo la secular influencia de la Monarquía española y del monopolio de la fe ejercido por la Iglesia católica, se habrían formado en la conciencia colectiva ciertos modelos o patrones de pensamiento y de comportamiento que, posteriormente, no han podido ser borrados a pesar de los movimientos y corrientes contrarios. Palabras clave como personalismo, clientelismo y autoritarismo circunscriben desde este punto de vista una matriz básica del accionar político y social, que sigue vigente hasta la época actual. También costumbres incompatibles con las leyes, como la compra de cargos y la corrupción, remontarían a la época colonial (Pietschmann 1994: 363; Escalante Gonzalbo 1995: 221).

Contra este enfoque se pueden hacer dos objeciones principales. Por un lado, está el peligro de que, pretextando la herencia cultural, se le dé una explicación histórica a fenómenos totalmente distintos y hasta contrarios. Mientras que un autor atribuye a los latinoamericanos un imborrable rasgo autoritario que los incapacita para la democracia, hay otro que declara que el afán de prestigio público es la variable que todo lo explica; en tanto un colega considera que una burocracia desmesurada y un Estado todopoderoso representan la principal herencia de la administración colonial; otro destaca las asociaciones corporativistas como característica constante de los sistemas políticos de América Latina (Wiarda 1974: 199; Mansilla 1990; Dealy 1977). La segunda objeción está relacionada con la persistencia del mencionado patrón estructural. ¿Cómo explicar su ininterrumpida validez y su eficacia hasta el presente? Trataremos de responder el segundo interrogante invirtiendo lo que es un desarrollo «normal», es decir previsible, y otro excepcional poniendo a Europa y no a América Latina como caso de desarrollo especial que necesita una explicación. Pero abordemos ordenadamente ambas objeciones.

En lo que se refiere al reparo relativo a la arbitrariedad y a cierta contradicción que tendrían los modelos explicativos históricos, se lo puede desvirtuar limitándonos a aquellos elementos estructurales y de comportamiento que reaparecen en casi todos los autores que utilizan una argumentación histórica (Wiarda 1974; Dealy 1977; Mansilla 1990; Morse 1974; Escalante Gonzalbo 1992, 1995; Da Matta 1987, etcétera):

- Un sentido específico del individuo. Este no es un ser aislado sino que aparece formando parte integrante de grupos y redes sociales. Ocupa un lugar determinado en la estructura vertical y horizontal de relaciones. Así, los vínculos personales, atribuidos (como la familia) o adquiridos superan en importancia a los creados por objetivos abstractos o también por ideologías compartidas.
- Las mencionas redes, los clanes y grupos se interponen como estructuras sociales constitutivas entre el individuo y el Estado. La consecuencia es que no existe la igualdad de los ciudadanos frente a éste y la ley, sino posibilidades escalonadas jerárquicamente de ejercer influencia particularista. La igualdad se da únicamente dentro de algunos de estos grupos, es decir, de círculos de amigos que funcionan según el principio de la solidaridad irrestricta. Para las relaciones internas de la mayor parte de los grupos y de las redes sociales, sin embargo, se aplica el principio de la reciprocidad limitada ya que tienen, como la sociedad en general, un componente fuertemente jerárquico («clientelismo»).
- De la importancia clave que tienen las entidades sociales intermedias resulta que la estricta separación entre la esfera privada y la pública, que caracteriza los Estados industriales occidentales, se quiebra y se borra ya que muchos de estos grupos tienen tanto un aspecto público como uno privado. En la práctica, las entidades de derecho público intervienen en la esfera privada (el derecho de propiedad, la paz doméstica por ejemplo) de las personas y, también, los individuos se apropian de espacios y atribuciones públicas (Mansilla 1990; O'Donnell 1989; básicamente, Bobbio 1989).
- En cuarto lugar queremos añadir —en este punto todos los autores son unánimes— que los mencionados elementos estructurales y de comportamiento, que constituyen en su conjunto una especie de orden contrario, a pesar de todo no han abolido el

orden formal vigente. La diferenciación entre «público» y «privado» sigue viva en la conciencia general, aunque sea constantemente cuestionada y en cierto modo socavada por el comportamiento de los individuos y de los grupos. En general, se parte de la idea de que estas sociedades tienen una composición o estructura mixta que contiene elementos de ambos órdenes en diferentes combinaciones.

Si nos basamos en la relevancia inquebrantada hasta el presente de los elementos esbozados, entenderemos por qué los latinoamericanos no pueden resignarse a aceptar la estricta separación entre el desempeño en funciones públicas y la persecución de fines e intereses personales, y por qué siguen sin comprender el concepto del derecho como un cuerpo abstracto de reglas universales. La distancia que los separa de la idea occidental del derecho se deriva de un concepto muy distinto que se tenía de éste en la América Latina durante la colonia, concepto que en parte sigue vigente hoy día en la mentalidad general. Tras la conquista y la toma de posesión del subcontinente, la Corona sancionó numerosas leyes y decretos para regular las condiciones de vida en los nuevos territorios. Estas leyes poseían dos características funcionales (Pietschmann 1994: 335; Pérez Prendes 1996: 43; Morse 1974: 40): primero, estaban destinadas a proteger a la población indígena del apoderamiento y la explotación por los conquistadores y colonos, es decir que recortaban las prerrogativas de estos últimos; y segundo, no constituían un sistema rígido de preceptos e interdicciones, sino que podían, de acuerdo a la necesidad o situación, ser suspendidos o utilizados de una manera flexible.

Ambas características siguen vigentes cuando, por ejemplo, el argentino o el brasileño medio piensa que las leyes están hechas para los débiles y los sonsos, mientras que él no tiene por qué hacerles caso (Da Matta 1987: 316 y 323). Estas características contradicen claramente, empero, la concepción que los europeos y los norteamericanos tienen de la ley. En Europa siempre ha servido, y sigue haciéndolo, para dejar asentadas las medidas propuestas por el poder Ejecutivo en reglas sancionadas por el poder legislativo. Algo exageradamente se podría afirmar que en Europa las leyes son la condición y, al mismo tiempo, el símbolo de la libertad y de la capacidad defensiva del individuo frente a las medidas arbitrarias de la autoridad (Bäumling 1987). Éste era, al menos, el sentido primigenio que, sin embargo, en la segunda mitad del siglo XX ya no estaba claro para todos[4]. En América Latina, en cambio, las leyes tienen el resabio negativo de representar la restricción de la libertad de acción del individuo por el Estado, a la cual el que puede se sustrae.

La segunda objeción que se hace a la argumentación histórico-colonial utilizada para explicar los actuales modelos de comportamiento es que no se puede recurrir sin más a actitudes y maneras de proceder que se remontan hasta varios siglos en el pasado para explicar fenómenos actuales, pues estas sociedades no son iguales a las que existieron hace 500 años. Se trata de sociedades políticamente independientes desde hace casi 200 años, que han cambiado fundamentalmente debido a la inmigración de los siglos XIX y XX y a los procesos que ésta desencadenó: la urbanización, la integración en el mercado mundial, la industrialización, en resumen, la modernización global en la que América Latina también está incluida. Los partidarios del enfoque histórico-cultural procuran desvirtuar esta objeción de diferentes maneras. H. Wiarda, por ejemplo, señalando que las grandes revoluciones europeas no afectaron a América Latina. Allí no se produjo ninguna reforma protestante, por lo tanto tampoco competencia entre las Iglesias y, además, no hubo revolución política profunda ni tampoco una industrial-capitalista (Wiarda 1974: 204). Mansilla resalta también la ininterrumpida continuidad de la estructura social y de los modelos de pensamiento desde los primeros tiempos coloniales. Según él, el Estado español transfirió directamente su rígido orden jerárquico a las colonias en donde, aunque de manera en parte pervertida, sigue existiendo hasta el presente (Mansilla 1990: 36). Finalmente, C. Dealy renuncia a todo tipo de explicación histórica del «hombre público» estudiado por él. Él considera que la aspiración de acumular prestigio y poder («capital de influencias»), típica, según él, no sólo de los latinoamericanos sino de los católicos en general, es una estrategia racional y lógica en sí como lo es la acumulación de bienes materiales desde el punto de vista protestante (Dealy 1977: 4, 7, etcétera).

O'Donnell parece compartir esta última opinión en sus artículos más recientes. En ellos señala que el clientelismo y el particularismo no son un rasgo específico de América Latina sino que se extienden por todo el mundo, hasta en los países industriales, aunque en éstos ofi-

[4] Está asentado en la Ley Fundamental de la República Federal Alemana en las cláusulas según las cuales una serie de derechos fundamentales sólo pueden ser restringidos por la Administración en el caso, y únicamente en la medida, que una ley lo prevea.

cialmente no se tome nota de ello. Afirma que el particularismo es un rasgo permanente de la sociedad humana y al decir esto le quita al fenómeno el aspecto extraordinario convirtiéndolo en algo normal (O'Donnell 1997: 84; véase, también, Eisenstadt/Roniger 1984). Como ejemplos de sociedades en las cuales existe una profunda brecha entre el orden legal, basado en reglas abstractas, y el real, caracterizado por las redes de relaciones sociales nombra Italia, Japón y la India.

La mención de la India en este contexto es particularmente notable ya que una de las más fuertes críticas al eurocentrismo —la idea de que el Estado-nación homogéneo con el ciudadano o individuo como su piedra fundamental representan algo que tiene validez universal— fue articulada por un indólogo francés, Louis Dumont (Dumont 1976: capítulo 1; 1983). Dumont, basándose en sus estudios sobre la India, pero también citando a clásicos como A. de Tocqueville y E. Durkheim, destaca la «naturalidad» de la estructura jerárquica de las sociedades. No se cansa de señalar que la idea del individuo reclamando libertad e igualdad y la concepción de leyes universales que la acompaña son una invención no muy antigua de los europeos y norteamericanos, una «construcción» que han exportado con mucho éxito. Esta construcción daría buen resultado únicamente bajo circunstancias muy específicas, es decir, si los seres humanos fueran iguales o se fueran pareciendo cada vez más, lo cual no ha ocurrido en la mayoría de las sociedades hasta ahora.

¿El ciudadano que comparte los mismos derechos y deberes con los demás es una construcción? Con esto retornamos al análisis de Da Matta en cuanto a la ciudadanía como uno de los muchos roles que el joven brasileño debe aprender. ¿Sería equivocada la convicción, profundamente arraigada en los teóricos del desarrollo, de que el particularismo y el clientelismo son restos de anteriores órdenes sociales que desaparecerán con la modernización y la globalización? ¿Habría que contar con la posibilidad de que estos modelos y estructuras de comportamiento resulten no menos resistentes y, eventualmente, hasta más longevos que la idea de la ciudadanía que hace iguales a todos garantizando ciertos derechos fundamentales?

Estas son cuestiones muy amplias que van más allá del objetivo de este estudio y naturalmente no son nuevas. Ya Max Weber había destacado el carácter particular del desarrollo occidental. Como lo señala la nueva historiografía, la evolución del Estado moderno tampoco en Europa se produjo en línea recta. Hasta una época bastante avanzada de la Edad Moderna, es decir, hasta mediados del siglo XVIII, la situación en el viejo continente no era muy diferente de la que observamos actualmente en América Latina. Si bien los soberanos absolutistas promulgaban grandes cantidades de leyes, pocas de éstas eran obedecidas estrictamente (Schlumbohm 1997; Rublak 1997). No era raro que la obediencia tuviera que ser «negociada» con los súbditos y existían proverbios que destacaban el carácter puramente retórico de la actividad legislativa. Hasta en los aparatos centralistas de la Administración estatal y eclesiástica siguieron siendo decisivas las tradicionales lealtades de grupos, los lazos con los parientes, amigos y paisanos. Como lo ha demostrado W. Reinhard mediante el ejemplo del papado: al ocupar cargos importantes y aun secundarios, los criterios decisivos eran regularmente el nepotismo y el clientelismo (Reinhard 1998; véase Reinhard 1999a: 125 -140).

El ascenso del Estado moderno no sólo duró más de lo que retrospectivamente les pueda parecer a los que lo consideren natural. Hay muchos indicios de que su «carrera» ya ha dejado atrás (muchos consideran que los años 70 del siglo XX fueron la época crucial) su punto culminante (Reinhard 1999a: 509; van Creveld 1999: capítulo VI). Acosado «desde abajo» por las regiones y provincias y «desde arriba» por asociaciones y organizaciones supranacionales, va perdiendo competencias y adoptando una posición defensiva. La cuestión de si las ideas y los principios desarrollados durante los doscientos años de su incontestada dominación, entre los que se encuentra el Estado de derecho, tendrán en esta época de decadencia la fuerza necesaria como para transformar a la mayoría de los Estados del Tercer Mundo es un interrogante abierto. Por el momento nos parece más probable un compromiso estructural: mientras que «hacia fuera» se tiene cuidado de adaptarse a lo que en el campo occidental —y por este motivo también a escala global— se considera «correcto» y vinculante en cuanto a democracia, derechos humanos, propiedad privada, etcétera, las estructuras internas siguen caracterizándose fuertemente por las tradicionales solidaridades y modelos de comportamiento. Esta suposición se basa en la fuerza que tiene la tradición y en la lógica propia y la racionalidad de semejante orden doble.

El poder y la confianza

Desde el punto de vista europeo, el doble código de normas al que los latinoamericanos están sometidos y que deben saber manejar parece incómodo y complicado. Uno se pregunta si no sería más simple para todos los implicados ponerse de acuerdo en utilizar un solo sistema de reglas, sea sancionando formalmente, al menos en parte, las reglas informales, sea tomando en serio la constitución y las leyes y respetándolas. Teóricamente esta sugerencia puede parecer razonable, en la práctica sería irrealizable. Da Matta ha señalado que en Brasil, el que públicamente insiste en el cumplimiento consecuente de las leyes, no importa en qué ámbito, y de este modo critica la doble moral corriente, automáticamente se coloca fuera de la respectiva red de relaciones sociales relevantes y se automargina (Da Matta 1987: 319). Menos imaginable aún sería que un Estado latinoamericano tirara por la borda su tradición constitucional y legal occidental y retrocediera para convertirse en una forma de gobierno puramente patrimonial o feudal. Esto no correspondería a la idiosincrasia de la mayor parte de la población, aparte de que el entrelazamiento económico, y de otra índole, de estos Estados con su entorno internacional cercano y lejano pondría estrechos límites a semejante intento.

Por encima de estas trabas estructurales que dificultan el cambio de las híbridas circunstancias reinantes, no pocos ciudadanos de estos Estados tienen fundadas razones personales para querer mantener el *status quo*. Para entenderlos, hay que tener en cuenta las ventajas concretas que trae consigo la frecuente y sistemática violación de las leyes. Nos concentraremos, en primer lugar, en las personas que ostentan cargos públicos y, a continuación, tendremos en cuenta las reacciones de los ciudadanos normales.

Un cargo, esta es la premisa básica, otorga al que lo posee cierto poder para tomar decisiones (sobre lo que sigue, véase Pritzl 1997: 48, 100). El abuso de estas atribuciones, prohibido por la ley, pero según las reglas informales permitido y hasta necesario, puede, según las circunstancias en que esto se produzca, implicar ventajas que van más allá del salario que se percibe por el cargo. Si el político o funcionario utiliza su posición para introducir parientes o personas dependientes en el aparato administrativo, gana en influencia social (el llamado capital social u «oculto», véase Reinhard 1999a: 133)[5]. Si extorsiona a los clientes o se muestra receptivo ante ofertas de soborno, percibe una ganancia material directa. Finalmente, puede utilizar su posición para ampliar su esfera de influencia según el

[5] Las redes de relaciones son casi ilimitadas ya que a través de «mediadores» se puede incluir a personas alejadas («amigos de amigos»). Sobre esto, así como sobre el reflejo de esta mediación terrenal en el más allá, donde se cuenta con la intercesión de los «santos», véase Reinhard (1998: 135), así como Dealy (1977: 19).

principio «el poder produce poder». Como las diferentes fuentes de influencia se pueden transformar mutuamente unas en otras: poder en dinero, dinero en relaciones sociales y a su vez las relaciones en poder, es posible crear de esta manera un círculo de acumulación de recursos que se autorrefuerza (Popitz 1969: 38 y 39). Estamos de acuerdo con Becquart-Leclercq, según el cual la corrupción es una determinada forma de acoplar el aparato estatal a la sociedad. El acoplamiento, sin embargo, no produce mayor igualdad social sino que refuerza el desequilibrio existente de poder y riqueza (Becquart-Leclercq 1989: 193; Elwert 1993).

El potencial de tentación que posee un cargo y que lo hace susceptible de ser utilizado con fines personales se evidencia más todavía si analizamos los distintos elementos de un desfalco o de una extorsión productos de este abuso:

— Primero, el cargo público está provisto de atribuciones resolutivas. Cuanto más alta sea su jerarquía y mayor el margen discrecional, tanto más lucrativa y menos peligrosa será la prevaricación. En una situación de escaso control externo, los exponentes del poder pueden también arrogarse la llamada competencia de la competencia, es decir, aumentar ilegalmente su margen de poder. Pueden, por ejemplo, inventar reglamentos que deben ser respetados por los subordinados o los clientes y cuya violación es castigada o multada arbitrariamente.
— Como representante del poder público, el funcionario o el juez goza de una protección especial; concebida en realidad para protegerlo de presiones y garantizar el ejercicio de sus funciones de manera objetiva, esta protección puede ser fácilmente transformada en un arma contra los ciudadanos. Recordemos la amenaza de ser acusados de haber ofendido al presidente que pesaba sobre todos los ciudadanos como una espada de Damocles en la novela de M. A. Asturias, *El señor Presidente*. De la misma manera, aunque con consecuencias menos funestas, el reproche de «desacato a la autoridad» puede ser utilizado en estos países para disciplinar a los ciudadanos desobedientes[6].

[6] El autor recuerda la historia de un amigo argentino que le hizo constatar esta circunstancia por primera vez. Encontrándose en Ecuador como exiliado durante la última dictadura militar argentina, entregó su pasaporte a la autoridad correspondiente para obtener la prolongación de su permiso de estadía. Al querer retirarlo, el

— La dedicación intensiva a determinadas materias legales y el equipo logístico y material necesario para ello convierte, al mismo tiempo, a funcionarios y jueces en expertos en salvar los impedimentos legales con poco riesgo. No es un azar que robos particularmente espectaculares con frecuencia sean perpetrados por la propia policía de investigación criminal, es decir, por aquella rama de las fuerzas de seguridad que, debido a su formación, equipo y experiencia, no sólo posee las mejores condiciones para perseguir a los delincuentes, sino, también, para cometer delitos. Según la misma lógica, los funcionarios de Hacienda son especialistas en evadir impuestos, los aduaneros, en contrabando, etcétera.
— Finalmente, el espíritu de cuerpo hace que sea muy poco probable que un abuso del cargo sea descubierto y, en este caso, que se lo haga público, que se inicie un proceso penal luego de que sea de conocimiento público y que el funcionario implicado sea condenado a una pena efectiva. La complicidad de los colegas con la cual puede contar el autor del hecho no se extiende únicamente a su sección o a la rama a que éste pertenece, sino a todo el aparato estatal con un debilitamiento gradual. Esto es lo que piensa O'Donnell cuando habla de la falta de control horizontal en América Latina (O'Donnell 1999: 318, 325, etcétera; Pritzl 1997: 118).

Si revisamos las ventajas y tentaciones ligadas a un cargo, habrá que darle razón a E. Garzón Valdés cuando opina que las posibilidades de conseguir mediante controles externos que los funcionarios se comporten estrictamente conforme a las leyes son muy reducidas. Según él, la única vía para combatir el abuso del cargo con fines privados es que jueces, funcionarios y políticos adopten voluntariamente el llamado «punto de vista interno». Esto es que ellos voluntariamente desempeñen sus funciones como corresponde al sentido y a la letra de la constitución y de las leyes (Garzón Valdés 1999: 126).

mismo funcionario que lo había recibido negó estar al tanto del asunto y haber visto alguna vez el documento. Ante la interpelación de mi amigo, lo amenazó con arrestarlo por desacato a la autoridad. Algo similar debe de haberles sucedido a muchos argentinos en su patria al dirigirse a la policía para reclamar por sus hijos o cónyuges «desaparecidos».

El autor mencionado presenta importantes razones de por qué los exponentes del Estado deberían tener un interés vital en identificarse con el punto de vista legal y en cuidar de que sea generalmente respetado. Él argumenta que ellos son los que más provecho le sacan al orden legal ya que sólo gracias al derecho formal los funcionarios, jueces y políticos asumen posiciones estatales que les otorgan poder para decidir. Al transgredir mediante la prevaricación el derecho positivo, contradicen directamente las condiciones institucionales a las que deben su cargo (Garzón Valdés 1997b: 109).

Desde un punto de vista puramente lógico, poco se puede decir contra este argumento, pero en la práctica, los seres humanos obedecen menos a la lógica abstracta que a la social, que puede hacerlos actuar de una manera muy distinta. Con un enfoque social (o sociológico) vemos una serie de motivos que hacen menos convincente el argumento de Garzón Valdés:

— Primero, retornemos al canon de normas y valores de estas sociedades que incluye el particularismo y una valoración positiva de las relaciones sociales. «A un amigo no se le puede negar un favor», dicen los brasileños. Si bien el deber de solidaridad es con frecuencia sólo un pretexto para el grupo privilegiado, que le permite repartirse las ventajas del poder, puede ser que además también motivos de amistad o de solicitud condicionen la violación de las reglas formales. En este caso el interés en mantener el orden formal se ve relativizado por normas contrarias (o antinormas) informales.
— También debemos tener en cuenta la costumbre latinoamericana de pensar en plazos cortos o, a lo sumo, medianos. Desde una perspectiva largoplacista, el argumento es que jueces o funcionarios que abusan continuamente de sus atribuciones, en cierto modo terminan perjudicándose a sí mismos. Pero este aspecto de largo plazo tiene para la mayoría de los funcionarios, en el mejor de los casos, una importancia puramente retórica. Lo que para ellos en realidad cuenta, es la posibilidad que el cargo les da *hic et nunc* (aquí y ahora) de obtener una ventaja suplementaria. Esta actitud se ve reforzada además por la inseguridad, común en estos países, del empleo en la función pública, que hace parecer oportuno aprovechar inmediatamente las posibilidades de mejorar el peculio cuando se presentan.
— Tampoco se debe subestimar la rutina adquirida durante años de ejercicio por muchos de los funcionarios latinoamericanos

(Mansilla 1990: 41). El trato continuo con un sistema de reglas oficialmente válido y con otro, informal crea una habituación que permite moverse con facilidad en ambos. Donde el europeo temería enredarse en contradicciones y verse confrontado con expectativas incompatibles, el político o funcionario latinoamericano aprovecha, sin preocuparse demasiado, la ampliación de atribuciones que le brinda la dualidad moral.

— Una circunstancia que favorece esta despreocupada manera de pensar y proceder es finalmente el hecho de que no existe una alternativa a este *status quo* del orden político vigente. Aun en países donde prácticamente se violan en público los principios constitucionales (como Paraguay o Colombia), los funcionarios implicados tienen poco que temer ya que no se vislumbra un cambio de régimen. Un golpe militar seguido de una «purga» de la Administración es actualmente tan poco probable como una revolución producida por algún movimiento popular.

La sospecha de corrupción que pesa sobre los funcionarios se refleja en la opinión negativa que la gente tiene de ellos. Si tomamos como ejemplo la justicia y los jueces, sobre quienes se han hecho numerosas encuestas, constatamos que su fama es casi siempre mala cuando no pésima (Garro, 1999: 279, nota 6; Pritzl 1997: 136, nota 208; Nolte 1999: 19). Las cifras varían según la pregunta concreta, el momento en que se hizo y el país, pero, si bien en ninguna parte tenían más del 50% de los encuestados fe en la magistratura, en la Argentina la desconfianza registrada superó el 90%. En parte, se le echa la culpa a las leyes, que serían injustas, en otra, al Gobierno y al sistema jurídico, pero en gran parte a los mismos jueces, sospechosos de corrupción. A esto corresponde el hecho de que muy pocos de los encuestados crean en la existencia de la igualdad ante la ley.

La amplia desconfianza frente a las autoridades, característica de los latinoamericanos, representa la primera reacción evidente de los ciudadanos ante la corruptibilidad y la veleidad de los funcionarios. Pero existe también una reacción de carácter más bien estructural. Consiste en el incentivo que tienen los ciudadanos para organizarse en redes sociales y agrupaciones análogas a las del aparato estatal (Zintl 1993: 101). La lógica de este proceder es comprensible si se tiene en cuenta que una confianza social básica es necesaria para cualquier sociedad y para el trato social (Misztal 1996; Dasgupta 1988). Pero poner confianza en las instancias y autoridades a las que les corresponde ocuparse del bienestar y los intereses generales significa en estos países crear «costos» suplementarios (perder tiempo, fastidiarse y tener que pagar sobornos). Que se trate de la dirección impositiva, del registro de automóviles, de la seguridad social o de la policía, lo importante no es tanto cumplir con determinados requisitos objetivos sino con criterios subjetivos relacionados con el sujeto. Ser escuchado y tener éxito depende mucho de la influencia de parientes, amigos u otros mediadores. ¿No es lógico en este caso construirse uno mismo una red de relaciones lo más amplia posible para ejercer influencia sobre el aparato estatal y reducir los costos? La creación de tales redes no puede ser ni siquiera considerada moralmente reprochable, como la de las instaladas en la Administración o en la magistratura, ya que se trata de alianzas para la protección y la defensa frente a la inseguridad legal general[7].

Esto implica, al mismo tiempo, la existencia de un consenso tácito entre los ocupantes de los cargos públicos y el grueso de la población en lo relativo a la necesidad de aplicar las leyes y ordenanzas estatales con flexibilidad. Aun los mismos ciudadanos que protestan con virulencia contra la insoportable prevaricación en la Administración y en la justicia, no tienen inconveniente en sobornar a la policía para evitarse engorros y una multa por contravención a las reglas del tráfico. Sin embargo, no se debe sobrestimar el alcance ni la capacidad de resistencia de este consenso. Está relacionado sobre todo con delitos menores y contravenciones en los cuales las partes tienen interés en solucionar rápidamente y sin problemas la situación. En cambio, la gente no está nada dispuesta a aceptar abusos graves en los que los guardianes de la ley se convierten en delincuentes privilegiados. Podemos basarnos en que la población se da cuenta perfectamente de la perversión del orden legal que esto supone.

El Estado de derecho y la democracia

El concepto de Estado de derecho en el sentido estricto tiene su raíz en la doctrina alemana del Estado de derecho y en la filosofía del Estado de fines del siglo XVIII y principios del XIX (Stammen 1977; Bäumling 1987). Fue ideado para poner límites al poder estatal y evi-

[7] Hemos adoptado la diferenciación establecida por R. Zintl entre camarillas que se proporcionan mutuamente privilegios a costa de los demás y agrupaciones que en primer lugar pretenden producir seguridad (Zintl 1993: 95).

tar intromisiones arbitrarias en los procesos sociales. La división de los poderes, la vinculación estricta de la Administración a las leyes y la garantía de protección de la libertad y de los derechos fundamentales, sobre todo del derecho a la propiedad, tenían la finalidad de hacer que, para el individuo, la actuación de la autoridad fuera previsible y los abusos controlables. Retrospectivamente y en relación con nuestra argumentación, hay que destacar dos rasgos característicos de la discusión sobre el Estado de derecho en el siglo XIX. Primero, la discusión fue planteada por la burguesía, la clase ascendente que surgió frente a la nobleza y que, en razón de su importancia económica se convirtió en el indispensable apoyo del moderno Estado nacional. Segundo, la exigencia de que el poder estatal debía estar reglamentado por leyes fue planteada mucho antes de que el derecho de voto fuera ampliado a círculos cada vez más grandes de la población, es decir, antes de la «revolución democrática». Al contrario, la burguesía mantenía frente a las capas bajas una actitud reservada y quería tener garantizados los derechos fundamentales frente a un eventual gobierno de las masas igual que frente al tradicional Estado autoritario (Bäumling 1987, p. 2807)[8].

O'Donnell, que ahora, tras la reimplantación de reglas políticas democráticas en los años 80 en América Latina, reclama otra reforma que garantice los principios del Estado de derecho, se dio cuenta muy bien de esta diferencia con la secuencia clásica (O'Donnell 1999: 311). La pregunta que surge es si la reversión del orden de los acontecimientos tiene consecuencias sobre la realización de las reformas del Estado de derecho y cuáles serían. Dar una respuesta general a estos interrogantes parece casi imposible. Como explica B. Parekh en otro contexto, junto a democracias que se desarrollan dentro de un marco liberal de Estado de derecho ¿por qué no puede haber Estados que hayan evolucionado en sentido contrario, en los cuales la democracia es el marco dentro del cual se producen las

[8] No analizaremos aquí la diferenciación, importante en sí, que existe entre la «rule of law» de la tradición anglosajona y la idea del Estado de derecho desarrollada por Kant, Robert von Mohl, Julius Stahl y otros filósofos y constitucionalistas alemanes. Nuestra exposición se basa, en primer lugar, en el concepto alemán del Estado de derecho porque en él es particularmente evidente el corte temporal entre el momento en que se produce la reglamentación del Estado y de la Administración mediante las leyes y la ampliación del derecho electoral a capas más amplias de población.

reformas del Estado de derecho? (Parekh 1992) Sin embargo, caben dudas de que este último caso sea un modelo generalizable.

Las dudas radican en que realizar el Estado de derecho después de la concretización de la democracia representa un programa político más complicado y ambicioso que cuando el orden es inverso: primero, control constitucional del poder estatal y, luego, ampliación de la participación política. De ese modo el Estado se ve confrontado con una exigencia doble: garantizar a todos el derecho a la participación política y, al mismo tiempo, cuidar que todos los ciudadanos gocen sin limitaciones de sus derechos civiles. Aparte del despliegue logístico y material necesario para ello, también es indispensable la existencia de una administración estatal firme y segura de sí misma, que no considere que la ampliación de los derechos de control de la ciudadanía representa una amenaza directa y un cuestionamiento de sus privilegios tradicionales. Las jóvenes democracias latinoamericanas, empero, son todo menos robustas y firmes. El problema se complica aun más por el hecho de que las capas bajas y los grupos sociales marginales, cuya clasificación como ciudadanos de segunda categoría O'Donnell critica, son justamente los grupos de los cuales proviene la mayoría de los delincuentes violentos que ponen en peligro la seguridad en las metrópolis latinoamericanas. ¿Cuál es la actitud que debe adoptar el Estado de derecho, responsable de la seguridad pública, frente a estos grupos: reprimirlos o defenderlos?[9]

Aun no dejándose intimidar por las dificultades expuestas, que se presentan al querer emprender reformas relativas al Estado de derecho una vez concretizada la democratización, surge el interrogante de quién las puede realizar. Las empresas nacionales e internacionales que operan en estos países apoyan seguramente todas las medidas tendentes a mejorar la previsibilidad de los procesos económicos (Herdegen 1995). Pero, más allá de lo puramente económico ¿hasta qué punto estarían dispuestos a abogar por que las capas sociales bajas sean tratadas con mayor ecuanimidad? Por otro lado, todos los grupos que de uno u otro modo están envueltos en el aparato estatal tienen un interés vital en que la situación actual cambie lo menos posible. Por su parte, lo único que se puede esperar es que, abierta o

[9] Véase la macabra propaganda electoral de un coronel de la policía militar brasileña que pretendía atraer electores señalando que él había sido el responsable de la muerte de 111 presos durante la última rebelión carcelaria (*Neue Zürcher Zeitung*, 3-4 oct. 1998).

solapadamente, se opongan a todo intento de introducir más transparencia y control en la Administración y la justicia. Es seguro que existen no pocos funcionarios y jueces que no aprueban este sistema favoritista y que desempeñan su cargo de manera profesional e imparcial. Pero su peso no alcanza para impulsar reformas decisivas. No se distingue ninguna capa o grupo con contornos claros que, como la burguesía europea del siglo XIX, tenga tanto el poder como el interés en imponer reformas del Estado de derecho (Escalante Gonzalbo 1995: 211).

A esta valoración más bien escéptica de las posibilidades de reformas se le podría responder que se fija demasiado en las experiencias europeas. ¿No podría asumir la opinión internacional el papel de grupo de presión que tuvo en el siglo XIX la burguesía? ¿No sería imaginable que los Gobiernos latinoamericanos, bajo la influencia de la opinión pública internacional y de los Estados industriales democráticos, se decidan paulatinamente a aceptar mecanismos de control constitucionales? ¿Acaso no ha sido ya decisiva esta influencia para la transición de las dictaduras militares a la democracia en la década del 80? ¿Por qué razón no podría repetirse este proceso en el segundo escalón de la democratización, es decir, en la realización de reformas que completen la plena vigencia del Estado de derecho? El incontenible proceso de globalización podría dar un impulso adicional para imponer de manera consecuente los principios del Estado de derecho. Según las *New Institutional Economics*, normas formales e informales previsibles y transparentes son una condición indispensable para un desarrollo continuo y un aumento del bienestar general. Si los Estados latinoamericanos no están en condiciones de garantizar el derecho de propiedad y una reglamentación del mercado clara con costes de transacción bajos, corren el riesgo de quedar excluidos de las corrientes internacionales de comercio y de inversiones y empujados al margen de la dinámica económica global. Aun en la poco alentadora situación actual, esto podría representar un aliciente importante para que los jefes de Gobierno latinoamericanos realicen lo más rápidamente posible las reformas necesarias.

No se debe desestimar la importancia de estos argumentos. A pesar de ello, es necesario indicar dos circunstancias que podrían resultar obstaculizadoras para la eficacia de dichas reformas por mucho empeño que se ponga en verificarlas. Por un lado, está el hecho de que en América Latina no sólo nos encontramos con desviaciones más o menos arbitrarias o interesadas de las reglas formales, sino con que las normas mismas tienen una matriz dual. Este tipo de códigos paralelos suele ser sumamente resistente, sobre todo cuando se han constituido mecanismos de mediación que hacen soportable para los ciudadanos la coexistencia en la vida cotidiana de expectativas y deberes divergentes. Con reformas puramente técnicas de las leyes se puede alcanzar poco; sobre todo cuando el equipo que las aplica, es decir, políticos, funcionarios y jueces, en su fuero interno no están convencidos de ellas sino que sólo se someten a la presión que viene de afuera.

Otro obstáculo difícil de sobrepasar para establecer un Estado de derecho que abarque todos los sectores de la población es el gran desnivel social que existe en estos países. Desde Alexis de Tocqueville, siempre se ha señalado que un mínimo de homogeneidad en la estructura social es una condición importante para la introducción de la democracia y de la igualdad ante la ley (Tocqueville 1976: 284; Garzón Valdés 1999: 120-121; Da Matta 1987: 310; Dumont 1976: 31). A escala internacional, América Latina, empero, posee el más alto índice de desigualdad social. La situación no ha mejorado en una serie de estos países desde la transición de la dictadura militar a la democracia sino que ha empeorado. De esto resulta para el Estado de derecho y la democracia un peligro doble: por un lado, ambos conceptos se convierten en una ficción cínica cuando una gran parte de la población carece de la posibilidad de satisfacer sus necesidades básicas; por otro, la polarización social puede, a mediano plazo, ser utilizada por políticos demagogos para facilitar la introducción de nuevas formas de autoritarismo.

Si hacemos un balance de los argumentos en pro y en contra de las posibilidades de realizar con éxito reformas para establecer realmente el Estado de derecho, el resultado es más bien turbio. Al hacerlo, tenemos que tener en cuenta que el «Estado de derecho» es un concepto muy ambicioso, que encontramos por vez primera en la fase tardía de la evolución del Estado europeo. Un traspaso a otras megarregiones sin alteraciones es poco probable ya que el Estado en el mundo entero ha sobrepasado el apogeo de su poder y por eso ya no se considera que es el único garante y ejecutor del orden y la ley. En América Latina, para el futuro, podemos contar más bien con situaciones mixtas: ámbitos en los cuales las leyes son aplicadas en amplio grado gracias al control estatal (partes de la constitución; el derecho económico internacional) se enfrentarán con otros en los cuales las costumbres o simplemente el derecho del más fuerte será lo que cuente. Entre los dos tipos de ámbitos habrá otros de competencias superpuestas y normas híbridas, en los que reglas formales e informales se entrelazarán de diferentes maneras, creando mayor inseguridad pero, también, más posibilidades de elección para el individuo.

4. Sistemas alternativos de normas frente al orden jurídico estatal[1]

Introducción

Como ha sido constatado con frecuencia, el orden jurídico estatal tiene en América Latina numerosas debilidades. Estas tienen dos aspectos, uno «interior» y otro «exterior». Ya se ha escrito mucho sobre los defectos inmanentes del sistema jurídico formal (últimamente Ahrens/Nolte 1999). Estos están relacionados, entre otros, con lo complicadas y discrepantes que son las leyes, con la corrupción e imprevisibilidad de la justicia, con lo poco accesible que ésta es, sobre todo para las capas bajas, y con el problema de la falta o la arbitrariedad de la aplicación de las normas estatales. El aspecto «exterior» de la debilidad del orden jurídico formal, en cambio, consiste en que su aceptación social y su vigencia territorial tienen límites. Esto se debe, en parte, a que entra en colisión con sistemas de normas alternativos. Seguidamente, analizaremos sobre todo estos sistemas y su relación con el derecho formal. ¿Dónde y en qué forma existen códigos normativos alternativos, cuándo y cómo nacieron? ¿Tienen la tendencia a sostener el orden jurídico estatal o más bien lo socavan?

[1] Este artículo es una versión, considerablemente ampliada, de la clase magistral en memoria de Herbert Krüger que el autor pronunció durante la XXIII asamblea del *Arbeitskreis für Überseeische Verfassungsvergleichung* en junio de 1998 en Augsburgo y que fue publicada en la revista *Verfassung und Recht in Übersee* (4° trimestre de 1998: 427-439).

Interrogantes de este tipo han sido raramente planteados hasta ahora en la literatura especializada[2]. Sin la existencia de algunas investigaciones jurídico-etnológicas sería casi imposible darles respuesta. La siguiente tentativa de analizar estos problemas se basa en dos convicciones o, expresándolo de una manera más neutra, suposiciones del autor. La primera es que, para que un orden jurídico pueda funcionar, la concepción que los grupos sociales tienen de las normas no tiene menos importancia que las que tienen los guardianes estatales de la ley. La segunda suposición es más bien un pronóstico. Suponemos que el Estado latinoamericano no será capaz en los próximos tiempos de imponer a la sociedad un orden jurídico homogéneo. Es decir que las fuertes desviaciones del derecho oficial vigente y la existencia de sistemas normativos alternativos no representan en esta región una situación pasajera sino que serán un fenómeno de larga duración.

La segunda suposición se basa en el argumento de que no se trata de un fenómeno nuevo sino de una característica estructural de América Latina, cuyas raíces, en parte, remontan a la época colonial. Nada indica que el Estado, en épocas en que justamente pierde poder en todo el mundo, sería capaz de imponer a estas sociedades —acostumbradas desde siempre a cierto pluralismo normativo— un sistema jurídico y procesal homogéneo. En lo que a la primera tesis se refiere, no es nueva ni original. La escuela histórica de Jurisprudencia alemana de principios del siglo XIX señalaba ya la importancia de las tradiciones y las costumbres para que un orden jurídico pueda funcionar (Zwilgmeyer 1929). La criminóloga estadounidense Fredda Adler, hace algunos años, cuando investigó la razón de que en algunos países la criminalidad sea constantemente alta y en otros siempre baja, sacó similares conclusiones (Adler 1983). El resultado de su investigación, realizada en todo el mundo, fue que lo decisivo es la relación existente entre la presión de control ejercida por las instancias estatales y la del control que tiene su origen en la sociedad. En todos los casos en que las normas impuestas por el Estado eran aceptadas y apoyadas por la sociedad, la delincuencia era escasa. En cambio, aumentaba en los países donde las exigencias de ambas instancias de control eran divergentes (Adler 1983: 150).

[2] Los problemas del pluralismo jurídico apenas si se mencionan en las publicaciones relacionadas con América Latina. Esto no es así en lo relacionado con Asia y África; véase Benda-Beckmann (1994) y Lampe (1995).

El modelo de F. Adler parece algo simple, aparte de que, cuando los imperativos normativos del Estado y de la sociedad coinciden absolutamente, también surgen ciertos peligros (como lo son, por ejemplo, el dogmatismo y la intolerancia). Sin embargo, como situación ficticia, la amplia convergencia de las normas estatales y las sociales son un buen punto de partida para registrar los diferentes escalones del distanciamiento de ambos sistemas.

TIPOLOGÍA DE LAS RELACIONES ENTRE EL SISTEMA JURÍDICO ESTATAL Y LOS SISTEMAS ALTERNATIVOS DE NORMAS

Distinguimos cuatro formas de la relación del derecho oficialmente vigente y los sistemas alternativos de normas, que denominaremos «complementariedad», «dualidad», «autonomía a la sombra del Leviatán» y «anomia».

Por «normas complementarias» entendemos complejos de reglas que sin cuestionar en principio el canon jurídico oficial, expresan concepciones alternativas del orden y de la solidaridad. Los campos de aplicación preferidos de las normas complementarias son las grandes organizaciones burocráticas de los tiempos modernos. Contra la imagen que a sus representantes y defensores les gusta propagar, según la cual la ejecución del trabajo y el ascenso en ellas dependen de criterios impersonales como calificación y rendimiento, la sociología de la organización ha demostrado, que, tanto para los miembros como para los clientes, las relaciones sociales tienen gran importancia. Esto es así en el mundo entero, pero en particular en las burocracias de las regiones emergentes de América Latina.

En Chile, como ha comprobado Larissa Adler Lomnitz, amplios sectores de la vida pública se caracterizan por tener códigos de favoritismo que se basan en la confianza personal y en la idea de reciprocidad, a los que adhieren sobre todo las capas sociales medias urbanas (Adler Lomnitz 1971 y 1988). Según esos códigos, de gente de la misma capa social, con la que se está relacionado por vínculos de amistad o parentesco, se pueden esperar ciertos favores, como la aceleración de un trámite, la preferencia para ocupar un puesto, la ayuda para obtener un crédito, etcétera. El favor pedido no puede ser ilegal y está sometido a determinadas reglas. Así, por ejemplo, el margen de fluctuación de los servicios que se pueden pedir es limitado (dinero o «favores» sexuales están excluidos), tampoco se puede pedir algo que pueda poner en peligro la posición del contrayente y se debe actuar con mucho tacto para permitir que ambas partes puedan guardar la faz. Sería erróneo ver en ello únicamente una red de relaciones que nace espontáneamente para satisfacer intereses concretos. Lomnitz destaca que, al contrario, se trata de un antimodelo, pero utilizado sólo subsidiariamente, que contrapone valores «humanos», como solidaridad, amistad, cortesía y generosidad, al orden liberal-racional oficial (Adler Lomnitz 1988: 45).

Un ejemplo totalmente diferente de antiorden parcial, también desarrollado de manera complementaria al estatal, lo presenta Mauricio L. Adeodato al describir la forma de funcionar del aparato judicial del noreste brasileño (Adeodato 1998). Señala que en la praxis judicial se utilizan formas de proceder claramente contradictorias a la ley, pero que finalmente impiden la demora de las resoluciones. Entre ellas cuentan el no respetar las reglas formales vinculantes o los plazos de exclusión, pero también el pago de sobornos a jueces y fiscales para acelerar la resolución de la causa. Adeodato considera que es una equivocación el querer aferrarse a la idea del derecho como sistema de reglas coherente y sin contradicciones, ya que un orden jurídico, entendido de esta manera en sociedades periféricas, estructuralmente sumamente heterogéneas, correría peligro de soslayar la realidad social.

Un tercer ejemplo de reglas jurídicas complementarias es la institución del juez de paz en Perú, que, a nivel local, zanja conflictos menores sin estar atado a las leyes generales sino teniendo en cuenta las costumbres del lugar (Correa/Jiménez 1995: 167).

Mientras que los complejos de reglas complementarios no ponen realmente en cuestión el orden jurídico oficial sino que más bien lo afianzan y lo apoyan subsanando sus debilidades, en el segundo tipo, el del «dualismo», el código alternativo ha pasado a competir directamente con el derecho formalmente vigente. En este caso ya no existe ninguna norma vinculante detrás de la cual puedan replegarse los funcionarios cuando se ven confrontados con expectativas que entran en colisión. La mayoría de los asuntos tienen dos aspectos, existe una moral doble y las justificaciones también son dobles. Desde los rangos más bajos hasta la cúspide de una organización económica o administrativa se utilizan dos lenguajes y se sabe satisfacer exigencias contrarias. Esto exige un alto grado de flexibilidad y una gran capacidad de disimular y manipular. A diferencia del código de normas complementario, ya no se aplican las reglas alternativas según los casos, sino que están constantemente presentes, habiéndose afianzado y transformado en rutina. Sin embargo, no han podido hacer desaparecer el orden formal y entre ambos existe un equilibrio precario que tiene que ser restablecido en cada caso particular.

La inestabilidad inherente a este equilibrio hace difícil presentar ejemplos convincentes. Un caso, que al menos se le aproxima, es el sistema político y administrativo de México. Ya en estudios del siglo XIX, se constataba que en este país existía una moral doble y normas paralelas profundamente arraigadas en la mentalidad colectiva. Ya entonces, los funcionarios eran más fieles a amigos y parientes que al Estado; los cargos eran considerados propiedad privada que se administraba en beneficio propio (Bernecker 1989: 91). Más de cien años después leemos lo mismo en un informe sobre la campaña electoral de 1988. En éste se señala que México tiene dos constituciones inconciliables entre sí. Por un lado, la democrática, individualista-liberal y capitalista y, por otro, la jerárquica, totalitaria y corporativista. La principal función de la campaña para las elecciones presidenciales consiste en encubrir esta contradicción mediante rituales y en buscar con los gobernadores de los Estados-miembros un compromiso entre los dos órdenes (Adler Lomnitz/Lomnitz 1994).

Los argumentos del antropólogo brasileño R. da Matta son similares. Éste afirma que ha observado en las instituciones y los habitantes de su país dos aspectos contradictorios:

> El resultado es que las instituciones sociales brasileñas están siempre sometidas a dos tipos de presión. Una de ellas es la presión universalista, que proviene de las normas burocráticas y de las leyes que definen la existencia de la agencia como un servicio público. La otra está determinada por las redes de las relaciones personales a las que todos estamos sometidos y por recursos sociales que estas redes movilizan y distribuyen (Da Matta 1987: 318).

Según él, se trata de la lucha entre dos mundos: el mundo público de las leyes y los contratos generales, y el mundo privado de la familia, los padrinos, parientes y amigos. Cada uno debe decidir permanentemente esta lucha dentro de sí mismo, conciliar ambos mundos entre sí y, según la situación, utilizarlos selectivamente. Si bien el día de la independencia uno se siente en primer lugar ciudadano, no querría ser tratado sólo como tal cuando saca un crédito en un banco o discute con la policía sobre un asalto; en estos casos se espera ser tratado con suma cortesía y respeto. En última instancia, todo se reduce a un conflicto permanente entre la nación y la sociedad, entre el individuo como ciudadano y su calidad de persona, la cual, debido a sus lazos sociales, representa un caso único (Da Matta 1987: 321).

Un tercer ejemplo de este código doble de normas relacionado con una cuestión particular es el trato que se le da al problema de la droga en muchos de estos países. El autor se refiere sobre todo a experiencias que ha tenido en Bolivia. Por un lado, por parte de las autoridades se hace todo lo posible para aparecer ante la comunidad de las naciones, sobre todo de los EE. UU., como enemigo irreconciliable de todo lo relacionado con la producción y el tráfico de drogas. Por otro, dentro de la sociedad boliviana no es para nada difamante haberse enriquecido y ganado en influencia gracias al negocio de las drogas. Desde el simple policía hasta la cúspide de la Administración y del Gobierno, durante mucho tiempo se consideró tácitamente que era una gran suerte para el país disponer de un producto codiciado en todo el mundo, pero que al mismo tiempo les permite a las autoridades nacionales extraer grandes sumas de dinero de la comunidad internacional para combatirlo[3].

La tercera categoría, «la autonomía a la sombra del Leviatán», tiene un rasgo en común con el orden dual. Éste es que la predominancia del derecho formal vinculante es cuestionada por un sistema alternativo de reglas. En el sistema dualista esto sucede en «el interior», es decir que, en el centro mismo de donde nacen las estructuras formales vinculantes (en el ámbito político y administrativo o en el sistema económico), surgen los anticódigos que relativizan su validez; en cambio los complejos de reglas autónomos se constituyen en «el exterior» del mismo. Se los encuentra en zonas que escapan al alcance del Estado o que son descuidadas por éste. En general, se trata de espacios limitados: barrios, aldeas o regiones cuya autonomía no afecta seriamente la soberanía del Estado.

Contrariamente a lo difícil que es presentar pruebas de la existencia de estructuras duales, resulta mucho más fácil encontrar ejemplos de este tipo de antinormas establecidas. Un país como el Perú, caracterizado por estar geográficamente muy compartimentado, por no ser socialmente nada homogéneo y estar lleno de particularismos, es prácticamente un campo de experimentación para el desarrollo de

[3] Con frecuencia se ha afirmado que las democracias en esta región son «híbridas», «disyuntivas» o «delegativas». Estas características se pueden interpretar como síntoma de su estructura dual, pero sería difícil demostrarlo (véase Lynn 1995; Holston/Caldeira 1998).

culturas jurídicas parciales (Ardito 1997). En este país, el poder estatal concentrado en Lima nunca alcanzó para imponer a todo el territorio nacional vías legales y normas materiales uniformes. Tanto los indígenas que habitan la cuenca amazónica así como las comunidades indígenas de las alturas andinas podían, hasta hace poco, sustraerse al alcance del Estado y conservar sus propias costumbres relativas al derecho, todas ellas muy distintas, y aun desarrollarlas según las necesidades. También, las llamadas «rondas campesinas» en el norte del Perú han creado sus propias normas (Correa Sutil/Jiménez 1995: 171). Originalmente creadas con el fin de combatir el creciente cuatrerismo mediante milicias reclutadas en la población, las «rondas» se han transformado con el correr del tiempo en un movimiento de autoayuda judicial que cubre muchos ámbitos. En parte se les debe a ellas el hecho de que la organización terrorista «Sendero Luminoso», que durante algún tiempo estuvo tiranizando el interior del Perú, se encontró allí con un frente de defensa cada vez más firme. Finalmente, en este contexto, mencionaremos las amplias villas con población marginal de Lima y de otras ciudades de Perú, en las cuales también han surgido estructuras jurídicas paralelas.

Pero Lima no es un caso aislado. Todas las metrópolis latinoamericanas tienen barrios enormes que, como en el pasado las zonas selváticas o montañosas, son una *terra incógnita* que no sólo el ciudadano común procura evitar sino, también en parte, la policía. Esto no ha sido siempre así. Si leemos los estudios hechos sobre los comienzos de estas colonias de intrusos, constatamos que, partiendo de la ocupación ilegal de tierras, si bien hubo un incipiente desarrollo de autonomía jurídica, éste fue muy limitado. En los años 60, en un barrio de Caracas recién fundado, el comité ejecutivo elegido se declaró incompetente para cuestiones de seguridad pública (argumentando que esto era de incumbencia policial) y limitó sus actividades a los problemas directamente relacionados con la repartición y urbanización de los terrenos ocupados (Karst *et al.* 1973)[4]. En cam-

[4] Estos problemas eran de todos modos muy complicados. Su esencia reside en la cuestión de cómo instaurar un mínimo de seguridad en lo relacionado con las casas, el derecho de paso, etcétera, dentro de barrios a cuyos habitantes no pertenece la tierra sobre la cual han construido sus viviendas. Un problema similar, aunque relativo a otro ámbito, estaba relacionado con el allanamiento de conflictos entre parejas que no estaban legalmente casadas (Karst *et al.* 1973: 18; véase también Sousa Santos 1977).

bio, hoy día, estas villas miseria se han transformado en espacios en los cuales en gran parte el Estado no existe y que tienen sus propias leyes. En la medida en que los representantes y los órganos del Estado se han ido retirando (o fueron echados), aspirantes alternativos al poder han ganado importancia. Así es como algunos capos del tráfico de drogas, que controlan determinados barrios de Río de Janeiro, pretenden obtener el poder total sobre su territorio. No sólo se ocupan de los problemas cotidianos de sus habitantes, otorgan créditos, se encargan de la previsión social y donan instalaciones útiles a la comunidad (como campos de deportes), sino que, con mano de hierro, supervisan el cumplimiento de determinadas reglas relacionadas con la protección de la propiedad, la moral sexual femenina, pero también otras, como la prohibición de dar informaciones sobre las actividades ilícitas realizadas en estos barrios (Weig 1994; Fatheuser 1994).

Efectivamente, cierta cautela es necesaria para opinar sobre estas enormes áreas de pobreza de las metrópolis latinoamericanas ya que las situaciones, aun dentro de la misma ciudad, pueden ser muy diferentes según los barrios. El margen de posibilidades va desde un sistema de poder informal establecido, con derechos y obligaciones transparentes graduados jerárquicamente, hasta situaciones que corresponden más bien a la cuarta de las categorías utilizadas aquí, a la «anomia».

El concepto de anomia, introducido en las ciencias sociales por E. Durkheim, se refiere a circunstancias en las que domina la falta de reglas o en las que existe una confusa variedad de reglas que impide que los afectados puedan orientar su comportamiento (Waldmann 1998). Pseudonormas, fórmulas justificativas y amenazas de sanción producen un torbellino en el cual no se distingue un claro perfil de reglas. El límite entre lo permitido y lo prohibido, entre lo recomendable y lo sancionable cambia continua y arbitrariamente. ¿Dónde encontramos este tipo de situaciones?

La respuesta de Durkheim es: en todas partes donde las estructuras normativas tradicionales se están diluyendo sin haber sido reemplazadas por nuevos sistemas de reglas (Durkheim 1992). Para el clásico de la sociología francesa, la principal fuente de anomia es el cambio social acelerado que desconcierta a la gente y le exige demasiado. A América Latina esta tesis se le puede aplicar sólo con restricciones. Puede ser que allí también encontremos procesos de movilización precipitados, como en el caso de corrientes migratorias del interior hacia las grandes ciudades, en el cual se produce un desarraigo y una desorientación normativa pasajeros. En general es impresionante, sin embargo, lo rápido que aprende la gente a adaptarse a las respectivas situaciones sociales con que se encuentra y a organizarse de acuerdo a éstas. Como ejemplo de esta capacidad queremos mencionar una vez más las «rondas campesinas» del Perú que, por carecer de ayuda por parte de las autoridades, se las arreglaron por su cuenta para defenderse de los cuatreros; o las ocupaciones colectivas de tierras por intrusos, cuidadosamente preparadas y ejecutadas en gran escala.

Aunque las generalizaciones siempre son arriesgadas, nos atrevemos a afirmar que en América Latina las constelaciones anómicas no tienen su origen en la sociedad en sí sino que, más bien, tienen que ver con la influencia y la intervención de los actores estatales. Su presencia tiene frecuentemente un efecto doble: representa un factor de poder adicional que debe ser tenido en cuenta y, por otro lado, no está en condiciones de controlar ni estructurar la situación en cuestión. Por este motivo se produce un clima de inseguridad y desprotección que es característico de los ámbitos «públicos» en América Latina (O'Donnell 1989). Pensemos en el simple ejemplo de un cruce con mucho tráfico en una metrópoli latinoamericana o en una calle solitaria en algún barrio conocido por peligroso. ¿Hasta qué punto puede uno estar seguro de que los demás usuarios de la vía pública se atendrán a las normas de la circulación o, en el otro caso, de no ser asaltado y robado? En los barrios de la clase alta de estas ciudades, donde servicios de seguridad privados han asumido el papel de la policía, no es necesario cuidarse tanto. También tienen su propia seguridad los territorios ocupados por bandas de delincuentes o por grupos de guerrilleros. En cambio, la incapacidad del Estado para cumplir con su pretensión de controlar efectivamente el ámbito público en las grandes ciudades representa una tentación para que los actores privados instrumentalicen este ámbito para sus propios fines. Esto significa que finalmente no se sabe cuáles son las reglas vigentes[5].

Esta inseguridad se vuelve una carga adicional para los ciudadanos cuando sectores sociales de poder se enfrentan abiertamente con las fuerzas de seguridad estatales para decidir quién dominará un

[5] Ernesto Garzón Valdés cita en un reciente artículo, un autor, que ya a fines del siglo XIX, llegó a la conclusión de que uno se sentía más seguro en aquellos pueblos en los cuales las autoridades estaban menos presentes. Resulta tentador afirmar que esta situación no ha cambiado mucho hasta el presente (véase Garzón Valdés 1999: 123).

territorio determinado. Esto puede suceder tanto en el ámbito de un barrio urbano aislado como a escala nacional (recordemos las luchas guerrilleras en Perú y Colombia). Para los sectores de la población desinteresados en el conflicto se torna muy difícil nadar entre los dos frentes y cumplir con las exigencias rápidamente cambiantes según la situación bélica. La etiqueta de «traidor» permite a los partidos rivales, por cualquier motivo, pedir rendición de cuentas a los ciudadanos y castigarlos.

Ni siquiera las dictaduras, en las cuales el poder estatal está concentrado en una persona o institución, pueden garantizar un gobierno con normas uniformes. Sobre todo dictaduras «débiles», como la que hubo en la Argentina entre 1976 y 1983, han probado que la anomia y la inseguridad legal pueden alcanzar prácticamente su apogeo bajo el dominio absoluto del Estado.

Como este último ejemplo muestra, la concentración absoluta del poder y la falta absoluta de reglas constituyen los puntos extremos de nuestra escala y no se excluyen mutuamente. La concentración estatal del poder es la condición necesaria para la existencia de un orden legal homogéneo pero igualmente puede llevar a la negación de todo vínculo legal. En donde reina la anomia, las reglas jurídicas pierden su sentido y relevancia. En las reflexiones que siguen, estas circunstancias extremas tendrán sólo un rol secundario. Analizaremos sobre todo las relaciones entre el orden jurídico formal y los sistemas de normas alternativos en los estados intermedios que hemos descrito. Primero abordaremos las causas de la aparición de sistemas jurídicos paralelos o autónomos, para luego determinarlos en cuanto a su forma y contenido.

CARACTERÍSTICAS GENERALES DE LOS SISTEMAS ALTERNATIVOS DE NORMAS: SURGIMIENTO, CONTENIDOS, FORMAS DE LA SOLUCIÓN DE CONFLICTOS

En líneas generales, en América Latina se pueden distinguir tres causas principales de la formación de complejos de normas que difieren del derecho formal: la tradición histórica, la debilidad del Estado y las influencias externas.

Las tradiciones específicas tienen importancia, como causa del mantenimiento y continuo desarrollo de costumbres y usos del derecho que difieren de las leyes estatales, sobre todo en las agrupaciones indígenas de la población en el altiplano andino y en América central. En todos estos casos sería sin embargo erróneo suponer que el canon de normas por el cual se rigen actualmente es la herencia inalterada de los tiempos precolombinos. Habiendo ya sido modificado durante la época colonial, ha tenido también después numerosos cambios. En su forma actual, el derecho práctico de estas comunidades es una amalgama de las normas tradicionales y de elementos incorporados en épocas diferentes según las respectivas necesidades locales (Ardito 1997: 4).

Hasta qué punto la fuerza de las tradiciones usuales penetra en nuevas estructuras de poder ha sido demostrado por Heath, mediante el ejemplo de las yungas bolivianas antes y después de 1952 (Heath 1972). Hasta la revolución de 1952, sobre este territorio, apenas comunicado con el resto del país, una casta de terratenientes blancos ejercía una hegemonía incontestada. La población indígena y mestiza que vivía con una economía de subsistencia estaba obligada a pagar tributos en forma de productos del suelo y a rendir servicios periódicamente a los señores blancos residentes en sus tierras. Sin embargo, existía cierto equilibrio en la relación de poder ya que los terratenientes se ocupaban ocasionalmente de las necesidades de sus subordinados procurándoles, por ejemplo, asistencia médica en caso de enfermedad o representándolos delante de los tribunales. Heath prueba que, a pesar del cambio institucional que produjo la revolución —expropiación de los terratenientes, formación de una nueva capa de pequeños campesinos indígenas y mestizos que constituyó sindicatos— cambió poco la estructura clientelista de base (Heath 1972: 118). Los ex-hacendados, que en parte se mudaron a las ciudades cercanas, aun en su nuevo papel de empresarios autónomos o comerciantes, siguieron siendo los principales interlocutores de sus antiguos subalternos cuando a éstos se presentaban problemas que sobrepasaban sus capacidades, mientras que en el campo los nuevos jefes sindicalistas se apropiaron del rol de patronos que había quedado vacante.

Ahora podríamos plantear el crítico interrogante de hasta qué punto lo abrupto de este cambio —al fin y al cabo, se trata de una de las raras auténticas revoluciones de América Latina— y lo corto del período de que se dispuso para adaptarse a la nueva situación han sido responsables de que las relaciones de poder tradicionales siguieran existiendo después de 1952 bajo nuevas apariencias. Sin embargo, no queremos ahondar la discusión en este punto; para la finalidad de este pequeño análisis basta con retener que la tradición y las costumbres, sea cual fuere su forma e intensidad, son una razón importante de la subsistencia de cánones alternativos de reglas frente al derecho estatal.

Pueden prevalecer y, en ciertos casos, hasta ganar importancia —en este punto llegamos al segundo haz de causas— porque, si existe una efectiva necesidad de regulación, esta no puede ser provista por las instituciones estatales o sólo puede serlo de manera insuficiente. Esta es la principal diferencia que existe con Europa, donde, al menos en su parte occidental, el poder central estatal consiguió, en una lucha que duró siglos, suprimir las fuentes de reglas alternativas y convertirse en la única instancia que determina las reglas jurídicas. El Estado latinoamericano que ha tratado de imitarlo, ha quedado a la zaga de su modelo en muchos aspectos. En primer lugar, no ha sido capaz de extender el control sobre todo el territorio; en muchos países —aunque no en todos— existen zonas y huecos que se sustraen ampliamente al alcance del Estado, en los cuales surgieron forzosamente normas y formas propias de resolver conflictos. Segundo, aun en los territorios en que ejerce una supremacía indiscutida —como en las grandes ciudades— no ha podido impedir que la gente recurra a la autoayuda armada, es decir, no ha conseguido imponer un monopolio efectivo de la violencia. En esto radica también cierto pluralismo en el ámbito del derecho ya que el que recurre arbitrariamente a la violencia decide indirectamente cuando ésta está permitida y es legítima. Finalmente, el aparato creado por el Estado para administrar el derecho ha resultado inutilizable para la mayor parte de la población, no inspira confianza y encima es ineficiente: empezando por los órganos legislativos, pasando por una justicia considerada generalmente corrupta, hasta las fuerzas ejecutoras, temidas y sobornables. Las tres causas han contribuido de manera determinante a que el Estado tenga que seguir soportando la existencia de formas ampliamente autónomas de crear y aplicar reglas y que, sobre todo, grandes sectores de las capas sociales bajas hagan todo lo posible para no tener contacto con las instancias jurídicas estatales (Holston/Caldeira 1998: 275; Brandt 1999: 209).

Finalmente, una de las fuentes de ciertas discrepancias en los sistemas jurídicos latinoamericanos la constituyen también influencias internacionales, es decir, factores exógenos. En un sentido amplio, la cultura jurídica latinoamericana puede ser vista como el resultado de un proceso histórico de superposición, primero de las costumbres y leyes precolombinas por el Estado colonial, más tarde, de la cultura jurídica colonial por los nuevos principios del Estado liberal de derecho desarrollados en Europa. Pero, a lo que nos referimos ahora es a una forma nueva más específica de ejercer influencia, como los dictados internacionales relacionados con la prohibición de las drogas o la protección del medioambiente. Como hemos detallado con el ejemplo de Bolivia, la lucha iniciada por los EE. UU. contra todas las actividades relacionadas con la producción y el tráfico de drogas ha producido una curiosa falsedad por parte de estos países que tradicionalmente son tolerantes con el uso de narcóticos. Lo mismo se puede decir de la protección del medioambiente, exigida enérgicamente por la comunidad de las naciones industriales pero poco tenida en cuenta en América Latina. En el caso de Venezuela, G. Gabaldón ha señalado que en lo relacionado con el derecho y con el aparato penal persecutorio se distingue ya una división en dos sectores (Gabaldón 1996a): uno importante para la reputación internacional del país y provisto de los recursos más modernos encargado de perseguir y sancionar los delitos relacionados con el tráfico de drogas, la protección ecológica y la transparencia de las transacciones financieras; y otro muy descuidado, sólo significante desde una perspectiva nacional interior, que se ocupa del resto de la delincuencia, incluyendo el robo a mano armada y el asesinato.

Hasta ahora sólo hemos tratado de sistemas alternativos de normas, de estructuras normativas paralelas, de complejos de reglas que se desvían del derecho formal. La cuestión es qué se oculta concretamente detrás de estas denominaciones. Además del hecho de que no tienen su origen en el Estado ¿se pueden distinguir otras características, sean formales o de contenido, que les sean comunes a todos y que los distinga del derecho estatal?

En lo que se refiere al aspecto formal, esto sería difícil, ya que existe un amplio margen de variaciones dentro de los sistemas de reglas alternativos. Normas explícitamente anunciadas existen al lado de normas que se basan en acuerdos más o menos tácitos; unas han sido trasmitidas de manera oral, otras, por escrito; en ocasiones, la concepción del derecho se basa en decisiones tomadas según el caso, en otras, según reglamentaciones establecidas. No todo el derecho no-estatal es derecho consuetudinario, puede remontar también a un acto fundacional constitutivo, por ejemplo, dentro del marco de una ocupación de territorio colectiva. De cualquier manera, no se debe sobrevalorar la forma en que el sistema alternativo de normas hace su aparición. Sobre todo, no se debe concluir del hecho de que muchas de estas reglas existen sólo en la mente de la gente y no se encuentran escritas en ninguna parte, que sean irrelevantes y fáciles de borrar. L. Adler Lomnitz ha demostrado esto de manera convincente utilizando el ejemplo de los códigos de favoritismo de la clase media urbana chilena, y G. O'Donnell llega al mismo resultado en sus análisis sobre la significación del clientelismo y particularismo para la idea de democracia en estos países: se trata de normas paralelas institucionalizadas que están fuertemente arraigadas (Adler Lomnitz 1988: 45; O'Donnell 1996).

A través de estas normas paralelas ¿se postula un antiorden? ¿tienen un contenido contrario al sistema jurídico oficialmente establecido? También a estas preguntas es difícil encontrar una respuesta que valga para todos los casos. Claro está que existe un desplazamiento de acento frente a la escala de valores fijada por el Estado. Por ejemplo, en los códigos complementarios y los subsistemas jurídicos autónomos, el valor de la comunidad en relación con el individuo es considerado en parte superior, o los vínculos sociales tienen a veces más importancia. Pero en las premisas principales de valores dominan las convergencias. En ambos órdenes, lo formal y lo informal (aparte de los enclaves donde domina la guerrilla), la propiedad privada es reconocida como valor clave, la familia y la moral sexual gozan de una protección privilegiada, y no se puede atentar contra la integridad física y la vida de los conciudadanos.

Si buscamos una característica común, que corresponda a todas las formas del derecho alternativo, más allá de las distinciones formales y de contenido, ésta radica sobre todo en el hecho de que estas formas no han sido concebidas para una sociedad estatal abstracta que todo lo abarca, sino para grupos más pequeños y transparentes, en los cuales cuentan más las relaciones personales que los principios generales. Esta diferencia, relacionada con la unidad social de referencia, puede parecer pequeña, pero tiene consecuencias importantes sobre la concepción que se tiene del sentido y de las funciones del derecho.

Las diferencias se manifiestan en los pares de categorías corrientes, como «público» y «privado», «colectivo» e «individual» o en lo que especialmente al derecho se refiere, en la diferenciación entre «derecho penal» y «derecho civil». No sólo ocurre el hecho de que, en los sistemas alternativos, se produzcan desplazamientos tales que casos jurídicos que, según el derecho estatal, pertenecen a una categoría, en ellos pertenecen a otra[6]. Además, en ellos se diluye el lími-

[6] Por ejemplo, dentro de algunas comunidades indígenas del altiplano andino, el adulterio, el alcoholismo, el afán crónico de reñir pueden perfectamente ser cuestiones que se presentan ante el juez de paz, mientras que las lesiones corporales, incluyendo actos de venganza, corresponden a la esfera privada (véase Ardito 1997: 14).

te entre categorías opuestas, con lo cual disminuye la diferenciación en sí. Entre los argumentos corrientes de la crítica reciente al carácter de fachada de las democracias latinoamericanas está la afirmación de que no ha habido una separación clara entre la esfera pública y la privada ya que la mayoría de las personas mezcla las dos constantemente, utiliza bienes públicos con fines privados y declara que sus intereses privados son un bien público útil a la sociedad. Si esto es así, se trata probablemente de la herencia espiritual de grupos sociales premodernos (estamentos, corporaciones, etcétera) que han dejado una impronta permanente en la mentalidad latinoamericana. Para grupos que no superan cierto tamaño —nos referimos, por ejemplo, a comunidades alejadas de las metrópolis o a barrios nuevos creados con la ocupación ilegal del terreno— es efectivamente típico que los asuntos públicos y los privados no se puedan separar de manera clara. Una radio a todo volumen o una pareja que se pelea en público se convierten, en un lugar donde se convive en un espacio reducido, en un escándalo público; inversamente, también la malversación de los fondos de la comunidad por un miembro del concejo municipal tiene consecuencias sobre cada hogar.

Esta referencia sobre la importancia fundamental de los grupos de tamaño limitado para la estructura y el funcionamiento de sistemas alternativos de derecho no indica nada sobre la organización interna de estos grupos. En la ya mencionada crítica al carácter puramente formal de las jóvenes democracias latinoamericanas, se subraya frecuentemente la persistencia de lazos clientelistas y de redes de relaciones como elemento determinante y orientador del comportamiento, que otorga a estos sistemas políticos un rasgo autoritario básico difícil de eliminar (O'Donnell 1993: 1360). Efectivamente, las relaciones jerárquicas entre patrón y cliente que se basan en vínculos personales cuentan entre las características típicas de las pequeñas comunidades transparentes, en las cuales el contacto de persona a persona o de familia a familia cuenta más que virtudes y principios generales. De esto, sin embargo, no se puede inferir que estas comunidades forzosa y totalmente hayan estado y estén organizadas jerárquicamente. Hay más bien toda clase de variantes (y órdenes jurídicos correspondientes), desde grupos estrictamente igualitarios, que se caracterizan por pensar en categorías de reciprocidad e ideas de equilibrio social horizontal, hasta los que están estratificados de manera vertical, en los cuales el poder real y judicial está prácticamente concentrado en una sola persona.

Una prueba particularmente convincente de la capacidad de estos grupos para corresponder con la ayuda de figuras jurídicas propias a su situación y sus intereses específicos la constituyen los procedimientos que han desarrollado para allanar conflictos y sancionar a los desviados. Esto ha sucedido en parte con el consentimiento explícito de las instancias estatales y, en parte, de manera totalmente independiente de éstas. En general, de estas formas de hacer justicia se puede retener que en ellas tiene importancia secundaria el cumplimiento de reglas procesales (Sousa Santos 1977: 57). La exigencia de que la justicia sea lo más previsible y segura posible, que en los países industriales occidentales se cumple mediante la estricta observancia de las reglas procesales y que tiene allí mucha significación, en esta etapa más simple de la evolución jurídica no se ha convertido aún en un valor propio. En ella todo se orienta a obtener una solución material del conflicto lo más satisfactoria posible; una solución que limite, repare o compense lo mejor posible el daño sufrido para restaurar así el equilibrio social del grupo.

De esta meta principal se derivan los principios aplicables a las formas jurídicas alternativas (Sousa Santos 1977: 64; Ardito 1997: 13; Brandt 1999: 211). Éstos son:

— La consideración especial que se tiene con la «víctima». En esta clara divergencia del derecho estatal fijado en el reo se refleja la convicción de que el grupo recuperará la tranquilidad y el orden sólo cuando se haya dado satisfacción a los damnificados.
— El fácil acceso general a las instancias que administran justicia. Esta tiene que ver directamente con su función de prevenir las turbaciones/distorsiones del equilibrio social o de compensarlos rápidamente. Al fácil acceso corresponden también las bajas costas que resultan para el que requiere los servicios de los órganos de arbitraje.
— La falta de profesionalización de los árbitros y su cercanía social a los partidos en conflicto. De este modo se garantiza que las personas encargadas de mantener la paz estén familiarizadas con el deseo de los afectados y con el contexto del conflicto, de manera que no se corra peligro de que la decisión se pronuncie por encima de sus cabezas.
— La participación de todos los que de alguna manera están involucrados en el proceso. De este modo también se quiere asegurar un consenso amplio con el resultado al que se llegue.

En el sentido de la función de preservar la paz que hemos destacado, parece consecuente que las sanciones estén primero al servicio de esta finalidad (Ardito 1997: 15), lo cual explica su divergencia con el catálogo estatal de penas. Por ejemplo, la reclusión es raramente aplicada para castigar porque implica mantener y vigilar al preso. En su lugar se exigen indemnizaciones concretas para la víctima o sus allegados, sea en forma de dinero o de otros bienes. También se le exige al autor de la infracción que rinda servicios a la comunidad y parte del castigo es la vergüenza que se le hace padecer frente al grupo y que le hará comprender lo deleznable de su acto. También se utilizan castigos físicos para escarmentar (azotes por ejemplo) y, en última instancia, cuando nada sirve, están la pena de muerte o la expulsión de la comunidad.

Se podría objetar, que esta es una imagen de las formas alternativas de justicia y de allanamiento de conflictos muy simplificada y encima en parte idealizada. ¿Se puede realmente poner al mismo nivel los brutales métodos de intimidación y de castigo utilizados por los jefes de bandas en las *favelas* de Río de Janeiro y las prácticas que las «rondas campesinas» utilizan para sancionar en el norte del Perú? Hay que reconocer que en todas partes donde la violencia pura es el instrumento decisivo para ejercer el poder y establecer el orden, siempre entra en juego un elemento arbitrario que admite sólo en forma limitada el derecho y la justicia. Por lo demás, es sin embargo llamativa la frecuencia con que el esquema básico de la justicia alternativa que acabamos de bosquejar entra en acción en los contextos más distintos.

Mecanismos de medición entre los dos órdenes

Si ya en sí son raros los análisis científicos de los sistemas de normas no-estatales, con la pregunta de cómo engranan y se concilian concretamente el orden jurídico estatal y los sistemas alternativos de normas, nos encontramos con un vacío total en la investigación. Por ello queremos hacer algunas observaciones al respecto.

Primero, hay que constatar que el tema tiene poco que ver con el mediador dentro de un sistema clientelista, que ya ha sido estudiado detalladamente (Boissevain 1974). Existe una diferencia básica entre el hecho de establecer contactos entre personas que pertenecen a diferentes círculos dentro de un mismo sistema social y los problemas relacionados con la vinculación de dos sistemas jurídicos diferentes dentro de la misma sociedad[7]. Aun cuando por parte del Estado se reconozca explícitamente en forma limitada la existencia de códigos jurídicos alternativos, como en Bolivia y Perú, esto no tiene ningún significado sobre el acoplamiento institucional y social concreto de los dos diferentes sistemas.

Es oportuno suponer una división entre las situaciones que se caracterizan por estructuras jurídicas complementarias o dualistas por un lado y, por otro, aquéllas que hemos caracterizado como «autonomía a la sombra del Leviatán». En lo que a las dos primeras situaciones se refiere, cada miembro de la respectiva sociedad debe, en el fondo, estar familiarizado con ambos códigos y, por lo tanto también, con las formas de transición de uno a otro. En otras palabras, en estas sociedades existe un conocimiento general extendido de cuándo el que se tiene enfrente da señales de querer cambiar el sistema normativo utilizado inicialmente. Este conocimiento incluye métodos de frenar este cambio de manera más o menos sutil, a fin de que el interlocutor pueda guardar la faz.

Adler Lomnitz, por ejemplo, menciona en el contexto de su descripción del código de la clase media chilena, que para introducir una situación en la cual se quiere pedir un favor, se empieza pidiendo un consejo (Adler Lomnitz 1971: 96). Este tipo de pedido no compromete a ninguno de los dos y el interpelado puede limitarse efectivamente a dar un consejo u ofrecer ayuda concreta. En el caso de Brasil, Da Matta ha mostrado que la fórmula corriente «¿sabe Ud. con quién está hablando?» es la señal que se utiliza para cambiar de un sistema al otro (Da Matta 1991: 137). Pero, a diferencia de Chile, esto no se hace tanteando y con prudencia sino en un tono casi exigente. Un interlocutor le pide al otro que abandone la ficción de la igualdad de los ciudadanos y que lo trate a él con particular cortesía y respeto, como caso especial. En la Argentina, la fórmula que se utiliza para parar ese tipo de pedidos es: «¿por quién me toma Ud.?» o «¿y a mí qué me importa?». Podríamos seguir dando ejemplos, pero creemos que ha quedado claro que todo esto requiere un conocimiento profundo de las respectivas sociedades y de sus costumbres lingüísticas.

Si, en el caso de que exista un código complementario o estructuras duales, todos los miembros adultos de la sociedad tienen un cono-

[7] Es la misma diferencia que la que existe entre «integración social» e «integración de sistemas» que D. Lockwood estableció hace tiempo ya en su análisis de la teoría sociológica de sistemas de Talcott Parsons (véase Lockwood 1971).

cimiento elemental de cómo se utilizan los diferentes sistemas normativos, en el caso de la emancipación de un sistema bajo forma de subcultura autónoma, este conocimiento está concentrado en los jefes o en las instancias dirigentes. En estos empalmes del contacto con el sistema jurídico superior se repite en esencia lo mismo que en el caso de las estructuras duales: el sistema dominante y el subsistema se encuentran directamente y deben conciliarse o al menos acoplarse. Que el resultado sea más o menos bueno depende del margen otorgado «desde arriba» y «desde abajo» a los mediadores. Si son presionados por ambos lados, corren el peligro de desgastarse. Esto, sin embargo, sucede raramente ya que el surgimiento y afianzamiento de estos sistemas durante un período prolongado hace suponer que el Estado está debilitado en el sector en cuestión. En general, los representantes de los subsistemas autónomos disponen de un margen suficientemente amplio para tomar las decisiones que permitan solucionar los problemas jurídicos en cuestión de acuerdo a las normas del grupo que les ha dado el mandato. Nos referimos, por ejemplo, a un «presidente» de un comité de ciudadanos de un barrio surgido por ocupación ilegal de la tierra que, a pesar de que el suelo sobre el que está construido no pertenece a nadie, tiene que asegurar de algún modo la eventual venta y la heredabilidad de las casas o chabolas de su distrito (Sousa Santos 1977: 43); o al juez de paz en una aldea del altiplano andino al que se le pide que arbitre en un conflicto matrimonial, situación que según la opinión moderna es una cuestión privada de los cónyuges. En Estados débiles puede también suceder que representantes de subsistemas sociales casi autónomos, sean jefes de bandas o de grupos guerrilleros, más allá de su enclave de poder, conquisten el escenario político nacional y lo utilicen como foro para darse a conocer[8]. Si el límite existente entre subsistema jurídico y la sociedad comienza a hacerse permeable, esto otorga también a los miembros simples del grupo en cuestión la posibilidad de cambiar, según la ventaja o la conveniencia, el marco jurídico de referencia (*forum shopping*). Su situación entonces comienza a parecerse a la del ciudadano corriente en sistemas con estructuras duales.

[8] El propio autor de estas líneas fue hace algunos años testigo de cómo, en una conferencia de paz en Colombia, al presidente del país se le sugirió que no pronunciara un discurso de apertura mientras que los diferentes jefes guerrilleros (incluyendo uno que estaba preso) pudieron expresar lo que quisieron por medio de comunicaciones telefónicas.

CASOS ESPECÍFICOS

5. ¿Protección o extorsión? Aproximación al perfil real de la policía en América Latina

La policía de los países latinoamericanos es una institución muy poco analizada e investigada con detenimiento[1]. Esto encuentra su explicación en la realidad política de numerosos Estados de esa región. En la época de las dictaduras militares, es decir en los años sesenta y hasta comienzos de los ochenta, toda la atención se centraba en las Fuerzas Armadas. Las fuerzas de seguridad sólo aparecían ocasionalmente, como brazo auxiliar de la represión militar. Con la retirada de los generales del poder político, esta situación ha variado. La transición hacia formas de gobierno democráticas ha provocado un notorio descenso en el interés político y científico por las Fuerzas Armadas y ha despertado un mayor interés por la policía como institución responsable de velar por el orden público en la vida cotidiana.

En particular son dos situaciones, en alguna medida coincidentes entre sí, las que han provocado este mayor interés nacional e internacional por cuestiones referidas a la policía. En primer término, es cada vez más evidente que los esfuerzos por una consagración permanente de las estructuras democráticas y del Estado de derecho no pueden quedar restringidos a los órganos constitucionales en el sentido más estricto, es decir los poderes legislativo, Ejecutivo, y judicial, sino que deben abarcar asimismo a la Administración pública. En lo que se refiere a la policía —y según indican los expertos—, esta institución parecería resistirse tenazmente a todo esfuerzo en ese sentido y seguir aferrada, en su forma de pensar y actuar, a modelos

[1] Constituyen la excepción una serie de artículos compilados y publicados hace algunos años por Martha K. Huggins (1991).

autoritarios propios de los regímenes militares de otra época. En particular, se afirma que su manera de pensar sigue desarrollándose según la rígida antítesis de amigo-enemigo, con la sola diferencia de que el «enemigo político», el «comunista subversivo», ideado por los militares en el marco de la doctrina de la seguridad nacional, ha sido sustituido por el «enemigo social», el elemento marginal o criminal (Pinheiro 1991: 167)[2]. Esta forma de pensar en categorías estereotipadas está indudablemente relacionada con la particular tendencia conservadora de las grandes organizaciones burocráticas y, en especial, con la existencia de las persistentes subculturas policiales. La mayoría de las organizaciones expuestas a frecuentes críticas externas, como los órganos de seguridad estatales, desarrollan mecanismos de defensa especiales que les permiten conservar normas y esquemas operativos tradicionales, a pesar de la considerable presión que puedan ejercer sobre ellas fuerzas externas.

Sin embargo, esto sólo explica en parte la actitud de la policía. Se agrega el hecho de que en los últimos veinte años ha habido un dramático aumento de la delincuencia en las grandes ciudades latinoamericanas[3]. Existen múltiples razones para explicar este incremento del índice de delincuencia. En parte, se debe a la creciente pauperización de amplios sectores de la población urbana en rápido crecimiento, al auge del narcotráfico y al crecimiento de los delitos relacionados con la droga. No es un secreto que el aumento de los delitos acompañados de violencia y de la delincuencia de las bandas coloca a la policía latinoamericana ante problemas de muy difícil solución. Esa es otra razón más de por qué la policía sigue pensando en categorías de amigo-enemigo y por qué su agresividad se descarga frecuentemente de manera explosiva. En no pocos casos la derivación concreta es que la policía reprime con enorme brutalidad a delincuentes más bien inofensivos, como carteristas, pequeños encubrido-

[2] Una afirmación de orden general como ésta no es naturalmente aplicable a todos los Estados en igual medida. Corresponde mucho más a la realidad de países que se encontraron bajo un régimen militar, como Brasil y Chile, que a democracias más añejas, como Colombia y Venezuela, donde se diferencia entre las imágenes del enemigo (el político-militar, el enemigo social, la mafia de las drogas, etcétera).

[3] Respecto de Colombia, véase: Riedmann (1996: 215); respecto de Guatemala, H. R. Cifuentes (1995: 10). En el Brasil, como reacción ante la presión de la delincuencia, ha ganado terreno el linchamiento espontáneo Benevides/Fischer (1985: 20).

res, ladronzuelos y bandas de menores, en tanto que en general no molesta a los poderosos cárteles de gángsteres y sus líderes públicamente conocidos.

Esta situación genera reacciones amargas entre los afectados y desprestigia a la policía ante la prensa, en particular ante la prensa internacional. Como consecuencia, el turista que parte de viaje de visita a América Latina, recibe toda una serie de advertencias sobre la policía local. Se le advierte que, en el mejor de los casos, sólo es inoperante e ineficiente, pero que también existen aquellos policías que hacen causa común con los delincuentes y extorsionan y desvalijan a ciudadanos y turistas. Sin duda estas advertencias y, en general, la mala imagen que tiene la policía en la mayoría de los países latinoamericanos son justificadas. En casi todos los países de la región, la policía es corrupta y, en muchos casos, desprecia sistemáticamente los derechos humanos. Sin embargo, por naturaleza, los policías no son más sádicos, ávidos de lucro y desconsiderados que la mayoría de las personas. Que estos rasgos se manifiesten con mayor frecuencia se debe, en gran medida, a su socialización profesional, así como a la organización, la estructura y el funcionamiento de las instituciones policiales. Por lo tanto, se trata de obtener un conocimiento más profundo de las mismas.

Si nos aproximamos a la policía latinoamericana como institución, no con una actitud de denuncia y condena anticipada, como se hace generalmente, se comprueba que muy rara vez ha sido objeto de análisis e investigaciones exhaustivos. Mientras que en Inglaterra y en los EE. UU. y recientemente también en Alemania, la policía ha sido blanco frecuente de los investigadores (Schmid 1996), poco es lo que en esta materia se ha hecho en América Latina. Las únicas excepciones son proyectos de reforma que inducen a los periodistas e investigadores a emitir comentarios más o menos críticos y a destacar los aspectos relacionados con la visión de las víctimas de las violaciones de los derechos humanos.

Esta falta de conocimientos acerca de una institución tan importante como es la policía justifica las siguientes consideraciones. Sin duda, no pueden llenar el vacío existente, pero intentan canalizar la mirada hacia ciertos dilemas estructurales, a fin de agudizar la conciencia sobre la complejidad de los problemas que implican las reformas pendientes. Aun cuando en razón del carácter genérico del presente artículo, a lo largo del mismo se hablará de la «policía latinoamericana», cabe advertir al lector sobre la inconveniencia de tomar este término demasiado al pie de la letra. Existen diferencias en parte notorias en el estilo y los hábitos de las policías de los diferentes Estados latinoamericanos.

El presente artículo se basa en gran parte en materiales elaborados para las jornadas sobre la policía en América Latina, que se realizaron conjuntamente con el CIEDLA, en el marco del programa sobre el Estado de derecho de la Fundación Konrad Adenauer en Panajáchel/ Guatemala en mayo de 1995. En esa oportunidad disertaron sobre el tema expertos en cuestiones policiales (tanto del ámbito práctico como del científico) de diferentes países latinoamericanos (entre ellos, de la Argentina, Brasil, Bolivia, Chile, Guatemala y Venezuela). En particular, se discutieron temas referidos a la historia de la policía, su estructura organizacional, así como las competencias y la estructura de personal, las formas de abuso de poder y las posibilidades de una reforma institucional. Los resultados de esta jornada fueron publicados poco después en un volumen (Waldmann 1996b).

Retrospectiva histórica

No es mucho el material de investigación que existe acerca de la policía latinoamericana, así como tampoco se tiene un conocimiento acabado en relación con la historia de la misma. Hay algunos voluminosos tomos, escritos por ex oficiales de la fuerza, que hacen una detallada descripción de ella desde una óptica oficiosa. Por lo tanto, estos trabajos tienden a idealizar a la institución y contienen pocos elementos relacionados con los aspectos estructurales, como la autoconcepción profesional de las asociaciones policiales, su funcionamiento concreto y su relación con el ciudadano. Quien se interesa por estas cuestiones debe contentarse con consideraciones de orden mas bien especulativo basadas en algunas pocas investigaciones empíricas.

La imagen que así va surgiendo presenta rasgos francamente ambiguos. Por un lado, se atuvo estrictamente a los estándares institucionales establecidos por el modelo europeo. En una primera etapa fue el modelo británico de la policía, capaz de reaccionar rápida y flexiblemente ante todo tipo de disturbios urbanos, el que más adhesión tuvo entre la dirigencia política latinoamericana. Más adelante despertaron mayor interés los sistemas centralistas de Francia[4], Italia

[4] La influencia francesa se ha mantenido hasta ahora en tanto que el SCTIP (Servicio de cooperación Técnica Internacional de la Policía), con sede en París,

y España. Sin embargo, la transferencia de los patrones organizacionales y de las normas de conducta fracasó debido a que en las jóvenes repúblicas latinoamericanas existían condiciones sociales y políticas específicas, sólo parcialmente comparables con aquellas vigentes en el Viejo Continente. Como resultado de estas influencias contradictorias, surgió una institución profundamente híbrida que no se ajustaba a la realidad de estos países y que, al mismo tiempo, no constituía un calco verídico de los modelos europeos.

El mayor paralelismo entre la policía latinoamericana y la europea, como hemos señalado, existe sobre todo en el ámbito normativo-institucional. En el curso del siglo XIX, en ambos casos la policía —que inicialmente cumplía con los fines del Estado providencial y, como criatura del absolutismo, era paternalista e intervencionista— fue suplantada por otra cuyo accionar se limitaba estrictamente a cuestiones referidas al orden público y a la seguridad (Maier 1996; Waldmann 1996c). Desde las primeras guerras por la independencia a comienzos del siglo XIX y hasta entrados los años 20 y 30 del siglo XX, en América Latina todo lo relacionado con la policía recaía en la competencia de las ciudades. Las atribuciones de la fuerza eran muy amplias: abarcaban el control de los alimentos, la recaudación de impuestos y la supervisión de los trabajos públicos, así como la vigilancia y la persecución de la prostitución y de la delincuencia. En el curso de los disturbios internos y de la progresiva cristalización de los Estados nacionales, se fue disolviendo gradualmente el poder de la policía de los municipios. Su lugar fue ocupado por el Estado que pasó a ser la máxima autoridad e instancia de control de la policía. La centralización de las facultades de mando y de control correspondió a la reconversión de la policía en una organización burocrática que, al menos formalmente, quedó sujeta al derecho y a la ley. Los tradicionales vigilantes nocturnos desaparecieron de las calles de las ciudades, del mismo modo que las milicias, reclutadas en caso de emergencia entre los vecinos. Como único responsable de guardar el orden público, pasó a ocupar su lugar el agente de policía profesional, instruido para ello y con un sueldo fijo. Al menos esa fue la intención de las leyes de reforma policial de aquellas décadas, con las cuales las elites dirigentes ilustradas de las urbes latinoamericanas documentaban su intención de promover la evolución hacia una

invita regularmente a oficiales de la policía latinoamericana a cursos de perfeccionamiento en Francia.

policía profesionalizada al servicio del Estado y del bienestar general como la que se había desarrollado en Europa.

A nivel socio-estructural estas aspiraciones se vieron alentadas por el hecho de que, a partir de mediados del siglo XIX, tanto en Europa como en América Latina, se produjo un fuerte crecimiento de las ciudades. No hay que olvidar que la policía moderna representa sobre todo una respuesta institucional a los problemas que planteaba la aglomeración de grandes masas de personas en un perímetro limitado. En Europa, fueron sobre todo las corrientes migratorias desde el interior hacia las grandes capitales, generadas por el proceso de industrialización y la desocupación de la mano de obra campesina, que hasta entonces había permanecido arraigada a su terruño, las que hacían parecer urgente el reordenamiento del sistema policial. No es casual que el primer experimento con una policía moderna, flexible y con un elevado grado de capacidad de reacción ante emergencias de todo tipo —que más adelante haría escuela— se hiciera con la policía de Londres, entonces la metrópolis europea más importante (Mather 1959; Smith 1985). En América Latina los conflictos internos, desatados por las guerras de la independencia, frenaron por algún tiempo una mayor urbanización. No obstante, hay que tener en cuenta que, a diferencia de América del norte, en aquel caso se había desarrollado un tipo de colonización basado en la fundación de ciudades. Más adelante, sobre todo a partir de 1850, comenzó a incrementarse el grado de urbanización, en una primera etapa, debido a las sucesivas olas de inmigración provenientes de Europa y, luego, a partir de la década del 30 del siglo XX, a movimientos migratorios internos causados por éxodos desde las zonas rurales hacia las grandes ciudades, un proceso que en algunos casos continúa hasta nuestros días. De este modo se plantearon y siguen planteándose en América Latina los mismos problemas, en parte incluso agravados, que son conocidos en Europa como consecuencia de una mayor concentración de la población en las urbes.

Las similitudes que, al menos en algunas etapas, favorecieron un aparente desarrollo paralelo en la historia de la policía europea y de la latinoamericana, se encontraban, por otro lado, frente a diferencias casi insuperables. Cabe mencionar, en primer término, el vasto interior que caracteriza a los países de América Latina, que se burlaba de cualquier intento de control centralista. Se trata de un llamativo contraste con el Viejo Continente que, desde la tardía Edad Media, se ha visto cubierto por una tupida red de ciudades. Mientras que en Europa el proceso de industrialización y la construcción de una densa red de vías de comunicación tuvieron como consecuencia una expansión del control ejercido por el Estado hasta las regiones más alejadas, en América Latina, el dualismo entre «civilización y barbarie», como lo llamara Domingo F. Sarmiento en su famoso ensayo, mantuvo su plena vigencia durante el siglo XIX y, en parte, hasta muy entrado el siglo XX (Sarmiento 1972). Al contrario, con frecuencia, las capitales latinoamericanas se convirtieron incluso en víctimas de invasiones desde el interior, es decir que se vieron avasalladas y conquistadas por caudillos políticos «poco civilizados» y sus secuaces. Algunos de estos caudillos volvían a replegarse al poco tiempo, otros, en cambio, crearon regímenes dictatoriales que se mantuvieron durante décadas en el poder. En general, las planicies y zonas montañosas del interior, muy poco pobladas, se siguieron sustrayendo al poder de las elites del Estado nacional que lentamente se iban formando. En estas regiones dominaban, y en algunas partes aún lo hacen, poderes alternativos: caudillos, tribus indígenas, bandas de vagabundos y asaltantes en el siglo XIX; latifundistas, fuerzas guerrilleras o cárteles de narcotraficantes en el siglo XX. Aun cuando uno que otro presidente enérgico, como Porfirio Díaz en México, logró dominar transitoriamente el interior con la ayuda de una eficaz fuerza de gendarmería (Gerdes 1987: cap. 6), éste siguió siendo una región de conflictos desde la cual la civilidad, dificultosamente instaurada en la capital, podía ser revertida y cuestionada en cualquier momento.

Esto nos lleva a una segunda diferencia, más esencial, entre la historia de la policía en Europa y América Latina. En efecto, la policía moderna es la fuerza del orden interior de una comunidad que básicamente vive en paz. Sólo puede desarrollarse allí donde existe un consenso básico acerca de las cuestiones relacionadas con la convivencia social y donde las diferencias de opinión no son dirimidas por medio de la fuerza. Una condición importante para el surgimiento en Europa de una moderna fuerza policial urbana en el siglo XIX fue que se trató de la época en la cual se consolidó el Estado nacional. Retrospectivamente, no cabe duda de que en ese tiempo aumentó considerablemente el control del Estado sobre el individuo. En cierta medida, como parte de su estrategia política, pero también obligadas por las profundas transformaciones en las condiciones socioeconómicas generales, las instancias estatales extendieron sus regulaciones a cada vez más numerosos ámbitos de la existencia. Sobre todo el Estado nacional obtuvo entonces el monopolio del uso de la fuerza que los gobiernos absolutistas del siglo XVIII y de épocas anteriores siempre habían reivindicado en vano. A fines del siglo XIX ya nadie cuestionaba seriamente en Europa occidental la prerrogativa exclusiva del Estado sobre el uso de la fuerza física legítima, ni siquiera el movimiento obrero industrial cada vez más fuerte y contestatario (Haupt 1985: 219-260). La disciplina se internalizó a tal punto que a partir de entonces la idea de una resistencia colectiva difícilmente podía encontrar amplia resonancia.

En tal sentido, las constelaciones políticas en América Latina contrastan en forma llamativa con las de Europa. Hasta ahora casi ningún Estado ha logrado efectivamente retener el monopolio del empleo de la fuerza. Esto se debe fundamentalmente a que, a lo largo del siglo XIX, las corrientes estructurales de desarrollo fueron transcurriendo en Europa y América Latina por cauces separados, algo que sólo pudo ser dificultosamente recubierto por proyectos institucionales similares, pero nunca de manera durable. Mientras que en Europa las olas de emancipación desencadenadas por la Revolución Francesa fueron sofocadas en la primera mitad del siglo XIX por el avance de la Restauración, las guerras de la independencia causaron en América del sur una generalizada relajación del control del poder ejercido por las autoridades. Se produjo una movilización sociopolítica de amplias capas de la población, mantenidas hasta entonces en un estado de dependencia y sumisión, que, una vez vencidos definitivamente los españoles y debido a la ausencia de otra autoridad equivalente que pudiera ocupar su lugar, ya no fue posible contener y persistió. Es sabido que a los conflictos con el poder colonial les sucedieron, en la mayoría de los casos, sangrientos disturbios internos muy prolongados que sólo concluyeron temporalmente cuando se formaron los Estados nacionales como nuevas unidades políticas referenciales en la segunda mitad del siglo. Un aspecto determinante en ese sentido fue que el radio de acción de la policía se vio acotado desde un principio por las permanentes luchas violentas entre las diferentes facciones políticas de las nuevas repúblicas. A lo sumo, estaban en condiciones de cumplir con el mandato legal de preservar la seguridad y el orden público en la capital y, aun allí, sólo por etapas (Bracht 1994). Con frecuencia, y tal como lo ha descrito Michael Riekenberg para el caso de Guatemala, la policía constituía uno de los actores colectivos que sólo perseguían intereses particulares y que utilizaban la fuerza como medio para lograr sus objetivos (Riekenberg 1996).

De aquel tiempo proviene la tan mentada orientación militar de la policía latinoamericana, es decir, su aproximación en cuanto a estructura, espíritu y funcionamiento al modelo de las Fuerzas Armadas. Efectivamente, sólo se puede producir una consecuente separación entre las instituciones militares y las policiales cuando la situación política ha evolucionado lo suficiente como para diferenciar entre el «enemigo externo», que debe ser combatido por las Fuerzas Armadas, y el «agitador» o activista político que, siendo un problema interno, es competencia de la policía. En Europa esta distinción sólo fue aceptada por los dirigentes políticos a partir de la segunda mitad del siglo XIX, cuando se comprobó que era más eficaz enfrentar una masiva manifestación huelguista con la actuación de efectivos policiales flexibles que recurriendo a los militares que destruyen indistintamente todo lo que se les ponga en el camino (Jessen 1991: 76, 126; Funk 1986: cap. 2). En las apariencias externas, muchos Estados latinoamericanos imitaron pronto el ejemplo europeo de la separación institucional. Sin embargo, en muchos casos fue implementado a medias y, en la práctica, casi nunca dio resultado[5]. En efecto, relaciones de poder político poco claras y una conformación muy lenta de un centro de autoridad política netamente distinguible hicieron que, en muchos casos, fuera una cuestión de criterio difícil de resolver el determinar quién era concretamente el enemigo externo y quién sólo debía ser catalogado como incómodo adversario político.

En ese sentido, los avances alcanzados a lo largo del siglo XX fueron limitados. En efecto, la reafirmación del poder del Estado y la consolidación de sus límites como elemento positivo contrasta en muchos países con la persistencia de importantes conflictos acerca de la adecuada forma que debe tener el Estado y de cómo se deben distribuir las facultades de gobernar. En este clima de agitación social y política, que en algunos momentos llegó a adoptar la forma de guerra de guerrillas y hasta de franca guerra civil y que, en parte, favoreció el establecimiento de regímenes militares represivos, el margen de acción para una institución policial independiente siguió siendo escaso (Águila Zúñiga/Maldonado Prieto 1996). Frente a grandes grupos irreconciliablemente antagónicos, la policía corre permanentemente peligro de ser usada por uno de los bandos como brazo armado o de

[5] Esto se puede afirmar aun en el caso de Estados gobernados democráticamente durante muchos años, como Venezuela, cuyas diversas policías fueron todas dirigidas hasta 1994 por oficiales de la Guardia Nacional, el «cuarto brazo de las Fuerzas Armadas».

ser directamente absorbida por las Fuerzas Armadas y utilizada para sus propios fines represivos. En muchos casos, la evolución de la policía a lo largo de las últimas cinco décadas refleja el dilema que para la institución significa semejante constelación. En efecto, en las épocas de mayor intensidad de los conflictos, perdió siempre importancia e influencia, ya que —en forma similar a lo sucedido con la policía alemana a finales de la República de Weimar (Lessmann 1989)— quedó aprisionada y literalmente triturada entre los frentes políticos. Su función originaria de preservar la paz pública también quedó reducida durante los regímenes militares, que, partiendo de una visión maniqueísta del mundo, consideraban toda oposición pública, cualquiera fuera su color, como enemigo de la patria y que lograron que la policía participara de sus campañas de aniquilamiento, a veces voluntariamente y, otras, de manera obligada. En cambio, siempre fueron etapas de modesto auge y de mayor independencia institucional aquellos períodos en los que las tensiones políticas cedían y, aunque sólo fuera transitoriamente, se difundía una atmósfera de pacificación social y de recíproca tolerancia política, como en el Chile de los años 60, antes de la división del campo de fuerzas sociopolíticas bajo el gobierno de Salvador Allende, o en Colombia durante la década del 60 y comienzos de la del 70, en tiempos del «Frente Nacional». Habrá que esperar para saber si la reciente ola de democratización que se registra en América Latina introduce una fase de relativa paz interior que conceda a la policía el espacio suficiente para poder evolucionar como institución.

Estructuras organizativas formales e informales

Los datos que se presentarán a continuación sobre la actual estructura organizativa de la policía latinoamericana se basan en el material recogido en media docena de Estados, entre los que se encuentran algunos de los más densamente poblados (Brasil, la Argentina, México, Colombia, etcétera); pueden considerarse, por lo tanto, representativos de la mayoría de los Estados latinoamericanos (Mansilla 1996; Maier 1996; Gabaldón 1996b).

En casi todos los países, la policía es un órgano administrativo altamente centralizado y con un elevado grado de organización jerárquica, al menos según los estatutos de la institución. En algunos casos, como en Venezuela y recientemente en Colombia también, se han hecho concesiones formales al deseo frecuentemente expresado de mayor acercamiento al ciudadano y de un control descentralizado y local de la policía[6]. Sin embargo, en general, los dirigentes políticos nacionales o regionales no han querido perder el mando sobre este importante instrumento de control político y para disciplinar socialmente a los ciudadanos. En las repúblicas federales (como Brasil, la Argentina y México), la fuerza policial está dividida entre el Estado federal y los Estados o provincias que lo componen. La policía federal, a la que también generalmente incumbe el ámbito metropolitano, cuenta con un mejor equipamiento técnico, está mejor remunerada y es más eficiente que las policías provinciales o estaduales (Maier *et al.* 1996: 163).

En forma similar a lo que ocurre en Europa, en América Latina se distinguen básicamente dos funciones policiales principales: el mantenimiento preventivo de la seguridad y del orden y la persecución de los delitos penales. En algunos pocos casos ambas funciones pueden estar reunidas en una misma institución, pero en general existe una distinción institucional entre la policía encargada de la seguridad, por un lado, y la policía judicial y de investigación criminal como órgano auxiliar de la fiscalía y de los tribunales, por el otro. La policía de seguridad se concentra sobre todo en las ciudades, aunque en algunos casos también cuenta con destacamentos encargados de la seguridad en el interior del país. Sin embargo, en muchos casos el control de las zonas del interior está a cargo de formaciones especiales, que por su tipo se ubican entre la policía y los militares y son comparables con los Carabinieri italianos o la Guardia civil española. A estas ramas principales de la institución se agregan, según el país, un número disímil de policías especiales[7]. Entre estas se encuentran: la policía del tráfico, la policía secreta, que surgió en épocas de dictaduras, una policía de fronteras y aduanas, unidades del servicio penitenciario, unidades especiales entrenadas para el caso de secuestros, etcétera. En todos los países existe una división especial encargada de los delitos relacionados con el cultivo y el tráfico de drogas. Gracias a subsidios del exterior, estas unidades están particularmen-

[6] En Venezuela la policía de seguridad depende de los gobernadores de los Estados miembros, pero la policía judicial y de investigación criminal, mucho más importante para combatir la criminalidad, obedece al Estado federal.

[7] A pesar del, en parte, alto grado de división funcional de trabajo, los conflictos de competencia entre las diversas ramas de la policía figuran en América Latina en el orden del día. Se acumulan por naturaleza en donde se ha descuidado la coordinación de tareas especiales, como la lucha contra el narcotráfico.

te bien armadas y además cuentan con adecuados medios de infraestructura (como helicópteros), aunque hay que añadir que sus miembros se ven expuestos, aun más que otras unidades, a la tentación de dejarse sobornar.

En la medida en que se puede dar crédito a los datos oficiales, en estos países no se puede hablar de una falta de policías o de presencia policial. En parte la fuerza supera en número la de los militares (por ejemplo, en Bolivia) (Mansilla 1996: 144)[8]. En lo que a la «densidad policial» se refiere, es decir, al número de habitantes por cada agente de policía, se ubica entre 250: 1 (la Argentina) y 800: 1 (Guatemala); en la mayoría de los países se mueve alrededor de 400: 1, lo que resulta bastante aceptable si se tiene en cuenta que en los países industrializados, en general bien dotados con efectivos policiales, la relación es de 300: 1. Estas cifras no revelan, sin embargo, si está incluido el personal administrativo o si sólo se refieren a los efectivos policiales propiamente dichos. También es necesario tener en cuenta fuertes desequilibrios regionales. Una densidad policial relativamente elevada en las ciudades contrasta con una muy escasa dotación en las zonas rurales. De cualquier forma, y como quiera que se interpreten los datos, la falta de personal no parece ser el principal problema de la policía en América Latina.

Dentro de la organización burocrática del Estado, la policía en general depende del Ministerio del Interior, en algunos casos de excepción (Chile, por ejemplo) puede depender también del Ministerio de Defensa. Al margen de las jurisdicciones formales, difícilmente se puede sobrevaluar la influencia que las Fuerzas Armadas ejercen sobre la policía en tanto ejemplo y organización hermana superior y más antigua. Además de frecuentes injerencias en los asuntos internos de la policía[9], esta influencia también se traduce en que pueden existir cláusulas especiales que preven, en caso de conflicto, el traspaso directo del mando supremo de la policía al

[8] En vista de lo poco frecuentes que son los conflictos entre Estados en la historia reciente de la mayoría de los países latinoamericanos, las Fuerzas Armadas tienen una dificultad creciente en encontrar argumentos para justificar su existencia. Sobre todo, bajo el signo de la consolidación de la situación democrática, suena muy plausible la reclamación de que la ampliación de la policía tenga prioridad ya que sus funciones aumentan tanto cualitativa como cuantitativamente de manera constante.

[9] En Guatemala, varias iniciativas destinadas a reformar la policía fracasaron debido a la resistencia que opusieron las Fuerzas Armadas. Véase Cifuentes, (1995: 17).

Ministerio de Defensa, que causas disciplinarias de la policía sean sancionadas por tribunales militares o que los puestos de mando de la institución queden reservados a oficiales de las Fuerzas Armadas. La influencia perdurable de los militares también se manifiesta en la exagerada importancia que muchos policías asignan a las armas y al armamento, en la conducta autoritaria y represiva que exhiben ante los ciudadanos y, en última instancia, en la organización netamente jerárquica de la institución (Mansilla 1996: 149).

En general, suele haber tres niveles jerárquicos: el de los oficiales, el de los suboficiales y el de los agentes. En algunos casos, los suboficiales constituyen un estrato intermedio propio y, parcialmente, se encuentran en mayor proximidad de los agentes. Los efectivos rasos y los oficiales pertenecen a dos mundos diferentes en más de un sentido y, prácticamente, lo único que los une, además de los canales jerárquicos de mando, es sólo la circunstancia de que todos los miembros de la policía se encuentran en el extremo inferior de la escala de prestigio social. A diferencia de lo que ocurre en las Fuerzas Armadas, donde los oficiales alcanzan porcentajes absurdamente elevados, los de la policía sólo constituyen una parte relativamente pequeña del personal total y forman un reducido grupo dotado de privilegios especiales. En su mayoría, los oficiales pertenecen a la clase media baja o, cuando mucho a la clase media media; deben presentar un certificado de estudios secundarios y absolver un entrenamiento especial para poder enrolarse en las filas superiores de la fuerza. El agente de policía, en cambio, proviene de los estratos humildes de la población y no es raro que sea oriundo de las zonas rurales, por lo tanto, su nivel educativo es muy bajo. En muchos casos, ha fracasado reiteradas veces en sus intentos de encontrar otra profesión antes de postularse en la policía, cuyos criterios para la incorporación son muy generosos. En los países con un elevado porcentaje de población indígena, como Bolivia, los oficiales se reclutan principalmente en las etnias mestizas, mientras que entre los agentes prevalece el elemento indígena (Mansilla 1996: 149). La consecuencia de esta situación es que los contactos entre ambos grupos son mínimos. Las posibilidades de ascenso se limitan a la categoría en que se ingresó a la fuerza y un cambio individual de una categoría a otra es imposible[10]. La división jerárquica en dos partes

[10] Aunque los estatutos de algunos países (como México y Venezuela) preven teóricamente la posibilidad de ascender al rango de oficial, en los hechos esto queda eliminado debido a las difíciles condiciones con que el ascenso está vinculado.

de la organización, apenas matizada por el estrato intermedio de los suboficiales, es uno de los factores esenciales que favorecen el surgimiento de una subcultura policial específica (Maier *et al.* 1996: 173; Mansilla 1996: 151).

A fin de poder imaginar la situación y la mentalidad del agente de policía raso, es preciso tener en cuenta otros dos aspectos más. Por un lado, la profesión de policía atrae a muchos jóvenes cuyos padres o parientes cercanos ya se desempeñan en algún servicio de seguridad del Estado. Dicho en otras palabras, al igual que en Europa, la policía en América Latina se caracteriza por un alto grado de auto reclutamiento. Se elige la profesión de policía por proceder de una familia de policías. Esto significa que la imagen y la actitud profesional, al margen de la eventual transformación de la institución y de las leyes, se nutren de ciertas conductas y percepciones transmitidas de padre a hijo o de tío a sobrino. En este mismo sentido de continuidad de ciertas prácticas y enfoques de eficacia supuestamente probada, actúa el usual patrón de socialización *training on the job* (aprender trabajando). Si bien en todos los países existen escuelas de policía con la finalidad de transmitir a los jóvenes aspirantes las habilidades necesarias para ejercer la profesión de acuerdo a las categorías, esta formación especial es generalmente breve y mala, y, en cuanto a forma y contenido, tiene poco que ver con la práctica. Por lo tanto, el joven funcionario aprende el oficio del colega con el que comparte la patrulla o en la respectiva sección, en el contacto con los demás funcionarios. Para él, la instancia de socialización profesional determinante es la comisaría y no la escuela de policía.

Esto se hace extensivo al arte de obtener ingresos adicionales. En todos los países el salario del agente de policía es muy bajo. Según el nivel de precios y el nivel de vida promedio, varía entre 125 (Bolivia) y 375 (Colombia) dólares mensuales. La suma apenas alcanza para el mismo policía, ni qué hablar de que éste pueda mantener a una familia si además se tiene en cuenta que dicha suma se ve aún reducida en forma considerable por aportes a la obra social o a servicios que brinda la institución. Hacia arriba existe un marcado incremento de los salarios ya que los oficiales de máximo rango reciben entre ocho y diez veces más que los rangos inferiores. El sueldo se ve engrosado por servicios complementarios, propios de la fuerza, como la obra social, centros de vacaciones y créditos a tasas preferenciales para la construcción de la vivienda. En este aspecto, no obstante, también existe una graduación según el rango y en todo caso la gran mayoría de los agentes policiales es la que menos se beneficia con estos servicios. Busca y encuentra posibilidades adicionales de lucro al margen de la ley o en franca contravención de ésta. Los expertos generalmente coinciden en que los jóvenes de muy bajo nivel de instrucción que se postulan para ingresar en la policía, rara vez lo hacen impulsados por el deseo de prestar servicios útiles a los ciudadanos y a la comunidad. Lo que los atrae, además de una eventual tradición familiar, es, por un lado, la posibilidad de ejercer poder sobre sus semejantes y, por otro, la esperanza de lucrar sin demasiado esfuerzo.

Se puede hacer una división entre ingresos extralegales e ilegales, aunque no siempre es fácil de determinar los límites entre ambos[11]. Entre los primeros figuran los obsequios (en dinero o especies) que reciben los policías de los vecinos o de organizaciones, en retribución de favores hechos en el marco de sus obligaciones. Sería este el caso cuando un agente, luego de un accidente de tránsito, redacta un acta particularmente prolija (con vista al seguro de los afectados), o cuando contrata siempre a los mismos fotógrafos o procura que los autos dañados sean remolcados a ciertos talleres de reparación, o cuando redobla su diligencia para mantener el orden durante un partido de fútbol o en vigilar un determinado banco; en todos estos casos puede esperar verse adecuadamente recompensado. Muchos agentes obtienen ingresos extras trabajando para servicios de seguridad privados, pese a que esto está oficialmente prohibido. Las entradas extralegales pueden alcanzar el 50% del sueldo oficial o más. Se complementan además con ingresos ilegales, provenientes de diferentes fuentes, las cuales hasta pueden, según la función, el rango y energía del policía en cuestión, llegar a representar un múltiplo del sueldo oficial. Los generosos donantes persiguen todos el mismo objetivo: lograr que la policía no investigue sus dudosas actividades o incluso convertirla en cómplice de sus actos delictivos. El caso de soborno más corriente es el que se refiere a tener o no que pagar una multa debida a una contravención de tráfico, supuesta o real, de mayor o menor gravedad. Le sigue en el escalón inmediato el control y la extorsión de pequeños delincuentes, operadores de salas de juego, rufianes y prostitutas, que a cambio de cierta suma pagada con regularidad no son perseguidos. En el nivel superior, finalmente, se

[11] Ninguno de los expertos en temas policiales presentes en la jornada negó la existencia de ingresos extralegales e ilegales (G. Mingardi 1996; H. C. F. Mansilla 1996; Maier 1996).

encuentra la anulación de procesos penales y la participación de la policía en delitos lucrativos a gran escala, como el narcotráfico o el robo organizado de vehículos. En el siguiente párrafo volveremos a abordar algunas de las configuraciones delictivas que la policía ha transformado en fuentes de ingresos adicionales.

Tal como se desprende de lo antedicho, no parece adecuado analizar a la policía latinoamericana sólo enfocando las funciones que le asigna la ley. Un aspecto no menos importante es el acceso a recursos adicionales. En vista de que el Estado en América Latina padece de una crónica escasez financiera, la policía —y esto es aplicable tanto a la institución en su conjunto como a cada funcionario— se encuentra en una lucha permanente con otros grupos profesionales y sociales por la asignación de los escasos recursos existentes. Es desde este ángulo que cobran relevancia dos procesos que han hecho su aparición recientemente y a los que nos referiremos brevemente al final del presente acápite. El primero es sobre todo de origen externo y se refiere a la lucha internacional contra la producción y el comercio de drogas, de la cocaína en particular. Desde que la comunidad internacional de Estados, encabezada por los EE. UU., ha declarado que su objetivo explícito es atacar el problema de la droga, no tanto del lado del consumo sino a través de la consecuente persecución de la fabricación y venta, se ha abierto para una serie de países latinoamericanos una fuente inesperada de ingresos adicionales. Igual que lo sucedido en otras fases, cuando se trataba de premiar la total represión de los movimientos guerrilleros, ha comenzado una competencia entre las diferentes agencias de seguridad del Estado para dilucidar cuál de ellas es la más adecuada para combatir las diferentes actividades relacionadas con el narcotráfico. La lucha contra la droga, sobre todo cuando se ve coronada de éxito, promete ser una fuente considerable de fondos provenientes de la comunidad internacional que le viene muy bien a las fuerzas de seguridad de América Latina, muy mal dotadas de recursos en general. En el caso de Bolivia, por ejemplo, y tal como lo ha reseñado F. Mansilla, el hecho de que la policía haya logrado superar en la lucha contra la droga a los propios militares ha producido una sensible revalorización y emancipación de esta institución en relación con las Fuerzas Armadas tradicionalmente dominantes (Mansilla 1996: 153)[12].

[12] Este intento de la policía de emanciparse de los militares fue el trasfondo de los conflictos armados que tuvieron lugar entre las dos instituciones en marzo de 1996 con ocasión de un desfile en La Paz. Véase *La Razón* del 26-3-96.

El segundo aspecto es de naturaleza meramente interna y se refiere al aumento de los servicios de seguridad privados. Debido al drástico incremento de la criminalidad durante los últimos veinte años, uno de los sectores de mayor crecimiento es el de las agencias privadas de vigilancia. En algunos países, el número de empleados de los servicios privados ya supera el de efectivos policiales. Pese a que en su mayoría están armados, la presencia de este nuevo actor violento tiene una incidencia mucho menos grave que lo que uno podría suponer, ya que, de todos modos, estas sociedades están acostumbradas al pluralismo de los grupos que emplean la violencia física. Apenas se han manifestado rivalidades entre la nueva policía privada y la policía oficial, sobre todo, debido a que la primera recluta su personal mayoritariamente entre ex funcionarios policiales (o aun activos) y ex militares. Claro está que esta protección adicional sólo beneficia a los sectores más influyentes y pudientes que la pueden pagar, de modo que en definitiva aumenta la presión delictiva sobre la clase media baja y los más humildes (Maier *et al.* 1996: 183).

Las formas del abuso de la violencia

Tanto en la introducción como en el último acápite, hemos mencionado las prácticas ilegales de la policía en América Latina. El abuso de poder, sobre todo en forma de corrupción y de excesivo empleo de la fuerza, es sin duda el aspecto de su actividad con el que la opinión pública está más familiarizada. La prensa, pero también las organizaciones de defensa de los derechos humanos, proveen al lector interesado, en forma permanente, de informes sobre daños y víctimas que deben lamentarse debido al accionar desenfrenado de la policía. Estas informaciones, empero, no diferencian lo suficiente entre los distintos países y tipos de régimen. La realidad de un país civilizado como Costa Rica no puede compararse sin más con la situación en la vecina Guatemala, en la que una crisis sucede a la otra y, donde en épocas de las dictaduras militares, la policía actuaba con un grado de impunidad mucho mayor que en el actual contexto del Estado de derecho. También en lo relacionado con el grado de franqueza o clandestinidad del comportamiento ilegal de la policía las diferencias entre los países son considerables. Mientras que en Ciudad de México se negocia en forma relativamente abierta el monto de la coima exigida por un supuesto delito de la circulación (R. Schmid 1996), en Chile este hecho puede terminar en un arresto por intento de soborno a la autoridad pública.

Mientras que resulta difícil cuantificar el grado de venalidad de una rama de la administración, en cambio, se han creado algunos parámetros más o menos confiables que permiten medir la frecuencia relativa de los excesos ilegales del uso de la fuerza (en particular, seguida de muerte). P. Chevigny ha relacionado el número total de asesinatos de un país con el número de muertes causada por la policía, ha comparado la cantidad de policías asesinados con la cifra de muertos por la policía, o el número de heridos por balazos de la policía con la de muertos por ella (P. Chevigny 1991: 189-217). Otra forma de medición consiste en determinar cuántas personas por cada 100.000 habitantes de un país y por año son víctimas de una ejecución por la policía. Además, se han realizado encuestas en establecimientos penitenciarios y centros de detención a fin de establecer cuántos de los presos habían sufrido malos tratos.

Los resultados, de los cuales apenas presentaremos una pequeña selección, son alarmantes en todos los casos. En efecto, la relación entre muertos civiles y policías muertos en la década del 80 en Jamaica, San Pablo y Buenos Aires se ubicaba entre 10: 1 y 12: 1; esta última relación fue confirmada en lo esencial por J. Maier y sus colaboradores para el año 1994 (Chevigny 1991: 189-217)[13]. Según informes periodísticos, en el año 1995 se produjeron en Buenos Aires 127 muertes causadas por disparos de la policía. En el gran San Pablo, aún más densamente poblado, fueron 1.400 las víctimas, de las cuales 111 correspondieron a la represión de una revuelta de los presos de una cárcel (Mingardi 1996: 288). Mientras que a comienzos de la década del 80 en Canadá por cada 100.000 habitantes se produjeron 0,07 víctimas de la violencia policial y en los EE. UU. 0,18, las cifras correspondientes a la Argentina en 1984 (un año después del retorno a la democracia) eran de 2,03 y para Brasil, donde en aquel momento gobernaban las Fuerzas Armadas, 4,06. Sin embargo, hay países latinoamericanos con índices más bajos. En el caso de Costa Rica, en 1982 se encontraba en 0,70 y en el de Venezuela, en 0,75 en 1989/90 (Gabaldón 1996b: 270). Según una encuesta realizada recientemente en Chile, el 71% de los presos manifestó haber recibido maltratos físicos de diferente tipo, es decir,

[13] Las cifras provienen de un anexo de la ponencia de J. Maier durante la jornada de Panajáchel, que no fue incluida en la publicación final.

haber sido golpeado, colgado de los pies, torturado, etcétera (Lösing 1996: 400). En general, se puede afirmar que, debido a la facilidad con que se permite detener a alguien, por un lado, y a la lenta e ineficiente manera de trabajar de la justicia, por otro, hay una excesiva cantidad de acusados en prisión preventiva o en penitenciarías regulares, expuestos a maltratos del personal de guardia. Según el país, la proporción de detenidos preventivos oscila entre un 35 y un 90% del total de los presos. Con frecuencia esperan la sentencia durante un tiempo indeterminado, en otros casos, ni siquiera se produce la apertura del proceso.

Aun cuando tampoco son infrecuentes en zonas rurales, las prácticas ilegales de coacción de la policía se concentran en el ámbito urbano, fundamentalmente en las grandes capitales. El blanco preferido son las clases bajas y los marginales, incluidas las bandas juveniles e infantiles. Al respecto, la policía procede en forma por demás selectiva. En efecto, por un lado, desatiende la persecución de delitos típicos de la clase media, como fraudes, delitos económicos y contaminación ambiental, también debido a su complicada estructura, mientras que, por otro lado, procede en forma tanto más inflexible contra ladrones y asaltantes que buscan apropiarse de la propiedad ajena. La concentración en este tipo de delincuente, perteneciente al subproletariado joven, de sexo masculino, pobre y andrajoso es propiciada por las leyes existentes. En la Argentina y en Venezuela, por ejemplo, existen hasta la fecha leyes que reprimen a elementos marginales y vagabundos, es decir, una determinada categoría de personas y no un acto criminal o delictivo descrito con precisión. En la Argentina, se puede disponer incluso su arresto por hasta 24 horas apelando a estas leyes (Lösing 1996: 390; Maier *et al.* 1996: 171; Gabaldón/Bettiol 1991-1992).

A fin de controlar la creciente ola de criminalidad, la policía ha comenzado a realizar, con frecuencia cada vez mayor, operativos de gran escala. Es conocido que en Venezuela, Colombia y Brasil, por ejemplo, se efectúan operativos policiales de «limpieza» en los que intervienen varias fuerzas y cuya planificación está a cargo del estado mayor de la institución (Hernández 1991: 157; Pinheiro 1991: 167, 176). Estos operativos abarcan calles o barrios enteros y durante los mismos los «sospechosos» (un documento de identidad vencido o un antecedente penal ya cumplido bastan para que una persona sea catalogada como «sospechosa») son golpeados, detenidos o directamente ejecutados. El objeto de estas operaciones de carácter casi militar difícilmente puede ser el de aprehender a delincuentes.

No es fácil sorprender de este modo al hampa tradicional que esquiva a tiempo estos operativos de rastrillaje. El efecto perseguido es más bien de naturaleza socio-psicológica. Con sus acciones brutales, la policía pretende demostrar a la clase media que sigue controlando la situación y que el régimen de propiedad vigente no corre realmente peligro. El mensaje paralelo, dirigido a las capas sumidas en la miseria social, es que tendrán que seguir contando con la represión por las fuerzas del orden; que si bien el control ejercido por ellas no alcanza para evitar el aumento cuantitativo de delitos, son lo suficientemente fuertes como para mantener en jaque a los estratos bajos y ahogar inmediatamente cualquier intento de disturbio social[14].

Conocemos particularmente bien la situación en el Brasil, donde un sociólogo trabajó durante dos años como observador encubierto en una comisaría de la periferia de San Pablo[15]. Constató que nadie, y menos aun la policía misma niega que la violencia y la compulsión formen parte de sus herramientas cotidianas. Los policías justifican la prontitud con que utilizan la fuerza diciendo que ellos son en este sentido representantes de la sociedad brasileña, que es violenta en su conjunto. Además, afirman, como funcionario policial, la única forma de procurarse respeto es mediante la permanente amenaza y el uso frecuente de la coacción física. La policía militar, encargada de preservar la seguridad general y el orden, se destaca por su particular brutalidad, según señala Mignardi. Su objetivo no es la prevención de los delitos sino la eliminación de los delincuentes, reales o supuestos, lo cual se traduce en dichos como «un caso penal resuelto es aquél en que el autor del hecho está muerto» o en la pregunta de los oficiales a los novicios sobre si ya liquidaron a su primer maleante. Pero tampoco la policía de investigaciones criminales se desvía mucho de este patrón y prefiere, en lugar de esclarecer el hecho, «ablandar» al supuesto autor de un delito, es decir torturarlo, para que confiese. No obstante, de un estudio similar sobre la policía de seguridad venezolana se desprende que no es conveniente hacer generalizaciones apresuradas. Según una encuesta efectuada por L. G. Gabaldón en-

[14] Lo que naturalmente no consigue siempre, como lo demuestra el «caracazo» de 1989, que sólo pudo ser reprimido con la ayuda de los militares.

[15] Nos referimos a Guaracy Mingardi. Además de su ensayo, mencionado ya varias veces, véase su trabajo (1992), que contiene una detallada exposición de los resultados de su investigación.

tre oficiales de la policía de Mérida, estos no emplean la coacción física en forma automática e indiscriminada. Aparte de la variedad de situaciones, también tiene importancia la supuesta evaluación por la comunidad del uso de la violencia ¿lo considerará legítimo o ilegítimo? (Gabaldón 1996b: 276). Al mismo tiempo, el estudio confirmó que las capas más bajas y los grupos marginales son los sectores que más amenazados están por la represión policial ya que, en comparación con los miembros de las clases media y alta, no tienen el menor poder para protestar.

Mientras que el uso de la fuerza, sea en forma legal o ilegal, representa un atributo especial de las fuerzas de seguridad, se puede afirmar, en cambio, que todas las ramas de la Administración pública latinoamericana son sospechosas de ser más o menos corruptas. No obstante y, en términos relativos, la policía se encuentra a la cabeza de todas ellas. Según una encuesta hecha en México, el 88% de los ciudadanos de aquel país opina que la policía es corrupta (R. Schmid, 1996). Este resultado no es casual y guarda relación con el hecho de que la corrupción, en cierto modo, está institucionalizada en la policía mexicana. En ella existe el llamado sistema de «entre» o de «cuota», según el cual todo policía debe tributar a su superior una parte fija de sus «entradas extras». Éste, a su vez, entrega una parte de estos ingresos adicionales a su superior inmediato, de modo que la cúpula de la organización percibe la parte del león de los dineros recaudados ilegalmente. Es probable que se trate de sumas nada desdeñables si se tiene en cuenta que, según R. Schmid, la policía recauda diariamente en la capital mexicana aproximadamente un millón de dólares en concepto de sobornos (R. Schmid 1996: 308). Los policías en general, incluso los patrulleros, aceptan voluntariamente pagar el tributo con la esperanza de que algún día, y luego de haber ascendido a posiciones superiores (lo cual parece ser posible en México, a diferencia de lo que sucede en la mayoría de los demás países latinoamericanos), ellos mismos serán los beneficiados del efecto de acumulación. Por otra parte, tampoco tienen la posibilidad de negarse a participar en el juego; de lo contrario la «cuota» les sería descontada de su sueldo. La «cuota» es apenas un elemento sobresaliente de un sistema general de redistribución que hace que el servicio interno participe de las prebendas que se obtienen en el servicio externo de la policía. Además existe toda una serie de otras contribuciones forzosas. En particular, la rotación de puestos desencadena toda una ola de donativos y «obsequios» mediante los cuales los candidatos para las posiciones ventajosas se muestran agradecidos a quienes los apadrinan pero también buscan resarcir a los contrincantes que resultaron desfavorecidos.

A veces se dice que los excesos de violencia y la corrupción son formas alternativas del abuso del poder policial y que allí donde prevalece una forma está poco difundida la otra y viceversa[16]. Esta tesis se basa esencialmente en premisas socio-psicológicas. Se supone que la conducta agresiva de los funcionarios de la policía frente a los ciudadanos es en el fondo una especie de válvula de escape: el clima social autoritario represivo que reina dentro de las comisarías y, sobre todo, las chicanas físicas a las que se ven expuestos los rangos inferiores inducen a éstos a tomarse la revancha hacia fuera, con el ciudadano indefenso. Por el contrario, las prácticas generalizadas de corruptela exigen un mínimo de acuerdo y solidaridad dentro de los grupos policiales de servicio, circunstancia que impediría la acumulación de agresividad reprimida.

Es correcto que la formación y los primeros años de servicio (por otra parte, también en las Fuerzas Armadas) representan para el principiante extremos desafíos físicos y humillaciones, cuyo propósito es evidentemente desensibilizarlo y al mismo tiempo cargarlo de agresividad contra su entorno social[17]. También es sabido que existen policías como la chilena, famosas por su brutalidad pero muy poco corruptas y, otras, como la venezolana o la boliviana, que son más conocidas por sus escándalos de corrupción que por sus excesos de violencia. De todos modos no existen argumentos válidos para suponer que en general una práctica excluye la otra; por el contrario, la regla parecería ser más bien el empleo combinado de ambos métodos de abuso del poder donde en definitiva se trata siempre de alguna forma de enriquecimiento ilegal.

Nos hemos enterado de que, en México, las multas exigidas injustamente por un supuesto delito se pagan tanto más solícitamente cuanto más arbitrarias parecen y sólo se fundamentan en los inequívocos gestos amenazantes de los agentes, que manifiestamente no dudarían en cobrar el tributo mediante la fuerza braquial. En forma similar, los policías colombianos hablan de «ataque psicológico»

[16] Esta hipótesis fue presentada en el simposio de Panajáchel en forma tentativa por M. K. Huggins, que trabaja desde hace mucho tiempo en temas de la policía latinoamericana.

[17] Véanse los conceptos volcados por un policía colombiano en una entrevista realizada por el diario *El Espectador* del 3-10-1993.

cuando persiguen el fin de lograr con amenazas de violencia que el inculpado confiese o pague un «rescate».

Efectivamente, habría que evitar un enfoque simplificador de la relación entre violencia y corrupción, lo cual se desprende del solo hecho de que el empleo de la coacción física por la policía puede tener diferentes significados. Puede ser:

— la expresión de una agresión básica, provocada por la socialización profesional o privada, que se descarga espontáneamente cuando el policía se siente agredido;
— únicamente un instrumento con el objeto de imponer mejor la ley y el orden, es decir, para efectivizar el trabajo de la policía;
— en combinación con corrupción y extorsión, puede servir en primer lugar para perseguir intereses privados.

Las condiciones que suscitan el empleo de la violencia y las funciones de ella varían en los tres casos tanto que parece casi imposible ponerlas claramente en correlación con los manejos de la corrupción, que se encuentran en primer plano sólo en una de las variantes.

El sistema más sofisticado es el desarrollado por la policía de investigación criminal de San Pablo. Además del inculpado, como víctima, y de la policía, como extorsionador, incluye a otros dos actores: el informante y el abogado. El informante suministra a la policía datos sobre un delincuente y recibe una generosa recompensa. Aun cuando el delincuente no puede ser apresado de inmediato, en algún momento se conseguirá detenerlo y entonces será torturado hasta esté dispuesto a confesar. A continuación, la policía hace venir un abogado de confianza que, junto con la policía, negocia la suma por la que el proceso se suspende y el imputado queda en libertad o es sólo condenado a pagar una pequeña multa. Igual que lo que sucede con el sistema de cuotas de ciudad de México, se trata de un procedimiento sumamente perfeccionado, lo cual significa también que es muy seguro hacia fuera. En efecto, la policía le da mucha importancia a que no intervenga un abogado de segunda, sino un respetado exponente de su profesión. En el caso de que el asunto llegara a filtrarse, el abogado, para evadir el peligro, declararía que la suma de rescate percibida son los honorarios acordados con el cliente por su trabajo, etcétera. Naturalmente, para que funcione este costoso sistema, en el que hay que desembolsar varias sumas (para el informante, el abogado y la policía), es necesario que los delincuentes en cuestión sean de «alta categoría», con capacidad financiera.

G. Mingardi, que describe esta relación cuadrangular (Mingardi 1996: 290)[18], destaca que métodos de este tipo, usuales en la década del 80, han resultado actualmente relativamente poco efectivos frente a las nuevas dimensiones que ha adoptado el crimen desde los años 90. Sobre todo fracasan las formas clásicas de intimidación y extorsión ante el rápido aumento de los delitos violentos y de la delincuencia organizada en bandas. Ha surgido un nuevo tipo de delincuente, violento, arriesgado y que, a diferencia del ladrón o del encubridor, no se deja amedrentar ni con tortura, ni con una política de gatillo fácil. El crimen organizado plantea también problemas similares. Con el tradicional sistema de informantes y delatores es difícil atrapar a los cabecillas de las grandes bandas, ya que en general actúan en ámbitos protegidos legalmente. Además, y sobre todo en la medida en que está involucrado el negocio de la droga, son tan influyentes y disponen de tantos recursos, que la policía casi no tiene ninguna posibilidad de arrestarlos. Estas observaciones críticas sobre la eficiencia de la policía son las que, para finalizar, plantean la cuestión de la necesidad y posibilidad de reformarla.

Perspectivas de reforma

Existen diferentes posibilidades de debatir los fines y las posibilidades de reformar la policía. Una sería, por ejemplo, enumerar las deficiencias profesionales y demás déficit de que adolece la policía latinoamericana, contraponerles el modelo de una organización que funcione más adecuadamente y deducir a partir de allí las necesidades más urgentes de una reforma policial. Al margen de que en este caso quedaría sin considerar el problemático entorno social e institucional de la policía[19], es probable que aún no haya llegado el momen-

[18] Aunque menos refinadamente, el uso de la tortura y de la violencia para obtener ingresos extralegales también está difundido entre los policías de otros países latinoamericanos. En tal sentido, un ayudante de la Facultad de Derecho de la Universidad de Buenos Aires, conocido del autor, fue testigo del siguiente relato hecho por dos policías inscritos en la misma como estudiantes: a una comisaría fueron llevados dos jóvenes amigos, uno de familia pobre y, el otro, de familia adinerada. La policía maltrató al joven sin recursos durante tanto tiempo hasta que su amigo no lo pudo soportar más y llamó a su padre para que pagara el rescate.

[19] Nos referimos a la justicia y a la Administración restante que generalmente no es menos corrupta que la policía.

to para hacer un balance general de este tipo. Lo que en cambio hace falta es un cuidadoso inventario de las estructuras actuales. Para ello no sólo es indispensable un profundo conocimiento de la estructura y del funcionamiento del aparato policial, sino también esclarecer los intereses y las intenciones que persiguen los actores sociales y políticos relevantes con su influencia sobre la policía. En efecto, según estos objetivos armonicen o diverjan fuertemente podrá establecerse hasta qué punto será posible cambiar la situación actual y en qué dirección. Utilizando un criterio generoso, es posible distinguir cuatro grupos de referencia principales que tienen importancia en vista a una posible reforma de la policía: las respectivas dirigencias políticas nacionales, la opinión pública internacional, la población de estos países y, en último pero no menos importante lugar, los propios policías.

Las dirigencias políticas, en general, se identifican con lo que la ley le encomienda a la policía, esto es preservar la seguridad y el orden público y perseguir a los delincuentes. Sobre todo, están interesadas en que la policía reafirme el monopolio del Estado en cuanto al ejercicio de la fuerza y, en la medida en que esto no sea posible, que al menos demuestre de manera fehaciente que el Estado no se deja intimidar y que enfrenta efectivamente a los desviacionistas políticos y a los delincuentes que violan las leyes. Cuando los obstáculos que se interponen son insalvables, como en el caso de los poderosos cárteles internacionales de la droga, recurren a espectaculares medidas compensatorias, como los mencionados operativos de rastrillaje, para mantener al menos las apariencias de soberanía frente a la propia población.

El cuestionamiento de las dirigencias del poder político, que también afecta al aparato de seguridad, explica por qué en estos círculos —las excepciones confirman la regla— hay poco entusiasmo por las cláusulas del Estado de derecho y los conceptos de los derechos humanos (Bicudo 1977)[20]. Las elites estatales opinan que, mientras que individuos o grupos enteros insistan en disputarle al Estado el derecho exclusivo de emplear la coacción física, resulta superfluo e incluso perjudicial proteger a estos grupos y conceder a sus miem-

[20] Un fiscal brasileño que al principio de los años 70 en São Paulo luchó hasta las últimas consecuencias contra los escuadrones de la muerte e intentó llevar a juicio a los peores asesinos, vivió la triste experiencia de que las autoridades oficiales interpusieran todo tipo de obstáculos a su gestión.

bros un espacio inalienable de libertad individual e integridad física. De este modo, sólo serían alentados a seguir oponiéndose con éxito a la autoridad del Estado. Por esta razón, en las escuelas de policía, que son el principal instrumento de que se sirven las dirigencias estatales para transmitir sus ideas sobre seguridad, se habla mucho de jerarquía, de control de la delincuencia y de efectividad profesional, pero poco de las barreras legales que no debe franquear la actividad policial, y menos de los derechos de los inculpados (Riedmann 1996: 225; Mansilla 1996: 158). Es obvio que ante una mayor sensibilidad de la opinión pública internacional, los políticos se mostrarán, en sus discursos, abiertos frente a cuestiones relativas a los derechos humanos y las correspondientes reformas policiales. Sin embargo, con cuánto celo impulsarán su real concreción es un tema completamente distinto.

En más de un sentido, la opinión pública internacional representa el extremo opuesto de las elites latinoamericanas y de sus ideas acerca de la policía. Según esta opinión, sustentada e influenciada básicamente por los intelectuales de la clase media de las sociedades industrializadas de Occidente, en las cuales el Estado tiene el monopolio indiscutido del ejercicio de la fuerza desde hace tiempo, interesa sobre todo la protección del individuo, que en América Latina, una vez que ha caído en las garras de la maquinaria persecutoria del Estado, queda desamparado y a merced de la arbitrariedad de las fuerzas de seguridad. Por eso, estos grupos buscan someter el accionar de la policía a mayor control jurídico, y que a los inculpados y detenidos se les concedan ciertas garantías mínimas no sólo jurídicamente sino también en los hechos.

No obstante, un análisis más detenido demuestra que la opinión pública internacional y los respectivos órganos de asesoramiento, que proponen a los Estados latinoamericanos impulsar una reforma policial, no coinciden en sus consejos. A grandes rasgos, se pueden distinguir dos modelos básicos para la reforma (Huggins 1992: 19-26; Menzies 1995: 141-162, en particular 149 y ss.). El modelo de origen anglosajón, sustentado sobre todo por los EE. UU., preve la descentralización de la policía, con la esperanza de que su reinserción en la respectiva comunidad local contribuya a una mayor transparencia y control de la acción policial. Se argumenta que, de esta manera, se impediría que el aparato policial se convierta en otro ente burocrático más, transformándose en un órgano de la comunidad civil. Este modelo contrasta con el europeo, esencialmente como lo interpreta la Europa continental, basado en la noción de que la policía es un órgano del Estado. En este modelo se confía menos en que el ciudadano vele por el ejercicio reglamentario del poder de la policía y más en la integración de la policía en una Administración estatal sujeta en su conjunto a los principios del Estado de derecho. Según esta concepción, los que deben cuidar que el comportamiento de la policía no rompa el marco de las leyes no son tanto los ciudadanos o la comunidad social sino los otros órganos del Estado y, en última instancia, la jurisdicción administrativa.

Una insoslayable ambigüedad caracteriza también a los objetivos y a las aspiraciones del tercer grupo referencial, la población en general, en lo relativo a la policía en los distintos Estados latinoamericanos. Aunque, naturalmente, debemos diferenciar nuevamente por países y estratos sociales. Sin embargo y en términos generales, es posible constatar que en todos estos países la policía está muy desprestigiada[21]. Esto llama tanto más la atención si se tiene en cuenta que en los Estados industrializados occidentales, la policía figura entre las instituciones que gozan de la confianza de la mayoría de los ciudadanos. En América Latina, en cambio, prevalece la desconfianza, lo cual no sólo se desprende de los resultados que arrojan las encuestas, sino también de los aforismos cotidianos: «si vas a la policía con un problema, saldrás con uno mayor» o «si se te acerca un policía, cruza a la acera de enfrente». Sería, empero, un error suponer que la mayoría de la población quisiera ver reducido el número de efectivos policiales o incluso abolida la institución en su conjunto. En general, el clamor no es «¡menos policía!», sino, más bien, «¡más policía!» (Kalmanowiecki 1991: 47-60, en particular 53). Pero debe tratarse de una policía que merezca esta denominación porque contribuye a imponer el derecho y el orden, en lugar de torpedearlos, y sobre todo porque es previsible en su gestión.

Lo que más escozor produce en el ciudadano medio de América Latina es el hecho de que los funcionarios policiales, lejos de garantizar la seguridad pública, a su vez representan una fuente de permanente incertidumbre. Nunca se sabe si protegen a alguien o si desean extorsionarlo (Schmid, R. 1996: 301-320). Y si resulta que se intenta esto último, persiste la incertidumbre en cuanto a qué suma se espera y qué sucederá si no se la abona.

[21] En este punto coincidieron todos los expertos presentes en las jornadas de Panajáchel, con la sola excepción de los representantes de Chile.

Para obtener una efectiva garantía de seguridad, una gran parte de los ciudadanos estaría dispuesta a conceder facultades aún más amplias para la persecución de los delincuentes. Un estimado del 50% de los brasileños, por ejemplo, está de acuerdo con que los criminales sean «ejecutados» por la policía y un 25% incluso le concede el derecho de torturar a los inculpados[22]. Tan sólo el hecho de que innumerables habitantes de los suburbios de las grandes ciudades brasileñas, en lugar de reclamar protección policial, aceptan sin mayor resistencia el accionar de los «justicieros», famosos por sus métodos extremamente rudos, aunque sin duda transparentes, demuestra la importancia que se le asigna a la previsibilidad de la policía.

En cuanto al último grupo de referencia, los mismos policías y sus ideas, por el momento —y con ello retornamos al punto de partida de estas consideraciones—, nos encontramos ante una incógnita. Sabemos que existe una subcultura policial propia con diferentes matices en los distintos países, compuesta de normas específicas, valores y prácticas cotidianas que se aprenden y se transmiten en el nivel inferior de los puestos, comisarías, patrullas en el contacto de persona a persona. Pero es muy poco lo que sabemos acerca de los contenidos de la cultura policial. Algunos fragmentos que se manifiestan a través de los estudios de G. Mingardi y R. Schmid, indican que entre ellos se encuentran (véase también Huggins/Haritos-Fatouros 1996):

— la confiabilidad y solidaridad recíproca, incluso más allá y en contra de las leyes;
— la consecuente discreción «hacia afuera» unida a la franqueza y confianza «hacia adentro», frente a los colegas;
— el reconocimiento del superior inmediato como jefe, cuya autoridad e idoneidad no se cuestionan;
— la obligación de aceptar la corrupción y, en parte, de adherir a su práctica;
— la obligación de aceptar el empleo ilegal de la violencia en determinadas situaciones.

Estos pocos elementos bastan para comprender que se debe evitar considerar a la policía latinoamericana como un grupo amorfo, cuya

[22] Información verbal de G. Mingardi durante el simposio de Panajáchel.

única característica común es la permanente transgresión de la ley. Si bien esta continua colisión con la ley y el derecho, como se ha manifestado en el punto anterior, es un rasgo típico de la policía, esto en modo alguno significa que en el interior de la policía se admita y se avale todo tipo de corrupción y violencia. Antes bien, existen diferencias y límites sutiles entre las transgresiones aceptables, que cuentan con la aprobación interna del grupo, y otras inaceptables que no se aprueban. Estos límites sólo se pueden inferir a partir del código informal de la subcultura policial.

Para que una reforma pueda tener éxito, será seguramente necesario tener en cuenta los cuatro grupos de referencia mencionados. Nos parece, empero, que el grupo mencionado en último término, es decir, los propios policías, merece más atención que la que se le ha otorgado hasta ahora. En efecto, si no se logra abrir y transformar progresivamente la subcultura policial tan fuertemente arraigada, cualquier intento de reforma, en la dirección que sea, está condenado al fracaso. Esta convicción, por un lado, y nuestro conocimiento absolutamente insuficiente del mundo de los policías, por otro, hacen que, antes de todo esfuerzo de reforma, sea urgentemente necesario comenzar a investigar a fondo la estructura interna y la subcultura de la policía latinoamericana.

6. Un individualismo que anula las reglas. Sobre cómo los argentinos entienden las normas

Planteamiento y conceptos

Los argentinos nunca han podido aceptar que las leyes tengan una validez universal. Consideran generalmente que éstas tienen un contenido programático, que son más bien directivas de comportamiento; pero el principio de su vigencia sin excepciones, al que todos están sometidos sin tener en consideración la persona y su influencia, es algo que no convence a la mayoría en este país que cultiva el individualismo.

Tampoco los sociólogos argentinos consideraron durante mucho tiempo que la tendencia de sus conciudadanos a interpretar las leyes a su gusto fuera un problema. Analizaban la dependencia del país de poderes foráneos, la ineficiencia o la actitud represiva de sus políticos, las tensiones entre las clases sociales, todo menos la floja aplicación de las leyes. Sólo en tiempos recientes parece producirse un cambio en este sentido. Esto tiene que ver con la toma de conciencia de que la reimplantación de la democracia queda incompleta sin la reforma del Estado de derecho y que éste, según se lo entiende en Occidente, significa la igualdad de deberes y derechos para todos los ciudadanos, es decir, la igualdad ante la ley.

Ya a principios de los años 90, C. Nino destacó la importancia clave de normas generales para el buen funcionamiento de la comunidad liberal-democrática. Las normas —escribió Nino citando a J. Elster— son el cemento de la sociedad sin el cual ésta se desintegra (Nino 1992: 31; Elster 1989). También O'Donnell critica a menudo la insuficiencia, en lo que a la realización de los principios del Estado de derecho se refiere, de las instituciones democráticas que, formalmente, poseen casi todos los países latinoamericanos. Estas instituciones carecerán de eficacia, dice, mientras no exista la igualdad jurídica de todos los ciudadanos, independientemente de su situación socioeconómica. Añade que nadie puede estar por encima de las leyes, todos deben responder ante ellas y someterse a los controles usuales en un Estado de derecho (O'Donnell 1999: 308).

No sorprende que, si se aplica este criterio exigente, el fallo sobre la realidad jurídica en la Argentina sea muy crítico. O'Donnell habla —aunque refiriéndose no sólo a la Argentina sino a toda América Latina— de la *unrule of law*; Nino designa a la Argentina en el título de su libro como «Un país al margen de la ley». En el subtítulo, se expresa aun con mayor claridad al caracterizar al estado crónico de desorden que reina en este país —utilizando un concepto del clásico sociólogo francés E. Durkheim— como «anómico». El mismo concepto es utilizado por E. A. Isuani en un ensayo reciente (Isuani 1999).

Si bien el propio autor de estas líneas hace algunos años redactó un artículo que llevaba el título «Anomia en la Argentina» (Waldmann 1996a), ya no considera oportuno utilizar de antemano esa etiqueta[1]. Las sociedades no son casi nunca puramente anómicas, siempre hay, al lado de los ámbitos o fases en los cuales domina el vacío normativo o una confusión normativa, sectores y fases en los que las cosas funcionan de una manera relativamente ordenada y calculable. Creemos que lo más interesante de un análisis de las estructuras normativas de una sociedad consiste en vincular las diferentes esferas unas con otras. El atributo «anómico» debería reservarse para designar a aquellos episodios y situaciones que se distinguen por una «desregulación» completa. Mucho más frecuentes en general son estados intermedios en los cuales no hay una clara estructura normativa pero, por otro lado, tampoco se ha llegado a una negación total de obediencia a las normas (sobre esto y lo que sigue, véase Waldmann 1998).

A continuación, como modelo de observancia y aceptación de reglas será considerado un sistema normativo claro y sin contradicciones, que se aplique ampliamente, es decir, que efectivamente

[1] Este cambio de opinión se debe a experiencias y reflexiones propias, pero también son el resultado de análisis críticos de mis tesis hechos por amigos argentinos, en particular por Carlos Escudé y Mariana Llanos. Aprovecho esta ocasión para expresarles mi cordial agradecimiento.

regule el comportamiento y goce de aceptación social. Queda abierto el interrogante de si un sistema así realmente existe y si, en el fondo, es de desear. El modelo nos sirve, entre otras cosas, para tener una idea clara de lo que sería la antítesis de circunstancias evidentemente anómicas. Éstas están dadas cuando existe una carencia de normas o —lo cual prácticamente es lo mismo— cuando éstas son equívocas y en parte contradictorias, cuando las normas existentes no se aplican y tampoco corresponden a las convicciones de la población. En otras palabras, una situación de absoluta inseguridad normativa.

Para captar los estados intermedios entre estas dos situaciones extremas, es aconsejable enumerar las principales dimensiones que tienen importancia para que un orden normativo funcione o no. Éstas son:

— la dimensión lingüística (la claridad);
— la dimensión moral (la aceptación social);
— la dimensión reguladora (el control del comportamiento).

La dimensión lingüística es particularmente importante. Las normas, da igual que sean orales o que estén escritas, se basan en reglamentaciones y fórmulas lingüísticas. Si no se puede llegar más a un acuerdo sobre sus elementos conceptuales («confusión babilónica de lenguas»), ya que según el punto de vista y los intereses se pueden entender e interpretar de diferente manera, se destruye la comprensión colectiva de las leyes. En los años 70, en la época directamente anterior al último golpe militar de 1976 y durante los primeros años del régimen militar, la Argentina vivió una fase de confusión lingüística y normativa, que se acercó mucho a la situación anómica que acabamos de describir. En este análisis, empero, pasaremos por alto tanto esta fase extrema como la dimensión lingüística. Comenzaremos en la época posterior a la dictadura y nos concentraremos en la dimensión reguladora y moral de los debilitamientos de las normas.

Las siguientes interrogaciones dirigirán el análisis: ¿hasta qué punto la desestimación de normas fundamentales de tolerancia social y política antes y durante el régimen militar desencadenó procesos de aprendizaje y tentativas de reformas después de 1983? ¿Qué concepto tienen en general los argentinos de las normas y en especial del efecto regulador del comportamiento y de la aceptación social de las leyes? Finalmente (refiriéndonos a E. Durkheim y sus ideas): ¿se puede encontrar un marco conceptual teórico que corresponda al concepto que los argentinos tienen de las normas y que permita entenderlo e interpretarlo? Dada la falta de literatura especializada, nuestras respuestas a estas preguntas pueden ser sólo provisorias, tienen únicamente el carácter de un ensayo sobre un tema que ha sido poco estudiado hasta ahora.

Una impresión ambigua

De la violación sistemática de la totalidad de las reglas humanitarias durante la última dictadura militar, que, en cuanto a brutalidad, superó todos los regímenes militares anteriores, se sacó por lo menos una lección en un sector jurídicamente relevante: en el ámbito de la justicia. Ésta había desempeñado durante décadas un papel lamentable y había pasado a depender cada vez más del poder Ejecutivo. El «pecado original» había sido cometido con el primer golpe militar de la historia argentina reciente, en el año 1930, cuando la Corte Suprema de Justicia no dudó en reconocer la legalidad del Gobierno *de facto* llegado al poder mediante la violencia (Smulovitz 1995). Esta subordinación voluntaria a la situación política reinante tuvo por consecuencia que, a partir de entonces, todos los nuevos Gobiernos —hubieran asumido el poder de manera legal o ilegal— inmediatamente pasaban a atacar el sistema jurídico institucional y a cambiar jueces arbitrariamente. Así era también la mala fama que tenía el poder judicial y en particular los jueces, considerados altamente corruptos.

En este aspecto se produjo un cambio al retirarse los militares del poder en 1983. Éste fue desencadenado por la decisión del Gobierno de Alfonsín de procesar a los jefes militares responsables de violaciones masivas de los derechos humanos. El proceso penal llevado a cabo con gran participación de los medios no sólo fue una satisfacción ulterior para los parientes y amigos de las víctimas, sino que, además, se le mostró a la nación entera cuál es el sentido de una justicia independiente que se esfuerza en investigar los hechos relevantes y pronunciar un fallo justo. Los procesos, que en su mayoría terminaron condenando a los acusados, consiguieron en general mejorar la valorización del tercer poder en la conciencia colectiva (Smulovitz 1995: 93). Hicieron también que la gente recurriera con mayor frecuencia a los juzgados y que los medios se interesaran más por los juicios y las cuestiones jurídicas. Las esperanzas suscitadas por estas circunstancias de que el derecho y la legalidad se convirtieran en una pauta para la actividad política se vieron defraudadas por los límites impuestos a la persecución penal de los militares por el poder Ejecutivo y por otras intromisiones de éste en la justicia. Sin embargo, los expertos opinan que los procesos relacionados con los derechos humanos junto con la consolidación de las instituciones democráticas han agudizado la conciencia que tienen los argentinos del derecho y la justicia. ¿Se justifica esta suposición? ¿Qué fundamentos empíricos tiene?

Por una serie de razones, es muy difícil responder claramente esta pregunta[2]. Al observador sin prejuicios, que en cierto modo ve la situación desde fuera, se le presenta una imagen contradictoria. Tanto en la vida cotidiana como en la literatura especializada no faltan los ejemplos de que los argentinos no toman muy en serio las leyes y que, dentro de lo posible, suelen sustraerse a las imposiciones de la ley. Un ejemplo típico es la evasión de impuestos. Alrededor del 42% de los encuestados admitieron abiertamente que no pagarían impuestos si no tuvieran que temer las altas penas que esto acarrea (Nino 1992: 100). Desde que se hizo esta encuesta a principios de los años 90, nada parece haber cambiado mucho en este aspecto. Según informes recientes (véase *La Nación* del 15-9-2000), a pesar de severos controles, los impuestos pagados voluntariamente no superan el 50% de lo que en realidad tendría que recaudar el fisco. Otro ejemplo, aunque relacionado con un ámbito especial, lo representa la contravención frecuente de las reglas de salud e higiene en la fabricación y venta de alimentos (Isuani 1999: 28). Pruebas tomadas al azar en mercados y restaurantes indican que en lo relativo a la protección de los alimentos de hongos, bacterias y demás elementos dañinos, no se toman a menudo ni las más elementales precauciones. Esto se debe, entre otros, a la reducción de fondos y personal de los servicios públicos de sanidad y control de la higiene. Un tercer ejemplo de la alta tolerancia general frente a las violaciones de la ley nos lleva a la política; se trata de cómo está compuesta la clase política. Si dejamos

[2] Como ya hemos señalado, sobre esta temática hay pocos estudios empíricamente fundamentados porque es relativamente nueva. Nos parece claro que este tipo de estudios no se puede basar únicamente en resultados de encuestas ya que, como aseguran los expertos, en el sensible ámbito de la obediencia a la ley, la gente no suele ser muy sincera. Además, sería necesario diferenciar entre la capital y las provincias así como entre las diferentes clases sociales. Está claro que en este caso no podemos hacer todo eso.

de lado los procesos por violaciones de los derechos humanos mencionados, hasta ahora a ningún político le ha perjudicado el haber contravenido de manera flagrante las leyes vigentes. Que haya utilizado su cargo sin vergüenza alguna para enriquecerse, que haya mentido en público y sido despedido de manera deshonrosa, que como general haya participado en un golpe violando la constitución o, como guerrillero, tratado de subvertir violentamente el orden existente, nada de esto es suficiente para alejarlo definitivamente de toda actividad política. Si se deja pasar algo de tiempo, es muy probable que la opinión pública le perdone sus faltas y lo acepte de nuevo como líder de opinión de la nación (Waldmann 1996a: 64).

Este es *un* aspecto, una imagen de la falta de disposición que tiene esta sociedad para someterse a las leyes. Pero hay otro; se muestra cuando dejamos de lado las normas sancionadas por el Estado y observamos aquéllas que regulan el tráfico social cotidiano de los argentinos. Un pequeño pero relevante ejemplo son las colas de espera en las paradas de autobuses y en los andenes de las estaciones del ferrocarril donde se desarrolla el tráfico de corta distancia (como en Retiro). Allí no hay empujones ni nadie trata de pasar sin respetar la cola, sino que todos se colocan en fila a medida que van llegando. Otro ejemplo lo representan los diversos clubes de deportes y esparcimiento que se encuentran al norte de la capital, cerca del delta del Paraná. Tampoco allí reina el desorden y no se distinguen intentos de obtener ventajas individuales a costa de los demás, sino que todo se desenvuelve de una manera transparente y más o menos ordenada: el transporte de los amigos y allegados ida y vuelta del club a casa, las actividades deportivas, el cuidado de los niños pequeños o la preparación del *picnic*. Se podría objetar que el tono relajado y amigable que reina en estos clubes se debe a que se trata sólo de actividades de esparcimiento de fin de semana. Aparte de que también en estos clubes se arman negocios, las mencionadas actividades, como cuidar y ordenar los aparatos de deportes u organizar un *picnic* ¿no implican obligaciones que podrían dar lugar a peleas y desorden? Nuestro último ejemplo está relacionado con la economía. Una vez que expuse a un amigo mis suposiciones sobre las tendencias anómicas en la sociedad argentina, objetó espontáneamente que yo no tenía ni la menor idea de la conducta corriente en el ámbito de la economía y las finanzas del país. Por ejemplo, no es usual cobrar cheques extranjeros en los bancos porque esto resultaría complicado y largo: se los entrega a una agencia financiera la cual, deduciendo un porcentaje fijo de antemano y no demasiado alto, lo paga enseguida o lo acredita. Todo esto se efectúa con un mínimo de medidas cautelares (recibos, firmas, etcétera) y lo decisivo son reglas informales de confianza mutua que todos los implicados respetan. Lo mismo sucede con el cumplimiento de términos y plazos acordados y en general con la seriedad profesional en la ejecución de trabajos encargados. Los argentinos según este amigo, han comprendido las duras reglas del mercado mejor que en otros países de América Latina (como México) y se han adaptado a ellas.

Un esquema

Evidentemente, resulta difícil dar una opinión general sobre la concepción que tienen los argentinos de las normas. Su comportamiento depende decididamente de qué esfera, qué sistema normativo se trate. Proponemos una división en tres esferas relevantes: una relacionada con las normas sociales fundamentales aceptadas en general («normas básicas»); otra en cuyo centro se encuentran grupos sociales limitados, como parientes, familia, clanes de amigos, clubes y asociaciones; finalmente, la esfera estatal. Esta distinción es de naturaleza puramente analítica ya que, como veremos, en la práctica social los ámbitos normativos relevantes con frecuencia se entrelazan[3].

Primero, en lo que al ámbito de las normas sociales básicas se refiere, A. Isuani, que reprocha a sus compatriotas una serie de costumbres asociales y perjudiciales para la comunidad, considera que está poco desarrollado (Isuani 1999: 26). A una conclusión similar llega C. Nino (Nino 1992: cap. 3). Con todo respeto por los conocimientos que tienen los mencionados colegas por el hecho de ser argentinos, el autor querría contradecir algo en este punto.

[3] Es posible imaginar diferentes formas de dividir las esferas normativas. Elizabeth Jelin distingue entre las ideas del derecho de las capas bajas que se mueven en torno a las leyes sociales y la figura del abogado laboral, las de las capas medias, que se orientan más según leyes formales y el particularismo de grupo y el clientelismo de las capas altas (Jelin 1996: 32). Nosotros queremos mostrar en primer lugar que, además de la coexistencia corriente en América Latina de leyes formales que pretenden tener validez universal y un código informal de favoritismo que se utiliza en grupos limitados, en la Argentina existe un tercer nivel de concepción de las normas que contiene también elementos universalistas, que, sin embargo, parece amenazado por las recientes evoluciones de la estructura social (véase el último acápite).

Comparado con muchos otros países, no sólo de América Latina, la Argentina dispone de un conjunto relativamente homogéneo de valores y normas básicos para la vida en común. Esta opinión se puede fundamentar tanto de forma «negativa», con la inexistencia de ciertos potenciales de descontento y tensión, como también de forma «positiva». La Argentina carece de las profundas divisiones étnicas y raciales que pesan sobre otras sociedades de la región. La población está estructurada de una manera relativamente homogénea, la desigualdad social entre pobres y ricos es (ahora se debería decir «era») limitada. No hay subculturas crimigénicas, como sectas extremistas, culturas de adicción ni bandas juveniles habituadas a la violencia. En general, en la mentalidad argentina llama la atención un rasgo relativamente moderado y poco propenso a excesos (así opina también Nino 1992: 215).

Más importantes son, desde luego, los rasgos «positivos» que fundamentan cierta orientación uniforme en cuanto a valores y normas. En primer lugar hay que nombrar un pronunciado individualismo y, estrechamente vinculado con esto, la idea de una igualdad básica de todos los individuos (O'Donnell 1984; Jelin 1996: 60). Hace unos cien años, Durkheim predijo el culto del individualismo como signo de los tiempos modernos y atribuyó a Francia, su país, la función de sociedad iniciadora de este nuevo culto (Durkheim 1986: 60). Puede ser que a finales del siglo XIX haya tenido razón, pero ya poco después, la Argentina debe de haber superado a Francia en lo que a tolerancia y cultivo del individualismo se refiere. De la posición clave que se le concede al individuo y su desarrollo se puede derivar otra serie más de valores[4]: por ejemplo, el alto grado de tolerancia frente a particularidades individuales y caprichos; la gran importancia que se le da al trato respetuoso de los demás, que evita herir la dignidad individual, independientemente de la clase social a que pertenezcan (Jelin 1996: 121); lo mucho que se exigen profesionalmente a sí mismos sobre todo los miembros de la clase media; la convicción general de que todos tienen el derecho a un mínimo de bienestar material. Las relaciones sociales entre los individuos se caracterizan por ser

[4] Me han asegurado de manera convincente que, si en la Argentina se intentara introducir la pena de muerte, esto produciría una revolución y que este fue el motivo por el cual los militares a partir de 1976 prefirieron hacer «desaparecer» a sus enemigos. Si esto fuera cierto, expresaría también el alto valor que se le da en esta sociedad al individuo.

fuertemente racional-igualitarias; en pocas sociedades está la manera de pensar tan marcada por categorías de reciprocidad. Esto, sin embargo, no impide que existan estrechos lazos con los amigos y la familia, ni tampoco la generosidad o la complacencia. Pero ello hace que el fundamento de una constelación igualitaria básica raramente se abandone. Nos parece significativo que las premisas de valores mencionadas no estén explícitamente cimentadas en ninguna parte y que no haya ninguna sanción formal en el caso de que no se respeten. Se basan más bien en una autodisciplina moral, en el consenso de la mayoría de los argentinos de tratar así y no de otra manera a sus congéneres.

También de naturaleza informal es la moral de grupo que se superpone a las normas permanentes de la convivencia social. Esta, empero, no sólo tiene una vaga vigencia sino que detrás de ella existen sanciones concretas que todo el que contraviene sus reglas tácitas resiente. Aparte de estar aseguradas por mecanismos de sanción, la principal diferencia con las reglas básicas es que el centro de este complejo normativo no es el individuo sino el grupo, se trate de la familia, una comunidad de intereses o un club. De acuerdo a ello, se hace una diferencia estricta entre la moral interna y las pautas de comportamiento frente a terceros. De las ventajas de la solidaridad y la ayuda mutua disfrutan sólo los que pertenecen al grupo o le son allegados, todos los demás cuentan poco, son en cierto sentido presas de caza libre; engañarlos no daña mucho la reputación del que lo hace, sobre todo si favorece al grupo. Nos encontramos en este caso con los mismos modelos del egoísmo de grupo y de clientelismo que conocemos de las demás sociedades latinoamericanas (Nino 1992: 199). La única particularidad de la Argentina consiste en que allí la forma negativa del egoísmo de grupo es muy pronunciada (O'Donnell 1984: 21): si un grupo no puede realizar sus propios planes, pone gran empeño en impedir que los grupos rivales puedan concretar los suyos. El empate de fuerzas entre los grupos y asociaciones determinantes que resulta de esta actitud bloqueadora es una de las razones del estancamiento económico del país que ya dura muchos años.

En el tercer nivel quedan el Estado y sus preceptos. Ya hemos señalado que en este ámbito se ha aprendido algo, por ejemplo en relación con la significación de la constitución y el papel de la justicia. Que con ello haya cambiado la actitud general frente al Estado, sus órganos y sus exponentes es más bien dudable. El Estado significa lejanía, abstracción y falta de transparencia. Se encuentra más allá del horizonte visual y directo de comportamiento tanto del individuo como de los grupos. Por eso no despierta sentimientos de lealtad y fidelidad, ni siquiera de respeto. Más bien se lo considera como un objeto que está a la disposición de todos para ser explotado. Como la mayoría cree que los demás (sobre todo los políticos) no tienen inconveniente en enriquecerse a expensas del Estado, tiene pocos escrúpulos en hacer lo mismo. En cierto sentido, no existe ninguna moral estatal independiente (que, bien entendida, debería ser una moral del bienestar general) sino que el Estado sufre bajo una invasión de los otros dos complejos de normas descritos, es decir, de un individualismo que tiende a no aceptar límites y de un egoísmo de grupo altamente desarrollado. Éste es el aspecto que justifica lo que los medios muchas veces afirman, diciendo que la sociedad argentina parece una mafia que socava el Estado desde dentro. El hecho es que a los funcionarios estatales no se les reprocha demasiado el haber violado la ley, en cambio, aquél que denuncie a otro por haber cometido un acto ilegal corre el riesgo de ser considerado un soplón por haber abusado de la confianza. Se dice que en este país no hay nada más fácil que encontrar un cómplice cuando se trata de perjudicar al Estado (Nino 1992: 115). Pero ¿se puede inferir de esta circunstancia, como lo hace Isuani (1999: 26, 33), que exista la costumbre, prácticamente devenida antinorma, de no respetar las leyes del Estado? De todos modos, está claro que para los órganos estatales en estas condiciones resulta muy difícil hacer valer su autoridad y hacer respetar sus disposiciones.

No es que se ignore que esta actitud frente al Estado y sus normas resulta a la larga irracional y poco perspicaz. Hay muchos argentinos que no la comparten y aquellos que lo hacen no se sienten siempre muy cómodos. Así confirman indirectamente la crítica de C. Nino, que habla de la «anomia boba» de los argentinos (Nino 1992: 35). Con esto quería decir que el problema de su país no está en los actos criminales que se basan en pasiones irracionales, en resentimientos, adicciones o costumbres violentas, sino en el hecho de que muchos argentinos se dejan guiar por una racionalidad mal entendida, egoísta y cortoplacista. Delitos como la evasión de impuestos, la corrupción, el obtener con astucia subvenciones estatales o el recurso a la economía informal permiten a quienes los cometen obtener ventajas a corto plazo mientras que, a largo plazo y desde una perspectiva estructural, perjudican a la colectividad y, con ello, a cada uno de sus ciudadanos. En los dos ejemplos que daremos a continuación, analizaremos en primer lugar el tercer nivel, el del Estado y de sus poco respetadas normas. Al hacerlo, aparecen regularmente los otros dos niveles normativos tratados, tomando la forma de antinormas o de normas paralelas.

INDIVIDUALISMO EXCESIVO: EL EJEMPLO DEL TRÁFICO CALLEJERO

Cualquiera que haya estado algún tiempo en Buenos Aires recordará lo peligroso e imprevisible que es el tráfico callejero en la Argentina: la desfachatez de los conductores con los peatones, la dura lucha por la prioridad en los cruces, donde siempre gana el más osado, los taxis que adelantan a los demás vehículos a gran velocidad, tanto por la derecha como por la izquierda, los conciertos de bocinas ante cada atasco, los conductores de ómnibus «colectivos» que para poder cumplir con el horario avanzan sin ninguna consideración, etcétera. Las noticias necrológicas de personas que han perdido trágicamente a sus allegados en accidentes de tráfico completan la imagen.

Se podría objetar que el tráfico, en especial el de autos funciona en todas las grandes ciudades según un modelo parecido. La similitud de las condiciones básicas —alta densidad del tráfico con horas de punta en las cuales la red vial no da abasto— no ofrece una gran variedad de maneras de reaccionar tanto individual como colectivamente. Esto sin embargo no es exacto. Tan sólo la diferencia en el comportamiento de peatones de distintas sociedades aguardando en los semáforos —en las ciudades alemanas esperan hasta que aparezca la luz verde, mientras que en América Latina atraviesan la calzada tan pronto se presenta una oportunidad— debería bastar para demostrar lo contrario. En cierto sentido, la calle es el reflejo de las reglas del trato generalmente vigentes en una sociedad. Por eso no es una casualidad que los sociólogos que estudian la concepción que tienen los argentinos de las normas y leyes, con frecuencia hayan analizado el comportamiento en el tráfico.

En éste se puede distinguir entre un aspecto más bien cómico y otro dramático y triste. G. O'Donnell fue el primero en hacer notar el cómico ya en los años 80, al tratar de sacar conclusiones sobre las concepciones sociales y políticas de argentinos y brasileños comparando su comportamiento en el tráfico (O'Donnell 1984: 6). Destacó sobre todo el ensañamiento con que se lleva a cabo la lucha por la prioridad en los cruces de menor importancia en Buenos Aires. En la refinada técnica para quitarle al otro la posibilidad de cruzar sin obstáculos avanzando centímetros; en bloquear adrede la calzada para los demás si uno mismo no puede avanzar; en la velocidad para calcular riesgos de daños según la antigüedad de los autos implicados y la robustez de sus parachoques para el caso de una colisión. En todo esto creyó descubrir los rasgos básicos del comportamiento social de los argentinos, que se podría caracterizar como una especie del «juego de la gallina»[5].

Sin embargo, debido a las consecuencias, más importancia tiene el aspecto trágico del incumplimiento de las reglas del tráfico callejero. En la Argentina, participar en él, sobre todo en el de autos, entraña un alto riesgo para todos los implicados. Según las estadísticas, la principal causa de la muerte de las personas de entre 10 y 50 años de edad son los accidentes del tráfico. Nino escribió a principios de los años 90 que un promedio de seis mil personas morían al año a causa de ellos. Los datos sobre la evolución durante esa década no son homogéneos pero de cualquier manera demuestran que la cantidad de muertos no sólo no disminuyó sino que continuó aumentando. Haciendo una comparación internacional, la Argentina ocupa desgraciadamente uno de los primeros lugares. Isuani, por ejemplo, calculó que en el año 1994 se produjeron 26 muertes por cada 100.000 habitantes; en Francia y España la cantidad correspondiente era de 19 respectivamente, en los EE. UU. 18, en Italia 11 y en Suecia 9 (Nino 1992: 125; Isuani 1999: 28; *Revista Gente* 18-4-2000).

Si se busca la causa de la costumbre inveterada de no cumplir las reglas del tráfico, en primer lugar habría que mencionar la insuficiente instrucción en cuanto a éstas y la baja probabilidad de sanción. Mientras que en Europa para obtener el permiso de conducir es necesario invertir mucho empeño intelectual y práctico, en la Argentina no es necesario esforzarse mucho. Las instancias de socialización decisivas no son instructores diplomados sino los padres, hermanos o amigos de los candidatos, con lo cual se sigue transmitiendo el estilo anárquico de conducir. Si bien últimamente han surgido algunas instituciones privadas que ofrecen instrucción por cuenta propia, por ejemplo en las escuelas, y señalan sobre todo la necesidad de colocarse el cinturón de seguridad en el auto (véase *Revista Veintidós* 18-

[5] El «juego de la gallina» debe su nombre a un juego que practicaban los jóvenes estadounidenses en los años 60 para demostrar su coraje. Consistía en dirigirse con varios autos a alta velocidad hacia un precipicio. Perdía el primero en bajarse. A diferencia del conocido «dilema del prisionero», en el «juego de la gallina» se puede evitar que todos se perjudiquen si uno de los participantes abandona, es decir que se salva y así salva a los demás (véase Nino 1992: 142, 165).

5-2000), es incierto que consigan reducir la alta cantidad de víctimas del tráfico.

Cierto escepticismo nos parece justificado por el hecho de que la probabilidad de ser perseguido y castigado por haber cometido un delito en este ámbito durante mucho tiempo fue prácticamente nula (Isuani 1999: 36; Nino 1992: 128). Las contravenciones de las reglas de tránsito eran consideradas veniales. La idea era que cada uno debía cuidarse y, si se salía perjudicado, la culpa era propia. Aun en el caso de homicidio culposo de otros participantes del tráfico, el responsable podía, en ciertas circunstancias, ser condenado sólo a una pena con libertad condicional. Desde la reforma legal de 1999, esto ya no es posible (*La Nación* 30-9-1999). La nueva ley, empero, sólo servirá para escarmentar si se la aplica de manera consecuente, es decir, si la policía persigue más eficazmente que hasta ahora las violaciones de las reglas y hace las denuncias pertinentes.

Existen dos factores más que agravan la situación. El primero es el hecho de que los seres humanos encerrados en autos apenas se ven unos a otros y el trato mutuo resulta casi anónimo. Por este motivo no rigen los preceptos de cortesía personal y de consideración que en los países latinos generalmente se tienen en cuenta en los contactos sociales. El segundo factor es la técnica. Con la gran capacidad de acelerar y de alcanzar altas velocidades que tienen actualmente los vehículos motorizados, pequeñas desviaciones de las reglas tienen frecuentemente consecuencias catastróficas. Para enfrentar ambos peligros sería necesario controlar rigurosamente el tráfico. Por un lado, sería preciso un mayor autocontrol de los propios participantes que en general tienen obviamente la tendencia a subestimar los riesgos del tráfico callejero. Pero, como el individualismo profundamente arraigado de muchos argentinos hace suponer que esto sea poco probable, el Estado y sus agentes deberían actuar con más energía ante violaciones evidentes de las reglas si se quieren reducir a largo plazo los daños personales y materiales que se producen en este ámbito.

NORMAS PARALELAS: EL EJEMPLO DEL ESCÁNDALO DEL SENADO

El escándalo del Senado de que hablamos se produjo en septiembre del 2000. Fue provocado por la denuncia pública de que varios senadores habrían aceptado sobornos para votar una reforma de las leyes laborales. Se trataba de leyes que reducían el tiempo de prueba al contratar un nuevo empleado, las cargas sociales de las empresas y el poder de negociar de los sindicatos, es decir que eran netamente favorables a los empleadores. Los sobornos ofrecidos a los senadores para que aprobaran el proyecto de ley fueron conocidos porque miembros del mismo Senado hicieron la denuncia en público. Lo que no quedó en claro es si el dinero provenía del poder Ejecutivo o si éste sólo había sido utilizado como medio por círculos económicos interesados.

El asunto resultó tanto más embarazoso por el hecho de que el Gobierno de la Alianza que, poco antes bajo el radical Fernando de La Rua había asumido el poder, se había distanciado explícitamente del estilo de gobernar poco limpio de su predecesor peronista Carlos Menem y declarado la lucha a la corrupción. Varios importantes personajes políticos se vieron apremiados y debieron renunciar, y el Gobierno perdió mucho prestigio (véase *Brennpunkt Lateinamerika*: 2001, Nº 3: 30). El escándalo tuvo mucha repercusión en todos los medios masivos y durante días fue el tema dominante de los comentarios y de los títulos[6]. Ningún intelectual conocido dejó de dar su opinión al respecto. Por estos motivos, el asunto de los sobornos del Senado es bastante representativo y permite hacer algunas observaciones generales sobre el cuestionable trato que los políticos y funcionarios dan a las disposiciones legales y sobre la reacción de la opinión pública frente a esto.

Una de las principales consecuencias fue que se hizo en parte pública la manera de funcionar del Senado, uno de los organismos políticos menos transparentes del país. Lo tradicional era que los senadores fueran elegidos por los Parlamentos provinciales para ejercer su cargo durante 6 años (esto sin embargo cambió con la reforma constitucional de 1994), una reelección era posible y usual. Se trata generalmente de políticos veteranos (a cada provincia le tocan tres senadores) que gozan de la confianza del gobernador de la provincia. Por eso, aparte de ejercer funciones legislativas, cuidan directamente de los intereses de sus provincias. Una de sus principales tareas es conseguir asignaciones especiales para sus provincias: subvenciones económicas, encargos del Estado o subsidios para las

[6] Lo que sigue se basa en la evaluación sistemática de periódicos, sobre todo de *La Nación*, durante la primera semana de septiembre del 2000. Algunos de éstos hicieron notar irónicamente que el descubrimiento de los sobornos coincidió con el momento en que la Argentina, en la escala de corrupción internacional que confecciona Transparencia Internacional, había conseguido mejorar su posición pasando del rango 71 al 52 de las 90 naciones que allí figuran.

cajas de jubilación. Tampoco olvidan atender sus propios intereses, atribuyéndose pasaportes diplomáticos, financiándose viajes y empleados, y otorgándose mutuamente suplementos salariales. Se dijo que las denuncias no fueron hechas por motivos morales sino, más bien, por el hecho de que, debido a un cambio en la balanza de fuerzas políticas internas, algunos de los miembros de la alta cámara que estaban acostumbrados a recibir importantes prebendas temían quedarse esa vez sin nada.

Un primer paso para impedir la corruptela que salió a la luz en las investigaciones sobre la segunda cámara legislativa había sido dado ya con la reforma constitucional de 1994 al prescribir la elección directa de los senadores por los electores de las provincias. En la nueva discusión iniciada no había acuerdo sobre si lo mejor era levantar la inmunidad de todos los senadores sospechosos o anticipar la elección de toda la cámara de acuerdo a las nuevas disposiciones constitucionales (lo cual hubiera implicado un cambio de la fecha prevista en las disposiciones para la transición). La confianza general en que se dilucidara el asunto fue sacudida por el hecho de que el juez de instrucción a quien se le había confiado el caso resultó a su vez investigado por corrupción. En estas circunstancias no es sorprendente que, del público que seguía con gran interés el desarrollo del caso, muy pocos (14%) contaban con una condena efectiva de los culpables. La mayoría relativa opinaba que la cosa quedaría en nada y que las acusaciones de corrupción no serían aclaradas por la justicia (*La Nación* 9-9-2000: 6).

El contenido general de los comentarios sobre el escándalo se puede dividir entre los de tendencia optimista y los críticos-escépticos. Los optimistas destacaban el gran progreso que había hecho el país si se comparaba con lo que hubiera sucedido en una situación parecida unas décadas antes. En aquel entonces, decían, se hubiera producido un golpe militar mientras que en la actualidad, a pesar de la indignación general, se mantenía la continuidad institucional. A lo sumo, existía el peligro de un golpe populista dentro del marco de las instituciones si los partidos no conseguían convencer al público de que eran útiles y necesarios. Otros opinaban que no había que condenar a todos los políticos, ya que, aunque las noticias sobre el Senado fueran muy alarmantes, había también personas íntegras entre ellos. Repetidamente se hizo notar que el escándalo también había provocado una catarsis porque, al evidenciar las debilidades del sistema, ofrecía la posibilidad de iniciar un cambio verdadero. Un partido llegó a proponer una alianza histórica para combatir la corrupción.

Por parte de los escépticos, se dijo que la indignación general era hipócrita puesto que éste no había sido el primer caso, como todos lo sabían, en el que parlamentarios habían sido sobornados para aprobar una ley y que, además, el bajo nivel moral de los representantes del pueblo no era una novedad para nadie. En otro comentario crítico se decía que en la Argentina existían dos sistemas de reglas paralelos que debía dominar todo el que quisiera prosperar económicamente y ganar influencia política (Marcos Aguinis en *La Nación* 7-9-2000: 21). Uno está compuesto por las reglas formales a las que se les debe un mínimo de respeto. El otro es un sistema «subterráneo» de redes sociales y múltiples favoritismos que, si bien es tabú en el discurso oficial, de hecho tiene igual importancia.

Se puede considerar que estas observaciones representan una crítica aplastante en lo que a la fidelidad legal de los argentinos se refiere. No obstante también contienen un mensaje positivo cuando rechazan la tesis de la mafia, según la cual todos los ciudadanos del país tienen la intención de violar las leyes y de saquear al Estado para obtener alguna ventaja personal. Si se acepta la teoría de la estructura dual, esto significa también que nadie que tenga un cargo público puede desatender las conveniencias del bien común durante un largo período y en público. Sean cuales fueren los motivos, el hecho de que fueran denunciados los manejos ilegales en un órgano central del Estado, así como la rápida difusión de la denuncia hasta convertirse en un escándalo, confirma esta suposición.

Como señala Natalio Botana, también en un comentario periodístico (*La Nación* 5-9-2000), para que una república funcione bien, tiene que estar fundamentada en la virtud y el control. Ambos son importantes para todos, pero, en caso de duda, de los funcionarios públicos, más que del simple ciudadano, se podría esperar que encarnen el polo de la virtud ya que su sustento, su posición y su autoridad se basan en su cargo público, lo cual no es el caso de los demás (véase también H. L. A. Hart 1961: 77, 97).

Una interpretación

Luego del trauma provocado en muchos argentinos por la extrema situación anómica de los años 70 (explosión de la violencia) y 80 (hiperinflación), deben haber quedado «inmunes» para experimentos de esa clase por el momento. Hasta qué punto pueden ser combatidos con éxito el egoísmo de grupo y el clientelismo es un interrogante abierto que no afecta únicamente a la Argentina, ya que este país lo comparte con las demás naciones latinoamericanas. Las observaciones finales que haremos a continuación se limitan al rasgo particularmente sobresaliente de los argentinos: su marcado individualismo. Para poder apreciar su alcance y los peligros que implica es aconsejable volver a E. Durkheim.

El clásico sociólogo francés hace dos diferenciaciones que generalmente han sido pasadas por alto o descuidadas al estudiar su obra. Él distingue entre los problemas de integración social y aquellos de la regulación social; y diferencia entre un individualismo moral y compatible con la comunidad y otro, excesivo que se practica a costa de la comunidad (Durkheim 1992, 1991, 1986). El hecho de que para Durkheim el problema de la integración social no sea el mismo que el de la regulación ha sido destacado sobre todo por P. Besnard (1987: 70)[7]. Según este autor, el pensamiento del gran teórico giraba en torno a cómo, a pesar de la tendencia a la división del trabajo y a la diferenciación social que caracteriza a los tiempos modernos, se podía conservar un fundamento de valores y convicciones común a toda la sociedad que la mantuviera unida. En cambio, consideraba que regular de manera adecuada el comportamiento humano mediante normas y reglas sociales es sobre todo un problema antropológico porque el ser humano, si no tiene límites impuestos desde afuera, tiene la tendencia a perder toda mesura en lo relativo a satisfacer sus deseos y ambiciones. Durkheim consideraba que el sector que estimula especialmente la desmesura y la anarquía es el económico (Durkheim 1990: 273).

En lo que se refiere al individualismo como actitud básica, queremos señalar que Durkheim no pensaba que es negativo en sí (Durkheim 1986). Lo aceptaba por considerarlo un fenómeno concomitante de la edad moderna y destacaba que una actitud individualista no significaba de ninguna manera un rechazo de los vínculos sociales ni del trato respetuoso a los demás. Según él, el individualismo se transforma en un peligro para la comunidad sólo cuando degenera para acabar en un utilitarismo de estrechas miras que ve en los congéneres únicamente instrumentos para perseguir sus fines. En este contexto, Durkheim habla de una perversión que conduce al individualismo excesivo o egoísta.

[7] Véase también Thome (2001: 11). Muchos autores, como también Isuani (1999: 31), hacen una mezcla con estas variables.

Aplicándolas a la sociedad argentina, las categorías de Durkheim se pueden combinar fructíferamente como sigue: el marcado individualismo que caracteriza a esta sociedad y al que debemos, por otra parte, una gran cantidad de logros culturales e intelectuales, no tiene por qué tener un efecto dañino para el entorno social —siempre que tenga un marco vinculante de reglas que lo frenen y lo canalicen, impidiéndole salirse de su cauce y expandirse a costa de la comunidad. En este aspecto se encuentra uno de los secretos del buen funcionamiento de la no menos individualista sociedad norteamericana, la cual con su Constitución, respetada por todos y con un *status* casi sacro, ha logrado asignarse un conjunto de reglas vinculantes que nadie osa tocar (Heideking 1989a; Lutz 1988). El ejemplo de los EE. UU. nos enseña al mismo tiempo que el sentido común social y las fuerzas que favorecen a la comunidad, por bien desarrollados que estén, no bastan ellos solos para frenar el individualismo excesivo; para ello son necesarias reglas con poder de sanción. La Argentina carece de un marco legal o constitucional que sea aceptado por todos como en los EE. UU. Por eso, el individualismo, que en realidad tiene un valor neutro, tiende a convertirse en algo negativo y un problema de regulación social deviene un problema de integración social.

C. Nino pone en claro la enorme importancia que tiene la aceptación casi a ciegas —algo que a primera vista parece irracional— de reglas preceptivas para que la comunidad pueda funcionar (sobre lo que sigue, véase Nino 1992: caps. 4 y 5). Utilizando la teoría de la elección racional, Nino muestra cuáles son las dificultades que tienen los argentinos para encontrar una actitud cooperativa, que favorezca a la sociedad y, de este modo, a cada uno de sus integrantes. Estas dificultades, según él, se deben a la desconfianza mutua, la búsqueda de ventajas individuales y la minimización de los riesgos que toda acción implica. Pero por mucho que profundice su análisis y por más que destaque el papel clave que desempeñan las leyes para inspirar confianza mutua, a fin de cuentas, sólo logra describir el dilema sin encontrar una vía para solucionar el problema. Según Nino el hecho de que se someta al individuo, sin cuestionamientos, a las leyes sigue siendo un acto para el que no hay ninguna explicación individual. Aparentemente, no existe un camino que lleve de la racionalidad individual a la racionalidad colectiva.

Pero, quizás, tal fundamento racional no sea ya necesario porque procesos estructurales han producido una convergencia en la concepción que tienen los argentinos de los valores y las normas. Una encuesta realizada por Gallup recientemente mostró que las concepciones de los argentinos del perfil político y social que debería tener su país se van acercando unas a otras (véase *La Nación*: 5-2-2001); sólo existen aún ciertas discrepancias en cuanto a los medios y los caminos a seguir para realizarlas. Efectivamente, casi nadie se anima ya a cuestionar el modelo liberal-democrático de gobierno. ¿Será entonces únicamente una cuestión de tiempo hasta que este consenso abarque también el Estado de derecho y la obligatoriedad de las leyes?

Por muy atractivos que parezcan este tipo de pronósticos, los obstáculos estructurales que encuentran en su camino hacen que sea poco probable que se concreticen. Entre ellos se encuentra la brecha cada vez más amplia que existe entre ricos y pobres así como la exclusión de los más pobres de la sociedad, con lo cual la base común a todos de una serie de normas fundamentales, mencionada al comenzar amenaza con desaparecer; otro obstáculo es la división de las capas medias, de las cuales una parte considerable está amenazada por la pobreza y, otra, más hábil y con más suerte, insertándose en la economía global, ha logrado ascender socialmente y se acerca con su estilo de vida al nivel de las capas altas; el último es la desintegración del ámbito público urbano en territorios dominados por determinados grupos sociales y sus bandas o sus policías privadas; finalmente, está la retirada del Estado de una serie de funciones y responsabilidades sociales básicas, traspasadas a entidades privadas que las administran según criterios puramente económicos.

Para Durkheim, la formación de una moral colectiva y de un conjunto de reglas sociales preceptivas para todos es inseparable de un desarrollo económico y social que siga una determinada ley estructural. Su esperanza de que naciera una nueva «solidaridad» se vinculaba con la expansión de la división del trabajo como nuevo principio de la estructura social. La sociedad argentina está más alejada que nunca de este tipo de principio estructural homogéneo, al contrario, con el proceso de globalización más bien crece la heterogeneidad en todos los ámbitos. Sería una ironía del destino que en este país se formara un consenso básico normativo e institucional justamente en el momento en que los fundamentos estructurales que éste necesita amenazan con desaparecer.

7. La cotidianeidad de la violencia en Colombia[1]

Colombia ocupa dentro de América Latina una posición particular en el aspecto político-social. Por un lado se encuentra entre los pocos Estados de la región en el cual los militares desempeñan en la política un papel secundario. El poder político ha sido ejercido desde mediados del siglo XIX casi sin interrupción por los dos partidos tradicionales, el Conservador y el Liberal, según las reglas de la Constitución. Por otro, este respeto a la Constitución no ha podido impedir que continuamente se produjeran conflictos armados en los que se violaban masivamente los derechos fundamentales y los humanos, sobre todo el derecho a la vida y a la integridad corporal (Pécaut 1992: 218).

La historia de los conflictos violentos es tan antigua como la misma Colombia, es decir desde que existe como Estado independiente. El siglo XIX estuvo repleto de guerras civiles entre los dos partidos, de las cuales queremos destacar la llamada «Guerra de los mil días», que tuvo lugar entre 1899-1901 por haber sido particularmente san-

[1] Este artículo se publicó por primera vez en el año 1997. Por eso algunos datos e informaciones no contemplan el desarrollo último del país. Así, por ejemplo, las estadísticas demuestran que a partir de 1993/94 la curva de violencia ya no subió más, sino que se detuvo en un nivel elevado e incluso bajó algo. También, en lo que al número de actores violentos organizados se refiere, desde entonces tuvo lugar más bien un proceso de contracción y de concentración. Sin embargo, en el análisis de los dilemas estructurales y tendencias fundamentales y sobre todo en lo que al problema de la anomia en este país se refiere, el artículo, a nuestro modo de ver, sigue siendo de actualidad. Por eso lo incluimos en este volumen.

grienta ya que acarreó la muerte de unas ochenta mil personas. En el siglo XX, luego de varias décadas de tranquilidad, por lo menos a nivel nacional, puesto que a nivel regional siguieron produciéndose pequeñas rebeliones, volvió a explotar la lucha entre los partidos. En la fase conocida como «la Violencia», entre 1946 y 1958, se calcula que murieron unas doscientas mil personas.

Desde principios de los años 80 el país se ve azotado nuevamente por una ola de violencia. La cantidad de extorsiones, secuestros y asesinatos aumenta continuamente y parece que ningún tipo de medidas estatales puede frenarla. En general, se considera especialmente inquietante que la nueva ola de violencia haya hecho saltar claramente el marco político de todas las anteriores. La violencia es actualmente en Colombia un medio del que cualquiera puede valerse para imponer sus intereses con las finalidades que sean. Se utiliza en público o en privado, por individuos o por grupos, espontáneamente o de forma planeada, para fines políticos, económicos o privados, dentro de las capas bajas, pero también por y contra los miembros de las capas medias y altas, en las ciudades grandes y medianas y hasta en los confines más apartados de este escarpado país. No hay nadie que circunstancialmente no deba contar con ser atacado, secuestrado o asesinado. Resumiendo: la violencia se ha transformado en un fenómeno cotidiano.

Este ensayo procurará desglosar este fenómeno en tres etapas. En la primera haremos una descripción general de los principales elementos de la violencia: sus dimensiones, sus principales formas y actores, etcétera. En la segunda nos preguntaremos cuál es la relación que tiene la violencia con los ámbitos estructurales centrales de la sociedad, como el Estado, la economía y la política, el derecho y los movimientos sociales. La tercera, finalmente, analiza las tentativas de encontrar una explicación de la violencia, teniendo en cuenta tanto las constantes históricas como los cambios en las modalidades de la violencia.

FORMAS, CADENAS Y ACTORES DE LA VIOLENCIA

Comparativamente, Colombia tiene la tasa de homicidios más alta del mundo. Desde hace años la cuota aumenta en un 4% por año. Entre los hombres adultos, el asesinato es la principal causante de la muerte. Para 1992, las estadísticas indican 28.237 homicidios, entre estos se encuentran 102 casos en los cuales murieron cuatro y más personas y que en los datos aparecen como masacres[2] (Amnistía Internacional 1994: 26).

Este corto párrafo extraído de un informe de Amnistía Internacional sobre Colombia ilustra claramente el problema. América Latina, con 30 homicidios por cada 100.000 habitantes, se encuentra ya claramente a la cabeza de las grandes regiones y Colombia ocupa nuevamente una posición especial dentro de América Latina (*The Economist*, 30-11-96: 24). Si se dividen los 28.000 asesinatos por una población de unos 33 millones de habitantes, significa que en 1992 por cada 100.000 colombianos 85 sucumbieron a una muerte violenta (en comparación: en el caso de la República Federal de Alemania por cada 100.000 habitantes se producen por año 1,5 homicidios, Gössner 1995: 28).

La cantidad de asesinatos es sólo la expresión más dura e inequívoca de la tendencia creciente en el Estado andino a menospreciar la integridad física ajena. Ésta se refleja en el incremento del número de secuestros y extorsiones, de los casos de torturas y de desaparecidos y también en la gran cantidad de víctimas del tráfico vial que tiene Colombia. Según las estadísticas policiales, dentro del total de la delincuencia, la cuota correspondiente a los delitos violentos ha aumentado en forma sobreproporcionada durante los últimos 15 años. Un porcentaje cada vez más alto de los delitos denunciados o registrados corresponde a hechos violentos y, dentro de éstos, a homicidios o asesinatos (Camacho/Guzmán 1990: 41, 57).

El recurso a la violencia se ha convertido en un modelo usual de comportamiento extendido a las más diferentes regiones del país y a todas las capas y grupos sociales (González 1993: 34). Es cierto que los acontecimientos violentos se concentran en determinados lugares y momentos. Por ejemplo, los autobuses que recorren el país y transitan de noche son considerados particularmente peligrosos (en 1993 ocurrieron 570 asaltos de autobuses), por lo que la cantidad de pasajeros ha disminuido considerablemente. Lo mismo sucede con determinados barrios de las grandes ciudades y con ciertas regiones rura-

[2] Las matanzas han aumentado pavorosamente en Colombia. Su número se elevó de 11 en 1980 a 183 en 1992. M. V. Uribe (1994), a quien debemos estas cifras se basa en una escala más amplia para hacer el recuento que Amnistía Internacional, que, como se sabe, es muy cautelosa con los datos estadísticos que presenta. Las matanzas, tradicionalmente un fenómeno rural, tienen la tendencia, que se manifiesta también en otros hechos violentos, a trasladarse cada vez más a las ciudades.

les (por ejemplo, en el Magdalena Medio, que es la región de los buscadores de esmeraldas). También se puede inferir de las estadísticas que los homicidios se acumulan en los fines de semana y durante las horas de la tarde, entre las 18 y las 21, y que la mayoría de las víctimas son hombres jóvenes (Guzmán 1994: 25). Pero en principio se puede afirmar que nadie se encuentra seguro y que cualquiera puede sufrir un atentado o un asalto: el gran empresario que mantiene una importante policía privada, los ministros y los candidatos a la presidencia siempre rodeados de sus guardaespaldas, las mujeres y los niños, y también los propios malhechores violentos a los que, tarde o temprano, les toca seguir el mismo destino que a sus víctimas.

Esto no siempre ha sido así. En el pasado, los brotes de violencia tenían contornos y lugares claramente delimitados. Los conflictos violentos eran considerados característicos de regiones apartadas en las cuales el Estado no estaba presente (González 1993: 41). Giraban en torno a la apropiación o al reparto de los recursos locales, como la madera, las riquezas del subsuelo, la tierra o los productos agropecuarios. Por falta de un canon de reglas aceptado, los intereses contrarios chocaban a menudo fuertemente entre sí y eran resueltos por medio de las armas. En cambio, las regiones urbanizadas y sobre todo las grandes ciudades eran consideradas lugares en los que se garantizaba cierto nivel civilizado y donde el individuo no tenía que temer constantemente por su vida.

Esto ha cambiado radicalmente en los últimos 20 años (Camacho/ Guzmán 1990: 36). Según un estudio empírico sobre Cali, una de las tres ciudades más grandes del país, entre 1980 y 1992, la cantidad de homicidios se ha más que triplicado. Con 120 víctimas fatales por cada 100.000 habitantes, se encontraba en 1994 claramente sobre el promedio nacional. En una encuesta realizada ese mismo año, uno de cada tres encuestados declaró haber sido objeto de un asalto durante los últimos 12 meses. Según las estadísticas sobre la criminalidad (no muy confiables empero), en Cali y sus alrededores el 65% de los delitos son de carácter violento y el 16% de todos los delitos denunciados son homicidios (Atehortúa *et al.* 1995: 10).

Un porcentaje tan alto hace suponer que se trata de una eliminación intencionada y sistemática de vidas humanas. Efectivamente, al desglosar con precisión los hechos, se llega a la conclusión de que se trata frecuentemente de atentados violentos bien organizados (Commission 1992). Es cierto que en las estadísticas aparecen no pocos homicidios «espontáneos», la mayoría de los cuales son producto de riñas que terminan en cuchilladas debido a la influencia del alcohol. También las reyertas familiares acaban a menudo violentamente, aunque rara vez resultan mortales. Las características típicas de la mayoría de los homicidios son, sin embargo, diferentes (Guzmán 1994: 26; Camacho/Guzmán 1990: 59, 203). Entre ellas podemos mencionar las siguientes:

— el uso de armas de fuego, en parte automáticas o semiautomáticas;
— la utilización de otros recursos técnicos, como autos o motocicletas que sirven para atacar y huir;
— la víctima es asesinada por delante con tiros en la cabeza o en el tórax y no es raro que varias personas sean asesinadas al mismo tiempo;
— con frecuencia se secuestra primero a la víctima en un auto; luego es asesinada y su cadáver, frecuentemente desfigurado por la tortura, es tirado al borde de alguna carretera o en un muladar;
— los malhechores no dejan rastros, permanecen en el anonimato, en general no son denunciados, ni mucho menos perseguidos y apresados por la policía.

Todas las circunstancias mencionadas demuestran que los asesinos proceden de manera sumamente planificada e intencionada. Lo mismo indica el considerable despliegue técnico y de personal que está vinculado con muchos de los homicidios. No es una casualidad que el autor del estudio sobre la violencia en Cali haya sacado la conclusión de que los causantes de los delitos de homicidio no pertenecen por lo general a las capas pobres de la población. Se trata más bien de personas o grupos que disponen de la suficiente cantidad de influencia y de tiempo para poder realizar sus planes mortíferos con eficiencia y sin ser molestados (Guzmán *et al.* 1993: 20; Guzmán 1994: 30; Bayona/Vanegas 1994).

La tesis de la preponderancia de la violencia organizada es confirmada por la propagación de otro delito violento que requiere una considerable preparación e infraestructura técnica, esto es el secuestro. A las personas secuestradas en Colombia, después de haber sido martirizadas, se las encuentra muertas a tiros al borde de las carreteras. Pero existe también la variante de retenerlas como rehenes y de exigir un rescate por su liberación. Un libro del conocido escritor colombiano Gabriel García Márquez ha dado a conocer a un público más amplio algo que los expertos saben hace tiempo: Colombia tiene el «record mundial» en lo que a secuestros con extorsión de dinero se refiere. En el año 1995 se registraron 1.063 casos de toma de rehenes (entre ellos, muchos extranjeros) y hasta noviembre de 1996 ya se habían contado otros 1.047 secuestros. Una prueba de la rutina que tienen las bandas colombianas de secuestradores en el negocio de la extorsión es el hecho de que la mayoría de los casos no tienen resultados mortales. La mayor parte de las víctimas fueron liberadas tras el pago del rescate (*Latinamerican Regional Reports-Andean Group,* 21-1-1997: 2; *Wall Street Journal,* 3-1-1997: 1-5), muchas, sin embargo, siguen sin aparecer.

Lo interesante de los secuestros es que participan actores violentos de las más distintas categorías, desde las asociaciones guerrilleras hasta las bandas de narcotraficantes. ¿Cuáles son los grupos y las organizaciones determinantes en el acontecer violento de Colombia? Los principales entre ellos (es decir, excluyendo a aquellos grupos que operan a nivel regional) son resumidamente los siguientes (Bergquist 1992: 1; Amnistía Internacional 1994, Sánchez *et al.* 1987: 19, 82):

— Las fuerzas de seguridad del Estado, es decir, los militares y la policía.
— Las unidades paramilitares del interior; se trata de asociaciones armadas organizadas por las Fuerzas Armadas, en parte conducidas por oficiales, que protegen la propiedad privada, sobre todo la de los grandes terratenientes.
— Los escuadrones de la muerte, integrados por ex policías y por algunos que todavía prestan servicio; son el equivalente urbano de las unidades paramilitares, que, soslayando la ley y en cierta manera por cuenta propia, mantienen el «orden público». Tristemente célebres son las «acciones de limpieza», en las que asesinan a todos aquellos cuya conducta no corresponde a los conceptos que ellos tienen de moral y de vida ordenada, sobre todo a las personas pertenecientes a los grupos marginales (niños de la calle, prostitutas, homosexuales, etcétera) (Rojas 1994).
— Los grupos de vigilancia (milicias populares). Representan una variante civil de los escuadrones de la muerte. Surgieron en las grandes urbes como reacción ante las bandas criminales de jóvenes y tratan de combatirlas controlando sus barrios sistemáticamente y castigando a los «culpables».
— Las asociaciones guerrilleras. En Colombia existían cinco organizaciones que operaban sin conexión entre ellas, una de éstas luchaba por metas indigenistas. En territorios del interior, donde

el poder estatal apenas está presente, ejercían funciones similares a las del Estado y pudieron extender su influencia a los barrios pobres de algunas grandes ciudades (Pizarro 1994). Aunque tres de ellas han establecido desde hace algún tiempo un armisticio con el Gobierno, esto no ha puesto definitivamente fin a la lucha armada sino que ha producido la escisión de las organizaciones en cuestión, una parte de las cuales sigue en actividad.

— Las organizaciones de autodefensa creadas por la guerrilla. Como prolongación del brazo armado de las asociaciones guerrilleras, constituyen el equivalente de las milicias populares fundadas por las Fuerzas Armadas.

— Los cárteles de narcotraficantes y su entorno armado. Representan un poderoso complejo sumamente influyente. La inconmensurable riqueza que se ha acumulado en las manos de los barones de la droga y de sus secuaces ejerce una gran atracción sobre los jóvenes que esperan hacerse rápidamente ricos poniendo su energía criminal al servicio de la mafia de la droga. Parte de las familias que han hecho fortuna gracias al narcotráfico, se han comprado gran cantidad de tierras, para cuya defensa, frente a las reivindicaciones de los pequeños campesinos y las pretensiones de la guerrilla, hacen causa común con los latifundistas.

— Los «sicarios». Se trata de jóvenes de entre 15 y 25 años como máximo, que a veces en parejas y a veces organizados en bandas, asesinan por dinero a cualquiera que se les encargue matar, de forma sistemática y «profesional» (Prieto Osorno 1993; Salazar 1990). Los «encargos» se realizan por medio de «agencias» que se ocupan de hacer los trámites y de negociar el precio con el «cliente». Al principio, esta institución se limitaba a Medellín, el baluarte del narcotráfico, en donde existían 45 de estas «agencias», pero en el ínterin se ha extendido a otras grandes ciudades del país.

¿Cómo se explica la existencia de una cantidad tan grande de asociaciones violentas que operan en parte conjuntamente y en parte unas contra otras? Naturalmente, está relacionada con la debilidad crónica del Estado colombiano. En el próximo acápite abordaremos este tema con más detalle. Ahora queremos únicamente indicar lo siguiente: si bien en casi ningún país latinoamericano el Estado ha sabido imponer el monopolio de la coacción física hasta en sus últimas consecuencias, en Colombia las crisis de autoridad y legitimidad del Estado se han ido agravando periódicamente hasta desembocar en un verdadero derrumbe estatal (Oquist 1980: 165)[3]. La consecuencia de esto fue que, en lugar de las luchas por el poder, se instaló una estructura pluralista de fuerzas y tensiones. En los últimos tiempos, está constituida por el triángulo de relaciones entre el aparato estatal (que continúa siendo el principal factor de poder), las asociaciones guerrilleras y los cárteles de drogas, a los que se acoplan numerosas asociaciones violentas. Por lo tanto, la escalada de un conflicto «vertical» por el poder político ya no es la explicación del aumento de la violencia, sino una cadena de acciones y reacciones violentas «horizontales». Esto hace que la cantidad de actores violentos colectivos aumente continuamente, mientras que los límites entre los frentes son cada vez más borrosos. ¿Cómo se desarrollan esos conflictos? (véase, por ejemplo, Uribe 1992: 83).

Una figura inicial que se repite y que podríamos llamar clásica, es la lucha competitiva entre los grandes terratenientes y los campesinos por las tierras recientemente puestas en explotación (Le Grand 1986). Remonta a la época colonial, cuando el control de la Corona española se limitaba esencialmente a las tierras altas andinas, mientras que en los poco accesibles valles fluviales y las laderas de las montañas estaba vigente la ley del más fuerte (Gonzáles 1993: 41). Eran, por lo general, los latifundistas, quienes, con títulos de propiedad cuestionables y mediante la coacción física, expulsaban a los campesinos de sus parcelas. En los años 70 del siglo XX, la situación cambió debido a que en muchas regiones aparecieron organizaciones guerrilleras. Sin embargo, éstas no se limitaron a mantener en jaque a los grandes terratenientes, sino que los obligaban a pagar un «impuesto revolucionario» y empezaron a extorsionarlos sistemáticamente. Para defenderse, los latifundistas comenzaron a reclutar milicias que los protegieran. Éstas, empero, raramente atacaban a las asociaciones guerrilleras y se desquitaban sobre todo saqueando y asesinando a los pequeños campesinos, so pretexto de que éstos eran aliados de los rebeldes marxistas.

Otro ejemplo (A. M. Jaramillo 1993): Algunas organizaciones guerrilleras decidieron, en la década del 80, llevar la lucha contra el «sistema capitalista» del campo a las ciudades. En las barriadas

[3] En este contexto es interesante señalar que Colombia, a diferencia de la mayoría de los demás países latinoamericanos, no tuvo nunca ninguna de esas dictaduras unificadoras que siguieron a los disturbios y luchas posteriores a la independencia, y que hubiera conferido tal vez más autoridad al Estado.

pobres de varias grandes ciudades, entre ellas Medellín y Cali, erigieron bases y centros de adiestramiento en los cuales se enseñaba el uso de las armas a jóvenes y se los adoctrinaba para que, en nombre de principios socialistas, ejercieran cierto control en sus barrios. Cuando, debido a la contraofensiva de las Fuerzas Armadas, los guerrilleros se vieron obligados a abandonar sus bases urbanas, dejaron tras de sí una parte de estos jóvenes que habían aprendido que, mediante las armas, se podían hacer respetar fácilmente. Los rezagados empezaron primero a prestar servicios como guardaespaldas y ejecutores de los cada vez más poderosos narcotraficantes y, cuando a su vez los cárteles de la droga comenzaron a encontrarse en aprietos por las medidas persecutorias estatales, se convirtieron en «sicarios» que tiranizaban a sus barrios y estaban dispuestos a cometer cualquier crimen a cambio de dinero. Para liberar de esta «plaga» a los barrios urbanos, surgieron las «milicias» formadas por la ciudadanía. Éstas mataban a cuanto joven consideraban asocial, sobrepasando ampliamente lo que hubiera sido necesario para protegerse. La policía tuvo que intervenir contra algunos milicianos particularmente rabiosos en el caso de que ya no hubieran sido «neutralizados» por sus propios colegas, es decir, liquidados a tiros.

Ambos ejemplos permiten sacar varias conclusiones. Primero, insinúan la imagen terrorífica de una especie de hidra a la que, por cada cabeza que se le corta, le crecen varias nuevas. La mayoría de las organizaciones mencionadas tenían inicialmente la finalidad de poner coto a la violencia. Sin embargo, el resultado fue que contribuyeron inevitablemente a incrementar los actos violentos que, además, se volvieron cada vez más turbios e incalculables. Esto nos recuerda vivamente la visión, conjurada por R. Girard en su clásico estudio, de una cadena infinita de actos de venganza que existirá mientras no se consiga romper el esquema de la acción-reacción, que siempre se repite, mediante un sacrificio fundacional y se pueda así restablecer el orden alterado (Girard 1972: 30). Expresado de una manera más sociológica, se podría decir que estos ejemplos revelan el inmanente encadenamiento compulsivo que tiene la violencia cuando está libre del control estatal.

Además llama la atención que todas las organizaciones, más allá de las metas originales, desarrollan una tendencia a producir un «exceso de violencia». Hacen su aparición inicialmente para defender sus legítimos intereses de grupo, pero no se limitan a tomar las medidas defensivas necesarias, sino que, tarde o temprano, pasan a utilizar una violencia ofensiva. A nivel individual, esto se puede explicar por el furor destructivo o el sadismo de algunos miembros, y, a nivel colectivo, por la tendencia inherente de toda organización a conservarse y a expandirse. El motivo concreto son las necesidades financieras del grupo, éste es decisivo para que a largo plazo no se contente con el uso moderado de la violencia, sino que haga de ella un instrumento corriente para ganarse la vida (Waldmann 1995: 355).

No obstante, y este sería un tercer aspecto, no se debe querer explicar la proliferación de la violencia y de las organizaciones violentas únicamente con motivos materialistas[4]. La *politique du ventre* destacada por J. F. Bayart para el caso de África o el concepto de «mercados de la violencia» elaborado por G. Elwert para el mismo continente, que señalan que el fin de lucro es decisivo para motivar a los actores violentos africanos, no se pueden aplicar sin más a Colombia (Bayart 1989; Elwert 1997). Existen seguramente allí también situaciones en las que la violencia es utilizada únicamente con la finalidad de enriquecerse, como en el narcotráfico y en el tráfico de esmeraldas, pero esta motivación no puede generalizarse. Cuando, por ejemplo, los escuadrones de la muerte asesinan a individuos marginales o asociales porque violan un orden moral imaginado por ellos o cuando las milicias luchan para controlar un determinado barrio de la ciudad, es algo exagerado suponer que lo hacen en primer lugar por motivos materiales. Es característico que cuando se desglosan los motivos y las finalidades de los crímenes en el mencionado estudio sobre Cali, en primer lugar se encuentra la «rendición de cuentas» y sólo mucho después aparece la categoría «atraco a mano armada» en la cual el motivo de lucro es decisivo (Guzmán 1994: 28).

El escepticismo manifestado aquí en lo relacionado con la racionalidad económica primaria de la mayor parte de los atentados se puede ampliar en una gran cantidad de casos hasta llegar a dudar básicamente de su sentido racional. No hay que dejarse engañar por la aparente determinación y por el considerable despliegue de medios que se puede observar sobre todo en las acciones más importantes. Ya sólo el hecho de que los ataques mortales no estén dirigidos, en su mayoría, contra el «enemigo» sino contra sus supuestos aliados o con-

[4] Los sociólogos colombianos diferencian entre actos violentos por motivos políticos, económicos y sociales, aunque en parte los límites sean borrosos porque en los mismos actores se mezclan los motivos o cambian. Por ejemplo, las medidas coactivas de las asociaciones guerrilleras no se pueden calificar de entrada de «políticas», sino que, en determinados casos, pueden muy bien tener motivos puramente económicos (Camacho/Guzmán 1990; Uribe 1994).

tra «traidores» y «denunciantes» tiene que suscitar nuestra desconfianza en cuanto a lo bien meditada que puede estar la selección de las víctimas. A esto hay que añadirle que la definición de quién es «amigo» o «enemigo» es bastante borrosa y cambiante. Por lo visto, la gran cantidad de actores violentos colectivos así como la ausencia de un punto de referencia común, como sería la presencia de un Estado hegemónico, produce una compleja red de relaciones que sólo permite adoptar decisiones situativas sobre quién debería ser considerado aliado y quién adversario. En otras palabras, se ha producido una discrepancia llamativa entre la fuerza constitutiva determinante de la dicotomía «amigo-enemigo», con las consecuencias mortales que la acompañan, por un lado y, por otro, la arbitrariedad con que personas o grupos son adjudicados a una categoría u otra.

Esto nos conduce al quinto y último punto: en ninguna parte se puede observar mejor la desvinculación de las consecuencias de un acto violento de sus condiciones previas como en la institución de las «agencias de la muerte» y en la figura del «sicario». El «sicario» encarna, en doble sentido, la consecuente separación entre el asesinato en sí y cualquier motivo remotamente comprensible. Por un lado, porque para él, «amigo» y «enemigo» son conceptos intercambiables sobre cuya concretización decide en última instancia su empleador. Por otro, porque, a través del «sicario», como asesino profesional, se abre a la violencia, como medio para «solucionar» conflictos, un círculo ilimitado de personas. Cualquiera que sienta rencor, envidia, celos, rivalidad o necesidad de venganza frente a otros no tiene que sobrepasar el umbral inhibitorio que representa tener que empuñar personalmente un arma y acechar al enemigo o adversario. Basta con que acuda a una agencia de la muerte con una foto de la víctima y pague por adelantado la mitad del «honorario de éxito» previsto (Prieto Osorno 1993: 72, 85; Bergquist 1992: 2).

El macronivel: negligencias estatales y compromisos estructurales de la sociedad

Se impone el interrogante de cómo una sociedad tan intensa y constantemente marcada por la inseguridad y la violencia es capaz de seguir funcionando, ¿No ha demostrado plausiblemente Elias que la condición previa para la existencia de cualquier civilización avanzada es el establecimiento del monopolio estatal de la coacción, que el comercio, las actividades sociales y las bellas artes sólo se pueden desarrollar cuando se reprime el derecho del individuo a tomarse la justicia por su mano, cuando se impone el control de las pasiones y cuando el burdo esquema «amigo-enemigo» es reemplazado por una manera de pensar y de sentir que admita más ambivalencias? (Elias 1969: 312). ¿No habría que suponer, por consiguiente, que sólo una sociedad relativamente arcaica podría permitirse esa lucha de «todos contra todos» que observamos actualmente en Colombia? ¿No es incompatible con esto el hecho de que este país no cuente de ningún modo entre las naciones más atrasadas de América Latina, sino que, según los indicadores de desarrollo más corrientes, haya que clasificarlo entre las que tienen un nivel de desarrollo entre mediano y alto? ¿Cómo se explica entonces que su economía, a diferencia de la de las sociedades que sufren bajo situaciones afines a la guerra civil, no esté de ninguna manera estancada sino que siga registrando considerables tasas de incremento? Las editoriales colombianas ocupan en América Latina una posición eminente, el nivel de las universidades públicas y privadas no va a la zaga del resto del continente, existe una prensa bien informada, así como también círculos de artistas y su público; en resumidas cuentas, un ámbito cultural muy ramificado. ¿Cómo es esto posible a pesar de la constante amenaza de violencia que se cierne sobre todos y cada uno?

Una de las conclusiones que sugiere el caso colombiano es, en efecto, que lejos de quebrantarse o desintegrarse, una sociedad puede soportar la violencia en una medida superior a la generalmente admitida desde una perspectiva eurocéntrica acostumbrada a una sociedad pacificada. Por otra parte, hay que diferenciar. En cuanto a *la sociedad* colombiana, robusta, vital, caracterizada por un individualismo agresivo y desconsiderado, se puede constatar *grosso modo* que no está en trance de desmoronarse bajo la presión que sobre ella ejerce la violencia, sino que se ha adaptado a ésta. Más aún: la violencia ha dejado de ser algo externo a esta sociedad, se ha integrado en sus estructuras y ha pasado a ser un componente de su orden social (Pécaut 1992: 226; véase, también, Camacho/Guzmán 1990: 51).

En lo que al *Estado* colombiano se refiere, empero, las cosas son diferentes. Como todo Estado moderno, se basa en el supuesto de la existencia de un territorio unificado, un pueblo homogéneo y un poder estatal uniforme (Jellineck 1905: 381). Aun partiendo de las dos primeras condiciones (lo cual podría sin embargo cuestionarse), no hay la menor duda de que el Estado colombiano está muy lejos de cumplir con la tercera premisa para que funcione un poder estatal. Hemos señalado que no es suficiente afirmar que el Estado colombiano se encuentra en una crisis de legitimidad y de efectividad, sino que habría que destacar una desintegración estatal periódica. Los científicos sociales colombianos la atribuyen, en lo que a los últimos veinte años se refiere, a que el Estado colombiano ha perdido definitivamente el control sobre los medios de coacción física (representativo de todos: Uribe 1994). Lo cierto es que en tiempos pasados al Estado no se le disputó el monopolio de la coacción ni tan constantemente ni de manera tan provocante como en la actualidad. Hay que añadir, sin embargo, que nunca le fue cedido al Estado el exclusivo monopolio de la fuerza física. Esto se debe también a que las elites políticas nunca lo pretendieron seriamente.

La característica particular de la historia política de Colombia, como hemos señalado al principio, es la permanente competencia entre los dos partidos tradicionales, interrumpida únicamente por algunas fases de cooperación institucional. Esta rivalidad era dirimida en primer lugar por las urnas (ya a mediados del siglo XIX fue introducido el voto universal para los varones, aunque restringido más tarde), pero nunca se limitó a la lucha con la papeleta electoral (Krumwiede 1980: 79). Ya la movilización de los partidarios para el escrutinio degeneraba frecuentemente en violencia y, tras el anuncio del resultado, el partido perdedor solía exhortar a sus seguidores a disputarle al adversario con las armas la victoria, que, según se afirmaba, había sido obtenida sólo gracias al fraude electoral. Esta rivalidad permanente de los dos partidos durante el siglo XIX, mezcla de escrutinio y de campaña militar, cuyas repercusiones polarizadoras determinaron la discusión política hasta mediados del siglo XX, producía una socialización política ambivalente. Por un lado, las elecciones practicadas desde temprano y con regularidad generaron una conciencia general profundamente arraigada de la importancia constitutiva que tienen las decisiones adoptadas por mayoría de votos y, en general, los procedimientos democráticos. Por otro, puso en marcha una movilización masiva destinada a hacerse justicia con sus manos e imponer por las armas el punto de vista propio que impidió ejercer un control estatal efectivo «desde arriba». En este sentido, fueron las mismas dirigencias políticas las que en tiempos pasados introdujeron el germen para que al Estado le fuera imposible impedir a la larga que el ciudadano pudiera disponer de medios violentos, y concentrarlos únicamente en las propias fuerzas de seguridad.

La consecuencia de esta «división de poderes» entre la sociedad y el Estado, que sólo hoy se puede apreciar en toda su gravedad, es doble para este último. Por un lado, el Estado que no ha logrado establecer en su territorio el monopolio de la coacción es un Estado débil. En el aspecto geográfico y en el funcional, su capacidad de imponer su voluntad a los ciudadanos tiene claros límites. Si dejamos de lado los partidos como principales exponentes de la formación de la voluntad política, los órganos estatales carecen de autoridad y no son capaces de imponerse. Esto es aplicable al poder judicial, considerado en su mayor parte corrupto y en todo caso incapaz de hacer realmente respetar la ley, también al poder Ejecutivo en general y a las Fuerzas Armadas en particular. En las regiones apartadas, el Estado casi no está presente como poder soberano, y las autoridades comunales o las eventuales fuerzas policiales tienen que adaptarse a los factores de influencia locales, es decir, aceptar las directivas de la guerrilla o de los señores de la droga (Knabe 1994: 102; Uribe 1992: 103).

Un Estado débil, no obstante, no es inofensivo. Justamente, debido a que las elites estatales se ven rodeadas de fuerzas rivales que cuestionan su poder, tienen la tendencia a otorgar a sus órganos ejecutivos, sobre todo a los militares y la policía, facultades coactivas extraordinarias (Waldmann/Riedmann 1996). Así es, por ejemplo, que el estado de sitio, durante el cual se restringen muchos derechos fundamentales, previsto únicamente para situaciones extraordinarias, se ha vuelto en Colombia una institución permanente (Amnistía Internacional 1994: 29, 75).

La curiosa actitud ambivalente de muchos colombianos frente al Estado y sus pretensiones de soberanía repercute en la opinión que tienen de la ley (Orozco Abad 1992). Sería erróneo creer que en este país, en donde los excesos de la violencia están al orden del día, las cuestiones legales tienen una importancia secundaria. En realidad, la aprobación de las leyes y la promulgación de decretos ocupan un lugar central en los comentarios periodísticos, la tarea de las comisiones que elaboran compromisos para los convenios colectivos o enmiendas para las leyes son observadas con atención. Importantes movimientos sociales y procesos políticos han tenido su origen en disposiciones y decisiones de carácter jurídico. Un ejemplo reciente ha sido la reintegración exenta de castigo de un grupo de guerrilleros en el proceso político mediante una ley de amnistía. Otro más antiguo, las leyes agrarias aprobadas en los años 70 del siglo XIX, que adjudicaron las tierras disponibles a quienes las trabajaran, es decir, en general a los pequeños colonos (Le Grand 1986: 99). Por otro lado es cierto que una gran parte de los revolucionarios que depusieron sus armas después de 1985 para poder perseguir sus fines políticos con la fundación de un partido, la «Unión Patriótica», fueron asesinados al poco tiempo por los «escuadrones de la muerte» de extrema derecha. Igualmente, se sabe que los latifundistas siempre han sabido bloquear o eludir las disposiciones legales que obstaculizan sus intereses, por medio de la violencia en caso necesario. ¿Cómo se debe interpretar esta coexistencia de una conciencia legal con una cultura de la violencia?

Es posible, aunque todavía no se hayan efectuado investigaciones al respecto, que los colombianos distingan claramente entre el proceso legislativo y la aplicación de las leyes. La aprobación de las leyes por el poder legislativo —en esto entran en juego de nuevo los partidos— crea la legítima pretensión de resolver de una manera determinada las disputas por la distribución de riquezas o por asuntos políticos relevantes. Algo muy distinto es lograr aplicar los títulos legales en los casos concretos (Eckert 1993: 359). En este aspecto, frente a la debilidad crónica del poder Ejecutivo y del judicial, parece que predomina la convicción de que es lícito y a veces necesario tomarse la justicia por la propia mano, lo cual implica siempre naturalmente la posibilidad de que la parte contraria empuñe las armas para defenderse.

Si observamos un tercer sector, la economía, podemos constatar que existe una llamativa simbiosis entre una gran parte de las estructuras económicas y la violencia creciente. El proceso de adaptación mutua se desarrolla bilateralmente: en parte, ciertas ramas de la economía han puesto la violencia a su servicio, confiriéndole una nueva racionalidad funcional, pero, a la inversa, numerosos agentes violentos individuales y colectivos, también han sabido hacer de la violencia un negocio. Colombia se distingue de las demás sociedades azotadas por guerras civiles y excesos de violencia por el hecho de que el auge económico y el ascenso de la curva de la violencia pueden ir de la mano (Medina 1992). El uso de la violencia en este país es también la expresión de una sociedad que se caracteriza por la competencia general y desconsiderada para ascender en la escala social. En esta competencia, el incremento de las posibilidades de lucro tiene automáticamente la consecuencia de que se intensifique la lucha para apropiarse de la plusvalía, la cual no se dirime únicamente por medios pacíficos (Pécaut 1993: 272).

El modelo del empleo de la violencia con móviles «materiales» tiene una larga historia y tuvo su origen probablemente en la lucha por la tierra y sus riquezas. Los territorios en que se explotan las esmeraldas, el petróleo y otros recursos naturales siguen siendo hasta el presente teatro de conflictos explosivos y violentos, sea entre bandas rivales, sea entre una entidad estatal que explota los yacimientos y grupos parasitarios que reclaman una parte de las ganancias (Uribe 1992). Durante mucho tiempo el café fue el principal producto de exportación del país y, por lo tanto, el producto por cuya propiedad y comercialización más se luchó. Debido a que exigen un tratamiento muy intensivo, las plantaciones de café se prestan para ser explotadas por empresas familiares con muchos hijos. Es sabido que ya en los años 30 del siglo XX hubo numerosos conflictos por los valiosos suelos en las zonas de cultivos de café, en parte entre grandes terratenientes y pequeñas empresas familiares, en parte entre estas últimas (Bergquist 1992: 61). Durante la época de la «Violencia», después de 1946, fue en aquellos territorios, donde se concentra el cultivo del café, en los cuales hubo más víctimas de atentados (Ortiz 1986; Sánchez 1992: 99). Lo curioso es que la producción de café en sí no fue perjudicada. También en los años más terribles de la «Violencia» se llevó a cabo la cosecha de café en toda su amplitud y se siguieron efectuando las exportaciones de ese producto sin merma alguna. Como se puede constatar en los estudios pertinentes, tras la expulsión de los latifundistas liberales por sus adversarios conservadores, una capa de florecientes pequeños comerciantes, de arrendatarios y de antiguos administradores de hacienda aprovechó la oportunidad para enriquecerse rápidamente, apropiándose durante esos años turbulentos de las tierras abandonadas y haciéndose cargo de la cosecha y de su comercialización (Ortiz 1986: 272, 280, 291).

En tiempos recientes, los conflictos a menudo violentos que acarrea la competencia económica han desplazado su centro de gravedad a las ciudades. Giran en torno a un producto que, a pesar de haber sido mundialmente proscrito y prohibido, sigue gozando de una gran demanda y arrojando ganancias muy lucrativas: la cocaína (Krauthausen/Sarmiento 1991). Mientras que, actualmente, bajo la presión del Gobierno colombiano, se observa cierta fragmentación de los principales cárteles de la droga, tiempo atrás, el centro de la producción y comercialización de la droga se encontraba en Medellín/Antioquia. Antioquia, una de las regiones económicamente más dinámicas de Colombia, ya había producido antes grandes empresarios y tiene también una dudosa tradición como centro de contrabando. Con el auge del narcotráfico, que coincide con la decadencia de la industria textil, muy importante antiguamente en esta zona, se reanudaron ambas tradiciones (M. Jaramillo 1988).

Por un lado, la cocaína es, del punto de vista exclusivamente empresarial, el producto más lucrativo que jamás haya producido

Colombia. Por otro, en el negocio de la droga, el cálculo económico funcional y el uso ilegal de la violencia se han fundido en una síntesis hasta ahora desconocida. Para la adquisición, el transporte del producto semielaborado y en especial para refinarlo, para los laboratorios que se encuentran en la selva, para el contrabando a través de las fronteras y la distribución en los diferentes mercados de los EE. UU., se necesita un ejército de especialistas de la violencia y la corrupción. El tráfico de la droga arroja suficientes beneficios para remunerarlos generosamente. Su consecuencia concreta ha sido que, desde hace más de una década y media, una cantidad inimaginable de dinero afluye a un país donde tradicionalmente la gente tenía que trabajar duramente para tener éxito económico y poder ganarse la vida. Es evidente que las consecuencias a mediano y largo plazo de esta afluencia de medios, tanto en el aspecto propiamente económico como en lo que se refiere a la moral laboral y a las expectativas sociales, no pueden ser consideradas únicamente positivas.

Esto nos brinda la oportunidad de hacer una observación final en lo que se refiere a la relación entre la economía y la violencia. Primero, no deben subestimarse los efectos corruptores e inflacionistas que tan abundantemente emanan de los negocios ilegales. Colombia es un país que depende del exterior y que no tiene mucha influencia en el contexto internacional. Si por cualquier motivo declinara el auge coyuntural del controvertido producto, resultaría muy difícil reorientar las respectivas ramas de la economía hacia otros sectores de la producción. Segundo, recordemos que los motivos de lucro material, por importantes que sean individualmente, no explican exhaustivamente el fenómeno de la violencia. Del mismo modo que existen ámbitos económicos exentos de injerencias violentas, también hay otros violentos en los cuales sería inútil buscar móviles económicos.

Como hemos indicado en el último acápite, la penetración de todos los ámbitos sociales por la violencia y la adaptación de la sociedad a este instrumento de poder tienen su precio. Los «costos» de la omnipresente violencia se hacen sentir en diversas formas. La disminución de la calidad de vida cotidiana para el ciudadano «normal» e inerme cuenta entre ellos. Éste, constantemente preocupado por su seguridad personal y la de sus bienes, debe adoptar toda clase de medidas para protegerse a sí mismo y a los suyos contra asaltos y atentados. Un ámbito en el cual se acumulan los efectos negativos es el de los movimientos políticos y sociales. Eduardo Pizarro, un experto en cuestiones de guerrilla, subraya en este contexto que numerosas organizaciones guerrilleras, surgidas en los años 60 con el objeto de desatar un movimiento revolucionario de las masas, a largo plazo obtuvieron el efecto contrario (Pizarro 1993, 1994: 14). Éstas organizaciones, explica, generaron una rebelión crónica, arruinaron las instituciones y condujeron al Estado al borde del colapso sin conseguir derribarlo. Debido a la presencia de unidades guerrilleras en muchas zonas del país, numerosas iniciativas socio-políticas de la población fueron sofocadas o criminalizadas. En lugar de incrementar la igualdad social y mejorar las posibilidades individuales de progreso, las persistentes actividades guerrilleras lograron que, en las regiones afectadas, los puntos de vista militares fueran permanentemente antepuestos a los políticos, que surgieran nuevas formas de jerarquía social y un clima general de intimidación social.

Daniel Pécaut analiza el mismo tema, relacionándolo con la sociedad colombiana en su conjunto, que él considera recubierta por una red de agrupaciones cuyo poder se basa principalmente en la coacción física. Esto ha producido la disgregación y fragmentación de esta sociedad, y ha reforzado las tendencias centrífugas. Los movimientos políticos carecen de espacio para desarrollarse y tampoco existe un verdadero pluralismo en la opinión pública. Más bien reina la ley de la intimidación y del silencio, de la adaptación oportunista y del retiro a la esfera privada (Pécaut 1993: 280; *ídem* 1994). Todo el mundo, afirma, se esfuerza para no exponerse. Ambos autores consideran que la sociedad colombiana corre el riesgo de desolidarizarse, atomizarse y estancarse.

¿Continuidad o discontinuidad? Sobre la explicación de la violencia

Los «violentólogos» colombianos distinguen tres diferentes olas de violencia desde que el país en 1830 obtuvo su independencia estatal (Sánchez 1986: 12):

- Las guerras civiles del siglo XIX: entre 1830 y 1902 tuvieron lugar siete guerras civiles de 2 ó 3 años de duración, distribuidas en forma homogénea durante siete décadas (Gaitán Daza 1995: 201). La más sangrienta de ellas fue la «Guerra de los mil días» de 1899-1901, que cobró alrededor de 80.000 víctimas (lo que correspondería a 600.000 muertos en proporción a la población actual) (Bushnell 1992).

— La repetidamente mencionada «Violencia» de 1946-1958 (Sánchez 1992): tuvo sus comienzos inmediatamente después del cambio de Gobierno del Partido Liberal al Conservador en 1946, pero fue provocada sobre todo por el asesinato del candidato a la presidencia del Partido Liberal, Jorge E. Gaitán, en abril de 1948, que tuvo como consecuencia un levantamiento de las masas urbanas, conocido como el «Bogotazo». A continuación, el centro de conflictos se desplazó de la capital a la provincia. Su motivo principal había sido el odio, profundamente arraigado y azuzado además por el clero, entre los partidarios de los dos partidos tradicionales (Krumwiede 1980), ulteriormente el conflicto adquirió una dimensión social además de la política (se trataba, entre otras cosas, de la repartición de las tierras). En 1953 tomaron el poder los militares bajo Rojas Pinilla para restablecer la paz y el orden en el país, pero las actividades violentas sólo disminuyeron claramente después de la caída de la dictadura militar en 1958. Según apreciaciones, en la época de la Violencia murieron violentamente entre 150.000 y 200.000 personas (Gaitán Daza 1995: 206).

— La última ola de violencia que empezó a principios de los 80: a diferencia de las anteriores, no tiene nada que ver con los partidos tradicionales. Sus predecesores fueron los focos rebeldes creados por las organizaciones guerrilleras desde los años 60, que representaban una amenaza permanente para el monopolio de poder ejercido por el Estado. Más tarde se sumaron los narcotraficantes, rodeados de un ancho cordón de guardaespaldas y de asistentes armados. Durante esta última ola, el centro de gravedad de la violencia se desplazó de la periferia a las ciudades y se ha transformado en un fenómeno cotidiano.

Para explicar los sucesivos empujes de la violencia, y en particular el más reciente de ellos, hay sobre todo dos tesis (Bushnell 1992: 12). Según *la tesis de la discontinuidad* hay que considerar y analizar cada ola de violencia por separado, en el sentido estricto, hasta cada fenómeno violento en sí (véase, por ejemplo, Pécaut 1994: 3, 12). Se alega al respecto que, entre las «montañas de violencia» (estadísticamente hablando) hubo «valles de violencia». Es así como entre 1902 y 1946 no se habrían registrado conflictos mayores que hubieran sido resueltos de manera violenta y también después de 1958 se habría conseguido, gracias a la cooperación entre los grandes partidos («Frente Nacional»), restablecer ampliamente la autoridad del Gobierno y bajar el nivel de violencia. Además, habría que tener en cuenta que las motivaciones y las formas de presentarse de la violencia se han transformado fundamentalmente en los 170 años transcurridos desde la independencia. El lugar de las guerras civiles del siglo XIX, provocadas por motivos puramente políticos, habría sido ocupado en la actualidad por una violencia cotidiana, causada por razones sociales, económicas o puramente personales. Desde esta perspectiva, la violencia del siglo XIX y la actual tienen poco en común. Los defensores de la tesis de la discontinuidad quieren, entre otras cosas, desvirtuar la suposición de que los colombianos sean crónicamente violentos, de que en su cultura y costumbres esté arraigada una irresistible tendencia a la violencia (González 1993: 33). Afirman que, al contrario, los largos períodos de paz en la historia colombiana demuestran que son un pueblo como todos los demás; que en el caso «normal» se comportan pacíficamente y que cuando, en períodos de crisis, los acontecimientos violentos se hacen frecuentes y se intensifican, existen motivos para ello, tales como la agudización de las tensiones sociales o políticas, situaciones de agitación colectiva o ciertos grupos de interés que tratan de resolver los conflictos de manera violenta.

La posición contraria a la tesis del carácter, en principio pacífico, de los «colombianos» no dice forzosamente que sean especialmente violentos. Habría más bien que preguntarse en general si la mayoría de los seres humanos, o al menos muchos de ellos, no estarían dispuestos a recurrir a la violencia de una manera mucho más rápida, inescrupulosa y voluntaria de lo que se suele suponer en las ciencias humanas. Resolver esta cuestión es en primer lugar asunto de la antropología física y social. Pero nos parece que justamente el caso colombiano presenta una cantidad de ejemplos que corroboran nuestra suposición. Consideremos tan sólo al «sicario», que asesina seres humanos por una módica suma de dinero; las constantes y arbitrariamente cambiantes definiciones del amigo/enemigo; la falta de escrúpulos y el cinismo con que se mata a inocentes porque supuestamente están aliados con el enemigo, o los «traidores» o «denunciantes» y la fluente transición hacia excesos de violencia, tales como la tortura y la profanación de cadáveres, que no se encuentra evidentemente con inhibiciones «naturales». En todos estos casos se buscan en vano síntomas de una particular excitación, de agitadas emociones o de odio profundo. La mayoría de las mencionadas «acciones» son realizadas de manera planeada, a sangre fría y sin piedad, de modo que hay que suponer que las resistencias interiores y los escrúpulos, que hubieran podido impedir al individuo que trate a sus congéneres de esa manera, no deben de haber sido muy grandes. Si esta suposición es cierta, entonces cambia todo el planteamiento del problema. Resulta superfluo querer indagar cuáles son las circunstancias que «obligan» o «empujan» a determinadas personas a utilizar la violencia y habrá que preguntar inversamente cuándo y por qué estuvieron ausentes las normas prohibitivas y los mecanismos de control necesarios para impedir que los numerosos individuos que siempre están dispuestos a aplicar la violencia realmente lo hagan.

En cuanto al caso de Colombia en especial, creemos poder demostrar que las sucesivas olas de violencia están estrechamente vinculadas a la falta de efectividad que en este país tiene tradicionalmente la prohibición de hacerse justicia por cuenta propia. Nosotros llamamos a esto la *tesis de continuidad*, contrastándola con la tesis de discontinuidad que hemos descrito. Para otorgar cierta plausibilidad a la tesis de continuidad habrá que responder de manera satisfactoria dos preguntas. Primero, si es posible, a pesar de las múltiples y cambiantes manifestaciones de la violencia en el transcurso del tiempo, distinguir rasgos permanentes de la misma. Y, segundo, hasta qué punto hubo una carencia de esfuerzos serios y duraderos, tanto sociales como estatales, de proscribir moralmente y de perseguir por la ley el recurso a la violencia.

En relación con la primera pregunta, hay que admitir que ante todo llama la atención en este país la variedad y la curiosa flexibilidad de la violencia como medio coactivo. No obstante, pronto nos encontramos con un rasgo por el que Colombia contrasta no sólo con el resto de América Latina sino también con otros Estados, como, por ejemplo, los EE. UU. Se trata de la repetición periódica y la extrema intensidad de los episodios violentos. También otros países han tenido en su historia una que otra rebelión de las masas o guerra civil —recordemos, por ejemplo, la Guerra de Secesión norteamericana— pero ninguno tiene en su pasado reciente semejante secuencia periódica de una violencia interna que a veces se agudiza de una manera extrema y cobra incontables vidas humanas. Al señalar la repetición periódica del fenómeno se relativiza al mismo tiempo la objeción de que Colombia también ha conocido épocas de paz de considerable duración. Aparte de que tampoco esas épocas han estado totalmente exentas de conflictos violentos (aunque de dimensiones claramente inferiores), se sabe de otros casos en los que, una vez presente la disposición a la rebelión y a la violencia dotada de cierta legitimación, no se extingue definitivamente, ni siquiera en las largas fases durante las cuales el poder estatal no parece estar contestado. Un ejemplo sería Irlanda del Norte donde, tras la división realizada en los años 1920-1921, los disturbios crónicos que habían durado todo el siglo XIX, parecían haber sido reemplazados por la aceptación pacífica de la nueva situación hasta que en 1970 el descontento adoptó de nuevo formas militantes. Por lo visto, es posible que grupos y hasta sociedades enteras registren en su memoria colectiva durante largo tiempo experiencias relacionadas con la rebelión y la justicia por cuenta propia para activarlas repentinamente.

Aunque sea cierto que el contexto y los motivos del uso de la violencia hayan cambiado con el correr del tiempo, en parte fundamentalmente, esto no impide que se puedan constatar algunos rasgos constantes. Llama la atención que la violencia de grupo organizada, como hemos destacado antes, representa un modelo de comportamiento antiguo muy practicado, cuyo origen remonta a las guerras civiles del siglo pasado, que fueron empresas militares altamente organizadas. También la tendencia del grupo a cometer excesos de violencia parece ser una característica que se repite en la historia colombiana de la violencia. Como informan los especialistas, es posible descubrir similitudes con las matanzas que se acumulan actualmente o con determinadas formas de violencia particularmente crueles o francamente perversas ya en el período de la Violencia y antes también (Uribe 1994). En general, no nos parece convincente el argumento de que la diversificación de la violencia exija una explicación análogamente diferenciada, que tenga en cuenta los diversos contextos. Inversamente, se podría también afirmar que, justamente, la circunstancia de que la violencia penetre en tantos y tan diferentes ámbitos sugiere la pregunta de cuáles son sus rasgos generales constantes y cuáles sus mecanismos de reproducción.

Esto nos conduce al segundo conjunto de preguntas: ¿hasta qué punto han faltado en la historia pasada y en el presente colombianos los esfuerzos necesarios por parte del Estado y la sociedad para proscribir el recurso a la violencia y perseguirlo por la ley? En lo que se refiere a la carencia de obligatoriedad moral que tiene la interdicción de la violencia, una respuesta satisfactoria exigiría investigaciones detalladas sobre los valores y las normas de los colombianos, que desgraciadamente no se han hecho[5]. Al menos, hemos encontrado

[5] De lo que sí existen numerosas pruebas es del hecho de que haber asesinado a una persona no llena al implicado de sentimientos de vergüenza ni culpabilidad,

una investigación de la cual se infiere que la mayoría de los colombianos opina que la familia y la calle en el fondo enseñan lo mismo (véase *El Espectador* del 30-4-95, sección E): el más fuerte ejerce su poder de manera arbitraria y recurre pronto a la coacción para imponer su voluntad (véase también Conto de Knoll 1991). En cambio, existen algunos indicios indirectos que podrían tener importancia en este contexto. Entre estos se encuentra, por ejemplo, la circunstancia de que los exponentes de la voluntad política y estatal, lejos de impedir consecuentemente que los ciudadanos recurran arbitrariamente a la violencia, con frecuencia los han incitado a hacerlo. El fatal precedente lo sentaron las guerras civiles del siglo XIX dado que el partido que perdía las elecciones solía invitar a los ciudadanos a quitarle al adversario político la victoria electoral por medio de las armas. Todavía en 1968, fue aprobada una ley que autorizaba a los militares a formar con los ciudadanos comunidades de defensa, a entregarles armas y adiestrarlos en su uso (Amnistía Internacional 1994: 78).

Un indicio más de la falta de proscripción social frente a la violencia como instrumento para hacer valer los propios intereses es la constante relevancia que tiene la dicotomía «amigo-enemigo» en la mentalidad general, también en los discursos públicos. Este es un aspecto que muchos científicos sociales colombianos también critican (Sánchez *et al*. 1987: 24; González 1993: 37; Uribe 1992: 121; en general sobre el tema, véase Spillmann/Spillmann 1991). Estos lamentan que en el país dominen la intolerancia y el maniqueísmo; que las posiciones intermedias no sean toleradas y que la neutralidad sea sospechosa. Dicen que la divisa reza: «quien no está a favor de nosotros está en contra de nosotros». De acuerdo con ella, los militares han declarado la guerra no sólo a las organizaciones guerrilleras sino también a los campesinos y a los afiliados de los sindicatos porque supuestamente apoyan a los rebeldes. Hasta abogados, jueces y representantes de las asociaciones defensoras de los derechos humanos pagan a veces con sus vidas el hecho de haber querido impedir que personas perseguidas por las fuerzas de seguridad sean

sino que aumenta su propia estima. En la literatura especializada sobre bandas juveniles, en especial sobre los sicarios, se subraya que éstos se sienten, gracias a sus armas, estimados y respetados, que les divierte y les satisface asustar a los demás. Algo parecido refiere V. Uribe: en la región de las minas de esmeraldas no se hace públicamente mucho ruido por los asesinatos. Entre los esmeralderos, dice, se considera honroso tener un enemigo y el honor también exige matarlo. En cambio se considera vergonzoso, por ejemplo, hurtar (Prieto Osorno 1993: 50; Uribe 1994).

víctimas de arbitrariedades y malos tratos (Amnistía Internacional 1994: 39). La rapidez y la ligereza con que se declara que alguien es un «traidor» y es «ejecutado» confirman el papel clave que desempeña el esquema «amigo-enemigo» para legitimar el uso de la violencia.

Mientras que resulta difícil afirmar que no existe una sanción moral consecuente de la interdicción de matar, es relativamente fácil demostrar que los delitos violentos no son debidamente perseguidos ni castigados por la ley. Consideramos que existe una cadena histórica ininterrumpida en lo referente a la falta de consecuencias legales para los hechos violentos, empezando por las leyes de amnistía y los acuerdos con los cuales se solía poner fin a las guerras civiles del siglo XIX, pasando por la despenalización de los delitos perpetrados en la época de la Violencia, por la oferta de una reinserción «pacífica» de los guerrilleros en el proceso político a partir de 1985, por la impunidad de que gozan los policías y los miembros de las Fuerzas Armadas de quienes consta que han violado gravemente los derechos humanos, hasta llegar a los actos de criminalidad y los homicidios que se producen actualmente en las grandes ciudades, el 90% de los cuales no sólo no reciben ninguna sanción legal, sino que ni siquiera son perseguidos por la justicia (Orozco Abad 1992: 74; Sánchez 1984: 127; Gaitán Daza 1995: 328; Atehortúa 1995). Se podrá objetar que hemos enumerado hechos de diversa índole que jurídicamente también deberían ser tratados de modos diferentes. Ciertamente, pero subsiste el hecho permanente de que seres humanos, con frecuencia muchos seres humanos, hayan sido asesinados sin que por parte de la sociedad o del Estado se hayan hecho esfuerzos para poner coto al abuso de la violencia. La única reacción con la cual se podía contar, es decir, los actos de venganza de los afectados y sus amigos o allegados, no es apropiada para contener la violencia sino que, al contrario, ha contribuido a incrementarla.

Los defensores de la tesis de la discontinuidad podrían replicar ahora que si bien nuestros argumentos hacen parecer plausible el hecho de que en amplios sectores de la población colombiana exista y haya existido una tendencia crónica a hacer uso arbitrario de la violencia, no obstante queda sin contestar la pregunta de por qué esta tendencia se mantuvo latente en algunas fases y en otras efectivamente se hizo manifiesta. Además, podrían argumentar que la tesis de continuidad no tiene en cuenta la circunstancia de que desde los años 80, la violencia ha adquirido una nueva dimensión; que ya no se limita esencialmente, como antes, al ámbito político sino que ha dejado de ser un tabú y se ha desinstitucionalizado, en resumidas cuentas, se ha convertido en un fenómeno cotidiano; que este proceso no se podría entender sin el poderoso auge del narcotráfico y su criminalidad concomitante, que es en el fondo responsable de la generalización de la violencia y de su difusión en todos los ámbitos de la sociedad[6]. A continuación, daremos brevemente nuestro parecer sobre estas objeciones.

Efectivamente, los argumentos que hemos presentado en el contexto de la tesis de continuidad no pueden explicar directamente los llamativos altibajos de la curva de homicidios que se pueden observar a través de décadas, pero permiten perfectamente sacar conclusiones indirectas en relación con estos altibajos. El respeto de la interdicción de matar está estrechamente vinculado con el reconocimiento de la autoridad y la soberanía del Estado que reivindica oficialmente el monopolio de la aplicación de los medios coactivos. Históricamente es posible constatar que la nunca totalmente reprimida disposición de los colombianos a recurrir a la violencia siempre estalló, generalmente en forma masiva, en momentos en que la autoridad estatal estaba considerablemente debilitada (Oquist 1980: 165, 177; Gaitán Daza 1995: 395; Pécaut 1994: 13). Generalmente, los mismos partidos habían sido los causantes del desprestigio estatal al combatirse entre ellos por todos los medios. En épocas de concordia entre ellos, o durante un Gobierno mayoritario aceptado por la oposición, el nivel de violencia disminuyó siempre considerablemente.

Este modelo histórico de alternancia entre tregua política y confrontación abierta ha dejado de funcionar durante la actual ola de violencia que viene desarrollándose desde los años 80. El auge del narcotráfico y la formación de poderosos cárteles de drogas han puesto fin al antiguo modelo y han acelerado la generalización de la violencia, contribuyendo además a que ésta deje de ser considerada

[6] Una comprobación que hacen muchos científicos sociales colombianos es que la violencia últimamente no tiene tabúes ni trabas y que se emplea por pequeñeces. Uno tiene la impresión de que esta constatación es algo nostálgica, como si los excesos de violencia de épocas anteriores hubieran tenido motivos más nobles. Esto está probablemente relacionado con el hecho de que la violencia que carece de toda motivación ideológica o política resulta más repugnante en su desnudez y tal vez tenga que ver con la amenaza que una violencia más dispersa representa para todos, incluso para los científicos sociales. Por otro lado, queremos constatar que, en el aspecto cuantitativo, la actual ola de violencia no ha sobrepasado de manera significativa las dimensiones anteriores.

como tabú. Su principal importancia, no obstante, reside en el hecho de que hayan trasladado la violencia del ámbito político al social, de que el concepto de «lo político» en sí se haya vuelto dudoso. Si partimos del supuesto de que el monopolio de los medios de coacción es una característica constitutiva del poder estatal, entonces, con la pérdida definitiva de ese monopolio, queda poco claro si un Estado merece ser denominado como tal. Con ello desaparece también el punto de referencia de los conflictos «políticos» y del público político. Las luchas para obtener influencia colectiva dejan de ser forzosamente conflictos por el poder estatal y se trasladan al nivel horizontal. De esta manera se produce la cadena de violencia colectiva y de contra-violencia, descrita al comenzar, cuyo fin, en el caso de Colombia, no se puede predecir por el momento[7].

[7] Desde que se escribió este artículo el péndulo de la agitada historia política colombiana ha oscilado en la dirección opuesta. Después de las fracasadas negociaciones entre el gobierno de Pastrana y la guerrilla, sobre todo las FARC, asumió la presidencia Álvaro Uribe, que desde un principio prometió restablecer la autoridad del Gobierno y del Estado, combatiendo enérgicamente tanto a las fuerzas ilegales de la extrema izquierda como a las de la derecha, el AUC. Efectivamente, y gracias sobre todo a la ayuda militar de los EE. UU., que tienen gran interés en combatir a la guerrilla y en reducir las plantaciones de coca, logró expandir el control estatal sobre gran parte del territorio nacional, instalando hasta en los más remotos municipios un puesto de policía e interceptando militarmente los famosos «corredores» que las tropas guerrilleras utilizaban para moverse de una parte a otra del territorio nacional. También indujo a una parte de los paramilitares de la derecha a rendirse y reintegrarse a la sociedad. Sin embargo, todavía está lejos de haber conquistado para el Estado colombiano la posición incontestada y el monopolio de la coacción física a las que el presidente actual aspira. De manera que, hoy en día, hay que formular la pregunta con la que terminó el artículo hace ocho años, al revés: ¿Hasta qué punto el gobierno actual va a ser capaz de romper con el tradicional equilibrio entre fuerzas centralistas y fuerzas centrífugas en este país, entre un Gobierno que reclama más autoridad y más control y grupos sociales acostumbrados a seguir sus propias leyes y perseguir sus fines con todos los medios, incluso la violencia?

8. Comportamiento social en una región lejana al Estado: Santa Cruz de la Sierra (Bolivia)

La tesis del Estado anómico en que se basa esta obra, sostiene que el Estado no es en América Latina una garantía de la seguridad y del orden públicos, sino que, al contrario, en muchos casos sus representantes contribuyen mediante su comportamiento arbitrario a incrementar la inseguridad y la irregularidad generales. La mayor parte de los artículos han procurado documentar de manera positiva esta tesis, analizando y fundamentando el comportamiento productor de anomia de los agentes estatales (y paraestatales). Si es correcta, debería poder comprobarse también inversamente, es decir que se tendría que poder probar que la ausencia de representantes e instancias estatales tiene la tendencia a disminuir la anomia en las interacciones sociales y en el clima social de una sociedad.

En nuestra época es casi imposible, a diferencia de lo que sucedía hace cien años, encontrar territorios o zonas que no han sido influenciados por el Estado. Sin embargo, dentro de un mismo Estado se pueden encontrar considerables diferencias en lo relacionado con la duración y la intensidad del control estatal sobre el acontecer social. En este sentido, el departamento de Santa Cruz de la Sierra, con la capital del mismo nombre, en el este de Bolivia, puede ser considerado como un territorio tradicionalmente apartado del conjunto estatal y que sólo en tiempos muy recientes ha sido más fuertemente integrado a éste. Las siguientes observaciones se basan en varias, aunque no muy largas, estadías en la ciudad y sus alrededores[1]. Pese a que el

[1] Las estadías tuvieron lugar en los años 1997-2000, la última, en septiembre del 2000. Durante dos semanas estudié intensamente los periódicos locales (sobre todo

autor se esforzó en obtener una imagen lo más completa posible del comportamiento social de los cruceños y, sobre todo, de su concepción de las reglas, hay que admitir de entrada que las reflexiones que presentaremos contienen todas las carencias que se pueden manifestar en un primer bosquejo de un planteamiento tan exigente.

De pueblo olvidado a metrópolis

Si hay un rasgo característico de esta ciudad y región, éste es su aislamiento durante más de 400 años del altiplano, que siempre ha sido determinante en lo político y en lo cultural. Según algunas fuentes, esta separación data de tiempos más antiguos aun, de la época precolombina, pero esto es controvertido. Es significativo, empero, que la fundación de la colonia se realizó dentro del marco de una expedición que partió de la región del Plata y no del altiplano. Como las campañas de conquista de los españoles intentaban en primer lugar descubrir y explotar minas de metales preciosos, la llanura tropical que hoy forma el departamento de Santa Cruz era para ellos poco atractiva. El virrey del Perú ejercía raramente su influencia en la región, generalmente lo hacía sólo para designar al gobernador. Durante el siglo XVII, la región se convirtió durante algunas décadas en uno de los focos de las misiones jesuíticas, en particular la hoy llamada Chiquitanía (Ardaya Jiménez 1997: 33). Por lo demás, permaneció en una suerte de sueño sin ser afectada por influencias exteriores.

Alcanzada relativamente tarde por el movimiento emancipador, fue más bien una casualidad que este territorio limítrofe terminara, luego de 16 años de lucha, formando parte de la República de Bolivia y no de la Argentina. Todavía en la actualidad —me aseguró un entrevistado— los cruceños se sienten, en su estilo de vida y en su mentalidad, más cercanos de los paraguayos y de los argentinos que de los habitantes de La Paz. Durante el siglo XIX se produjo un alejamiento y un rechazo de la población indígena por un lado y de los brasileños, por otro, que generaron una rudimentaria conciencia nacional, pero esto no afectó la brecha existente entre la región andi-

El Deber), visité los lugares más diversos de la ciudad, mantuve numerosas conversaciones informales y también algunas entrevistas más estandardizadas. El acceso a personajes y organizaciones importantes me fue facilitado por el hecho de que mi hijo Adrián Waldmann trabaja en una ONG de la ciudad.

na central y el periférico territorio limítrofe. Entre el altiplano y las tierras bajas no había una vía de comunicación transitable y, evidentemente, tampoco las elites andinas del altiplano tenían un verdadero interés en la apartada región. Sólo cuando se produjo el *boom* del caucho en los departamentos de Benin y Pando durante las últimas décadas del siglo XIX, el oriente boliviano atrajo la atención por su potencial de desarrollo. En aquel entonces, muchos millares de personas se pusieron en movimiento desde Santa Cruz y su *hinterland* para participar de esta fuente de riqueza. Sin embargo, ésta desapareció tan rápido como había surgido cuando, a partir de 1910, el caucho producido en Asia empezó a venderse en los mercados internacionales a precios menores que el boliviano.

A partir del cambio de siglo, sin embargo, comenzó a manifestarse cierta conciencia regionalista y, por primera vez, las elites regionales exigieron una mayor integración de las tierras bajas en la economía y en la sociedad del país, y sobre todo mejores vías de comunicación con los demás centros urbanos (Bergholdt 1999: 63). Nacieron círculos y gacetas con el único fin de conseguir que se construyera una línea de ferrocarril entre Santa Cruz y Cochabamba. Inútilmente. El ferrocarril nunca fue construido. La llamada Guerra del Chaco de los años 30, durante la cual, por miedo a que se aliaran con el enemigo paraguayo, se les negó a los cruceños no sólo la posibilidad de asumir un cargo de mando militar, sino hasta la de formar unidades de lucha propias, profundizó la brecha existente entre el centro y la región limítrofe y contribuyó a acentuar los resentimientos de los cruceños frente a los actores de poder de la capital.

El cambio fue introducido sólo con la revolución de 1952. Partiendo del llamado plan Bohan (un plan de desarrollo elaborado por una comisión norteamericana bajo la dirección de M. Bohan, que preveía diversificar más la estructura económica del país para que pudiera autoabastecerse con productos alimenticios básicos) se comenzó a desarrollar económicamente el oriente boliviano (Ardaya Jiménez 1997: 87). En este sentido, dos medidas dieron el impulso decisivo: primero, la reforma agraria, perteneciente al programa revolucionario, que reducía el tamaño de las propiedades de los antiguos terratenientes latifundistas y los obligaba a emplear una agricultura más intensiva, es decir, a asumir el papel de empresarios agropecuarios. La segunda medida importante fue terminar la construcción, que había durado 10 años, de una carretera asfaltada entre Cochabamba y Santa Cruz, lo cual acabó con el aislamiento territorial de la región.

Desde entonces, ésta ha prosperado rápidamente y se ha transformado en un centro de crecimiento económico. Este crecimiento se basa sobre todo en la explotación de fuentes de energía (petróleo y gas natural) y en la producción de productos agropecuarios, como carne, azúcar, arroz, algodón y, en los últimos tiempos, soja, en parte para el consumo interno y, en parte, también para la exportación. Aunque la coyuntura no ha estado totalmente exenta de depresiones, en su conjunto ha tenido durante décadas un constante desarrollo positivo. En el transcurso de la intensificación de la agricultura surgieron varias empresas para la elaboración industrial de los productos del campo (aunque todavía no se puede hablar de un verdadero despegue industrial). Prosperó el comercio de exportación-importación, muchas empresas extranjeras se establecieron en Santa Cruz y el sector de servicios se expandió de manera sobreproporcionada.

Todos estos cambios se reflejaron de manera particularmente clara en la evolución demográfica de la región, sobre todo en el desarrollo de su centro urbano, Santa Cruz de la Sierra (Gobierno Municipal 1995: 31). En 1950 contaba con alrededor de 40.000 habitantes, medio siglo más tarde tenía ya más de un millón. En este país andino, tradicionalmente pobre, que dispone de una oferta limitada de puestos de trabajo, un repentino proceso de desarrollo económico como el que se produjo en Santa Cruz desencadenó forzosamente un amplio movimiento migratorio. Una buena parte de los inmigrantes procedía de los alrededores, pero la mayoría, campesinos o habitantes pobres de las urbes, era originaria del altiplano. El conflicto cultural entre los «cambas» autóctonos y los inmigrantes «collas» que esto implica, representa un reto importante para el tradicional sentimiento de identidad de la población nativa. Éste ha atraído no sólo la atención de los antropólogos sociales sino también la de las autoridades y gremios preocupados por el planeamiento del futuro desarrollo de la región y de su capital (Cooperativa Cruceña de Cultura 1990; Bergholt 1999; A. Waldmann 2001).

No se trata, empero, del único problema relacionado con el repentino crecimiento de la ciudad. Este crecimiento rompió todos los planeamientos urbanísticos y produjo una desenfrenada expansión del distrito urbanizado hacia el interior, con todas las consecuencias negativas que este tipo de procesos trae consigo. Vinculada con esta expansión demográfica, se generó una incrementada diferenciación social, tanto horizontal como vertical, de la población urbana. Surgieron, por un lado, nuevas agrupaciones profesionales y de intereses con deseos y finalidades conflictivos entre sí; por otro, junto a crecientes barriadas pobres, se formó una pequeña capa de familias poderosas y acaudaladas; es decir que aumentó el desnivel social de la ciudad. A continuación, no obstante, queremos limitarnos al mencionado aspecto de la evolución de la identidad y, en particular, a la concepción de las reglas que tienen los cruceños. ¿Se puede distinguir en cuanto a esto un típico patrón tradicional, un determinado «perfil» y cómo ha cambiado éste bajo la influencia de la agitada dinámica expansiva de las últimas décadas? Además nos interesa saber qué papel desempeñan el Estado y las reglamentaciones estatales para el comportamiento social de la gente. Finalmente, nos preguntaremos si existen otras estructuras y principios que determinen este comportamiento y que le confieran cierta previsibilidad.

POBRE EN REGLAS PERO SIN CAOS

A través de los testimonios orales y escritos del pasado, se nos presenta una imagen bastante clara de la mentalidad y del comportamiento social de los habitantes de esta región en épocas pretéritas (Cooperativa Cruceña de Cultura 1990: 265). Éstos no contaban con mucho bienestar pero dispusieron siempre de la cantidad necesaria de alimentos básicos y demás bienes para satisfacer las necesidades fundamentales. Por eso se destaca como uno de sus rasgos característicos cierta despreocupación vinculada con una falta de ambiciones (Gobierno Municipal 1995: 29). Vivían al día y disfrutaban de las pequeñas alegrías que permitía una economía de subsistencia estancada. En esta circunstancia tiene su arraigo la tendencia al libertinaje sexual y el marcado hedonismo que se les atribuye. Aceptaban la situación tal como la habían heredado y esta actitud incluía la aceptación de la posición social que les había tocado. Por un lado existía un declive jerárquico muy pronunciado entre la clase alta criolla, que poseía grandes extensiones de tierra y de personal a su servicio y el resto de la población, mestiza o indígena en su mayoría. Por otro lado, en el contacto cotidiano de los diferentes grupos sociales no se percibía una severa jerarquía y predominaba un trato llano y confiado, nada pretencioso, que contenía elementos paternalistas. Lo mismo se podía decir del trato social en general. Dominaba un estilo directo, amable, con muchos gestos de solidaridad que reflejaba la disposición general de la gente a no complicarse mutuamente la vida y a gozar en común de las pequeñas ventajas y comodidades que ofrecía la vida de provincia dentro de los límites impuestos por la estructura social. En su conjunto, se trataba de una sociedad relativamente liberal y tolerante que naturalmente también tenía sus valores de referencia, como por ejemplo su muy desarrollado sentido del honor y la idea del mínimo respeto a que toda persona tenía derecho.

Para el observador externo resulta difícil determinar cuántos de estos rasgos tradicionales se han mantenido hasta el presente. Si hacemos caso a las opiniones críticas, las generaciones jóvenes han conservado poco de estas amables cualidades y su comportamiento social se distingue por su frialdad, falta de consideración y por la persecución a toda costa de intereses individuales (Cooperativa Cruceña de Cultura 1990: 315). Por otro lado, determinadas actitudes, como la despreocupación frente al futuro o la escasa necesidad de seguridad, reflejan claramente la influencia del pasado, así como el hecho de que Santa Cruz, a pesar de haberse transformado en una ciudad con más de un millón de habitantes, urbanísticamente tiene aún muchas características típicas de un pueblo de provincia, sobre todo en los barrios céntricos. A continuación, sin embargo, no nos ocuparemos de la cuestión general relativa a la continuidad o discontinuidad de la identidad y mentalidad de los cruceños sino de un aspecto particular de ésta: su conciencia de las reglas y del orden. Para ello es útil volver a observar detalladamente las características que se les atribuyen.

Cuadro I

Rasgos característicos del Camba

— Dicharachero, conversador, sociable, extrovertido, amiguero
— Alegre y optimista
— Confiado*
— Botarate y no ahorrativo ni acumulativo. No se preocupa por el mañana
— Conformista y satisfecho (conforme consigo mismo y con el medio)
— Informal, sin etiquetas
— Generoso y hospitalario
— Impulsivo, temperamental y sensible a impresiones fuertes pero poco duraderas
— Franco, directo y sincero
— Pragmático, práctico, poco apego a la reflexión teórica, abstracta y al pensamiento racional y lineal
— Independiente e individualista
— Imprevisible, inconstante, impaciente y superficial
— Frívolo y hedonista, amante de la música, el baile, la ropa, el color

— Orgulloso y cuidadoso de su honorabilidad*
— Honrado y «de palabra»*
— Sencillo y austero en vivienda y alimentación*
— Machista
— Amoral
— Gusto por el cambio y la novedad
— Espíritu comerciante y aventurero, amante del riesgo y del «todo o nada»

Fuente: Cooperativa Cruceña de la Cultura:
Los Cruceños y la cultura, Santa Cruz 1990: 326.

La lista proviene de una comparación entre la cultura camba y la colla que ha sido efectuada repetidas veces en los últimos tiempos en razón de las fricciones que se producen entre ambos grupos en el ámbito urbano (Bergholt 1999: 126). Ha sido realizada por un grupo local de sociólogos y por lo tanto refleja la imagen propia de la mentalidad camba y no la ajena. Los rasgos marcados con el asterisco (*) son los que supuestamente pertenecen al pasado, el resto constituye una especie de perfil intemporal del carácter camba que, se afirma allí, ha sobrevivido a los profundos cambios económicos y sociales de las últimas décadas.

En lo que se refiere al planteamiento que en este caso nos interesa, llama la atención la escasa importancia que tienen, entre las características enumeradas, las reglas trascendentes y las orientaciones relacionadas con el orden. Predominan claramente aquellas que indican formas de reacción espontáneas, condicionadas por la situación y sin ningún vínculo con premisas o expectativas sociales. Cualidades como «derrochador», «impulsivo» o «pragmático» destacan la orientación hacia el «aquí y ahora» explícitamente aunque bajo distintos aspectos, mientras que resulta vano buscar atributos que contengan un elemento relacionado con la disciplina o el autocontrol por consideración con los demás o con la comunidad. La tolerancia y la liberalidad que hemos certificado al orden tradicional deben ser interpretadas por lo visto en el sentido de un alto grado de permisividad, de la posibilidad de poder disfrutar de las tendencias y los deseos individuales sin miedo a tabúes ni a obstáculos sociales. Es típico que las pocas cualidades que indican autodisciplina como la honradez o el valor de la palabra empeñada han sido víctimas del cambio social acelerado, lo cual permite inferir que no estaban muy arraigadas en la conciencia colectiva.

Si en la Santa Cruz actual, basándonos en estas características, buscamos ejemplos plausibles y pruebas de que el sentido para las reglas y las normas no está muy desarrollado en los cruceños, los hallaremos rápidamente. Llama la atención que, por ejemplo, no existan, como en la mayor parte de las sociedades modernas, las instituciones sociales más elementales o, si las hay, se las ignora o evita. Este es el caso de hacer «la cola», sea por peatones sea por vehículos, a medida que se acercan, para poder superar un paso estrecho. Muy buen material documental ofrece el cruce del río P. al norte de la ciudad, quc scpara ésta de una atractiva zona campestre muy frecuentada durante los fines de semana. Como el puente dispone de una sola vía sólo se lo puede atravesar en un sentido a la vez, lo cual puede llegar a producir considerables atascos. Como el autor ha podido observar repetidas veces, los autos no esperan en el orden en que han ido llegando sino que los que arriban más tarde procuran adelantarse a los demás y colocarse lo más adelante posible de manera que, cuando se da el paso hacia un lado, la situación se asemeja a un portón para ganado, donde gran cantidad de reses se amontonan formando un racimo y quieren pasar todas al mismo tiempo, obstaculizándose mutuamente.

Un ámbito en el cual tampoco está muy marcada la conciencia de que existen normas y estándares son las profesiones libres y las pequeñas empresas, como en la construcción o en las reparaciones. En los periódicos aparecen frecuentemente noticias sobre nuevos edificios en los cuales, por ejemplo, no han sido respetadas las leyes elementales de la estática o sobre consultorías o asesorías que se ocupan, digamos, de la salud y que están trabajando sin las debidas licencias y aparatos (*El Deber* 20-9-2000). Es significativo que haya pocas librerías de buen nivel en la ciudad. Es manifiesto que carece de una clase media consolidada y con formación académica que cuide de que sean respetados los estándares profesionales.

Un campo particularmente fértil para hacerse una idea de la concepción que tienen los cruceños de las reglas es su concepto del tiempo y su relación con la verdad y la mentira. Desde su punto de vista, éstas son categorías sumamente vagas y extensibles. Una persona digna de crédito me ha asegurado que en 6 de 10 casos hay que contar con que una cita concertada no se cumpla. Es tan normal que no se respeten horarios, que no se cumplan los plazos que tampoco se dan muchas explicaciones al respecto. Como se destaca del cuadro, el camba es relativamente honrado y directo comparándolo con el colla que parece creer que decir la verdad sin vueltas es una flaqueza innecesaria. Pero tampoco los cambas tienen inconveniente en hacer creer algo incierto u ocultar verdades desagradables. El giro «¿por qué te iba a mentir?» que con frecuencia utilizan delata cuán pocos remordimientos tendrían en mentirle a uno si no se tratara, por el motivo que fuera, de una excepción en la que se creen obligados a decir la verdad.

Como último ejemplo queremos mencionar el amor, el matrimonio y la sexualidad. En general es conocido (y admitido) que en este ámbito existe desde siempre una moral doble (Cooperativa Cruceña de Cultura 1995: 309). Por un lado, en una sociedad tradicionalmente marcada por el catolicismo nadie pone en duda el principio de la monogamia; el noviazgo y el matrimonio son muy apreciados y, en las capas acomodadas, celebrados con gran pompa. Por otro lado, la infidelidad en el matrimonio, sobre todo por parte del marido, está prácticamente institucionalizada y en general hasta las esposas cuentan con ella o al menos la soportan. Los cruceños son padres muy amantes y responsables pero los viernes siempre se encuentran con sus amigos para divertirse juntos, también eróticamente. Las escapadas matrimoniales de las mujeres no son tampoco raras aunque más arriesgadas ya que chocan con el sentido del honor de los hombres. Delante de los hijos, los padres procuran mantener la imagen de una relación basada exclusivamente en la entrega mutua y la fidelidad.

Podríamos ampliar los ejemplos sin que el resultado cambiara mucho: en Santa Cruz a nadie le interesan mucho las normas que regulan el comportamiento social en forma transparente y previsible; las personas se reservan el derecho de modificarlas o derogarlas según la situación y el compañero de interacción. No obstante, esto no significa que el caos reine en la ciudad. Sería erróneo suponer que la única regularidad de esta ciudad es la falta de reglas, la anomia. En efecto, existen concepciones y modelos de orden, aunque no es posible expresarlos en preceptos o interdicciones precisas. Un ejemplo es la relativa falta de violencia en el ámbito público[2]. Efectivamente, llama la atención que, a pesar de la tendencia general a no hacer caso de las reglas, las confrontaciones violentas entre individuos o grupos son excepcionales. Por lo visto, hay una directriz, un código apren-

[2] Otro lo representan los principios estéticos de orden. En los periódicos, por ejemplo, ocupa mucho lugar la discusión sobre cómo se pueden mantener libres de vendedores ambulantes (collas generalmente) los espacios verdes y las plazas más representativas.

dido en la niñez según el cual es preferible llegar a un arreglo que buscar un conflicto abierto. Esto se puede observar en los más diversos ámbitos, empezando por el tráfico automotor hasta el comportamiento en un bar. Aunque la delincuencia violenta haya aumentado considerablemente en los últimos tiempos, sobre todo en los barrios pobres, Santa Cruz puede seguir considerándose una de las grandes ciudades más seguras de América Latina. ¿Cómo se explican estos modelos de orden, cuál es su base social real? A continuación, plantearemos estas cuestiones.

El Estado y las leyes cuentan poco

Una explicación posible de la persistencia de modelos y mecanismos de orden a pesar de lo poco que la población acepta las reglas podría ser la existencia del Estado, con su autoridad y su poder de modelar y estructurar. Como ya indica el título de este párrafo, éste evidentemente no es el caso en Santa Cruz. Esta pregunta hipotética ha sido introducida únicamente porque ofrece la oportunidad de exponer de manera más exacta por qué en esta metrópolis provincial se le tiene poca estima al Estado.

Ya hemos mencionado un motivo. Tiene que ver con la incomunicación secular de las tierras bajas con los centros políticos del altiplano. La consecuencia de la situación aislada fue primero una falta de interés por los acontecimientos políticos que tenían lugar en la lejana sede del Gobierno; luego se mezcló a esto un resentimiento por el descuido en que era mantenido el Oriente y por su discriminación por parte de las elites nacionales; a partir de 1950, la amargura fue reemplazada por el orgullo debido al auge económico y por cierto desprecio frente al estancamiento del centro. Pero, independientemente del matiz emocional que hayan tenido las relaciones, siempre se caracterizaron, y lo hacen todavía, por un gran distanciamiento del Estado nacional. Éste es percibido como una magnitud lejana, generalmente poco propicia a la propia región, como un cuerpo extraño cuyas leyes le son impuestas y que, por lo tanto, sólo pueden pretender tener una legitimidad relativa en Santa Cruz. Este enfrentamiento es agudizado por el hecho de que el poder del Gobierno es ejercido en La Paz por collas en primer lugar, justamente por aquellos collas del altiplano cuyos parientes pobres inundan Santa Cruz y afean con sus puestos de venta la imagen tradicional de la ciudad, y también ponen en cuestión la tradicional identidad camba.

El escaso respeto que se tiene al Estado, a sus representantes y sus organismos está condicionado en gran medida por la manera de desempeñar los cargos y sobre todo por la extendida corrupción. Funcionarios corruptos no son excepcionales en América Latina, sin embargo si seguimos de cerca las informaciones al respecto en los periódicos bolivianos, tenemos la impresión de que en este país este fenómeno ha adquirido rasgos particularmente agravantes. Esta opinión se puede fundamentar de la siguiente manera:

— con frecuencia son justamente las autoridades creadas para combatir esta anomalía las que contribuyen a profundizarla y perpetuarla (como ejemplo mencionaremos el llamado «batallón ecológico» que se especializó en talar aquellos árboles cuya particular protección le había sido encomendada; véase *El Deber*: 20-9-2000: 10);
— no es raro que los organismos de vigilancia y control superen en cuanto a energía delictiva a las autoridades que les están subordinadas[3];
— el que es acusado por corrupción o de otro abuso de su cargo no se toma generalmente el trabajo de desvirtuar la acusación sino que contraataca afirmando que el que lo inculpa es el corrupto o procurando desacreditarlo moralmente («Ud. es un homosexual»);
— como observador de ese tipo de intercambios de golpes se puede, sin correr riesgos, apostar 10: 1 que todo quedará finalmente en la nada, que no se procederá judicialmente y que nadie será destituido de su cargo (*El Deber*: 21-9-2000);
— si algún fiscal u otro funcionario consciente de su deber efectivamente se resolviera a investigar seriamente una acusación de corrupción y pedir cuentas al delincuente, lo más probable es que se lo traslade a otro destino o se lo neutralice de alguna manera.

[3] Un buen ejemplo lo representa el escándalo de las drogas durante el cual todo un grupo de jueces, encargados especialmente de perseguir los delitos relacionados con los estupefacientes, tuvieron que ser destituidos porque habían aceptado grandes sumas de dinero para anular los correspondientes procesos o para dictar sentencias muy benignas. En una foto se ve a uno de los jueces acusados a quien le sacan del bolsillo dólares (parte del soborno, evidentemente) que no sólo no parece afectado por el hecho sino que, más bien alegre o triunfante, les sonríe a los fotógrafos como si quisiera decir: «miren cómo se hace dinero» (*El Deber*: 5-3-99 y números siguientes).

Frente a la amplitud y al arraigo casi institucional de la corrupción que se desprende de estas características, es comprensible la sorpresa de los periodistas bolivianos al enterarse de que Transparency International a mediados del 2000 certificó que su país había progresado en la lucha contra la corrupción, mientras que ellos opinaban que, al contrario, el fenómeno había adquirido dimensiones más preocupantes aún.

Santa Cruz no está exceptuada del pantano de corrupción que acabamos de describir (allí se lo llama «tumbe»). La principal diferencia consiste en que no son tanto los representantes del Gobierno central a quienes se dirigen los reproches sino la Administración municipal y su cabeza, el alcalde. Ambos tienen una pésima fama y son objeto de crítica constante y de comentarios despectivos. En general, se puede observar que el cruceño medio no tiene casi ningún respeto de las autoridades, de cuyos representantes alternativamente se burla o habla mal. Las leyes y los decretos tienen para él a lo sumo un carácter programático y aplicarlas o cumplir con ellas más o menos estrictamente es algo negociable (*El Deber*: 7-9-2000: A37). Lo poco que se estiman las autoridades es algo que sienten en la calle sobre todo los policías, indígenas de escasa estatura procedentes del altiplano, cuyas posibilidades de hacerse respetar por los cambas son limitadas. La imponente altura del Palacio de Justicia y lo bien equipada que está la Prefectura de Policía, son muy engañosas ya que el derecho y la justicia, el Estado y sus leyes desempeñan sólo un papel secundario en la vida cotidiana de los cruceños.

Esto es así sobre todo para las capas más acaudaladas. Se sabe que los hijos de las familias ricas aun en el caso de haber cometido delitos graves —como una violación, delito nada raro en esta ciudad machista (*El Deber*: 20-9-2000: A15)— pocas veces son perseguidos por la justicia. Sea mediante la presión social o gracias al dinero, los padres encuentran generalmente un medio para impedir su persecución judicial. De la misma manera, los latifundistas pueden ejercer su influencia para retardar durante años la entrega de tierras a los indígenas, los auténticos propietarios según fallos judiciales. La población en general está tan acostumbrada a este tipo de prevaricación provocada por los poderosos que no se agita por ello, como tampoco se inquieta por los ininterrumpidos casos impunes de corrupción que se producen en la Administración municipal. Por este motivo, los artículos bien intencionados de los periodistas que aparecen en los diarios, en los cuales se señala lo inaudito de estos acontecimientos transformados en rutina, tienen poca resonancia. Para Santa Cruz, como para el resto del país, ya no existen verdaderos escándalos que puedan sacudir a la sociedad[4]. Aun en los casos de gravísimos atentados contra la moral o de manifiestas contravenciones de las leyes se pasa rápidamente al orden del día.

El privilegio de dejar ostentativamente de lado la ley lo tienen únicamente las clases pudientes, mientras que, para los que disponen de pocos recursos económicos, el derecho tiene cierta relevancia. Todas las veces que deban hacer un trámite, por poco importante que sea, están expuestos a la arrogancia y la arbitrariedad de funcionarios y jueces frustrados por su escaso prestigio. Se los hace esperar sin ninguna consideración, se les dice que vuelvan mañana haciéndoles vanas promesas, se les exige nuevos sellos y documentos, resumiendo, se los veja todo lo posible[5]. En pocos países del subcontinente es tan exagerada la burocracia como en Bolivia —esto no sólo prueba su ineficiencia sino también la irrelevancia de la Administración pública, ya que todos los asuntos importantes se resuelven sin tener en cuenta las leyes.

La mala opinión que tiene el cruceño del Estado y sus leyes no sólo la expresa eludiéndolos e ignorándolos sino también procurando solucionar problemas y cuestiones de importancia general por medio de la iniciativa privada. Esta tendencia a la autoayuda privada se explica por la prolongada ausencia del Estado en la región. Aunque este vacío haya sido llenado entre tanto en gran medida y el sector público esté presente bajo muchas formas en Santa Cruz y sus alrededores, llama la atención que comités civiles, cooperativas y asociaciones voluntarias integradas por ciudadanos ocupen un lugar importante en la vida pública de la ciudad. Se han establecido en el sector de servicios públicos y en el de la infraestructura, se encargan del mantenimiento de plazas y jardines públicos y también del futuro planeamiento urbano. Todos los barrios nuevos del conurbano eligen muy pronto un organismo que los represente para defender sus intereses frente a la Administración municipal. Si bien se oye decir

[4] Esta observación se la debo a A. Waldmann. En esto Bolivia es diferente de la Argentina, donde todavía se producen verdaderos escándalos (si sirven de algo es otra cuestión).

[5] Como ejemplo, me viene a la mente un proceso de divorcio iniciado por una mujer de condición simple. El día decisivo, que el propio juez había señalado, éste no se presenta. En la vista siguiente declara que el plazo había vencido y que todo el proceso debía iniciarse de nuevo. Solamente cuando vio a la mujer romper en llanto, se declaró dispuesto a pronunciar el divorcio.

que muchos de estos gremios no funcionan democráticamente sino que están dirigidos por pequeños grupos infiltrados por los intereses de determinados capitales, hay que retener que se trata de una forma de autoadministración alternativa a la estatal, que corresponde a las tradiciones de la ciudad.

Organización y redes

El principio de la organización y administración propias no sólo desempeña un rol importante en el ámbito público sino que impregna todos los sectores de la sociedad de Santa Cruz, desde las uniones económicas hasta el control del comportamiento desviado en los barrios (en donde se recurre rápidamente a la justicia por mano propia, véase *El Deber*: 26-9-2000: A14). En este sentido, es característico que muchos cruceños se sientan más representados por la organización central de los «comités civiles» que por la Administración municipal y que el presidente de este comité tenga mejor fama que el alcalde (*El Deber*: 24-6-2000: A10 y A18).

A pesar de todo, parece que la orientación de las organizaciones y asociaciones que tienen su origen en la ciudadanía ha cambiado en los últimos años. Se oye comentar que antes se encargaban de temas de naturaleza general, de la solución de problemas que de alguna manera afectaban a todos. La limitada extensión de la ciudad y la relativa homogeneidad de su población junto con el alto nivel del control social que aquella implica y, finalmente, el frente común de los habitantes en contra del lejano Estado central, habían garantizado una solidaridad básica de los ciudadanos y que las asociaciones y los gremios sociales representaran a todos e intercedieran por sus intereses. Se afirma que esto ya no es así de ningún modo. La armónica convivencia de los diversos grupos y organizaciones ha sido reemplazada por una dura competencia entre ellos; los conflictos por el poder y demás ventajas no sólo han dejado de ser una excepción sino que están al orden del día. Con frecuencia la gente se queja abiertamente de que el sentido de responsabilidad por el conjunto ha cedido su lugar a un egoísmo y un particularismo de grupo desenfrenados, en donde tanto el individuo como también las asociaciones organizadas procuran sacar ventajas a costa de los demás. En parte se le echa la culpa de esta evolución al capitalismo que en las últimas décadas ha tomado posesión de los cruceños y, en parte, se considera que es la consecuencia forzosa del proceso de diferenciación social ligado al rápido crecimiento demográfico que produce grupos con intereses divergentes (entrevista con F. Prado 28-9-2000).

Queda por ver cuán profundo es el cambio que ha tenido lugar en las relaciones sociales durante los últimos decenios y cuáles son las explicaciones específicas. En las declaraciones de los entrevistados sobre la Santa Cruz actual —algunas deplorándola, otras simplemente descriptivas— creemos distinguir dos principios esenciales que determinan el comportamiento social de los cruceños hoy en día:

- El más fuerte, el que lleva ventaja es el que se impone; éste es el que dispone de más poder o de otros «recursos sociales».
- El poder y la «riqueza en recursos» se miden no tanto por las cualidades individuales de una persona sino según criterios de la pertenencia social; es decisivo a qué grupo social pertenece el individuo, cuáles son las redes sociales que lo sustentan.

El primer principio enunciado recuerda mucho la situación descrita por Hobbes de la lucha de todos contra todos, sin embargo, hay al menos tres factores que hacen que se convierta en una contribución para un orden soportable. Primero, no hay un recurso clave de poder que ensombrece a todos los demás, como sería el uso de la fuerza física; al contrario, se pueden poner en la balanza social los recursos más diversos, lo cual impide que los conflictos resulten demasiado unidimensionales. Bajo el signo de la mentalidad capitalista que se expande sin encontrar obstáculos, el dinero y la riqueza podrían, a lo sumo, desempeñar el rol de recurso clave, pero aún cuentan otras cualidades, como el atractivo físico (sobre todo en las mujeres) o la extracción social. Segundo, el principio según el cual el más fuerte es el que domina no es tan nuevo que digamos; siempre ha habido en la región un claro declive jerárquico entre la clase alta criolla y el resto de la población de la provincia, un declive, empero, al que la interdependencia de ambas capas y los gestos de solidaridad suavizaban su rigor. Se disponía de una práctica ejercitada durante siglos de trato con la situación que no permitía que se llegara a fricciones mayores. Diríamos que el tercer factor es la circunstancia de que el mencionado principio en combinación con el descrito en el segundo punto tiene una clara prioridad ante todos los demás principios y reglas. Quien se atiene a ello no corre el riesgo de cometer errores de orientación y verse defraudado en sus expectativas sociales. Por ejemplo, a nadie se le ocurriría en Santa Cruz, si se produce un accidente de tráfico, insistir en que el derecho está de su lado si la parte contraria le da a entender que es amigo del jefe de policía.

Dado que el poder relativo de los contrincantes es decisivo para el resultado de las interacciones sociales entre ellos, se considera en general sensato y racional tratar de impresionar al adversario (incluso con patrañas) pero también darse cuenta rápidamente de cuál es la situación real para evitar complicarse cometiendo errores infructuosos para el resultado. Este arte parece estar muy desarrollado en Santa Cruz. En general, la divisa para manejarse en una situación difícil es: conservar la calma, no sentirse provocado ni dejarse provocar innecesariamente. De este modo y siguiendo una tradición que remonta a la época colonial, se ha creado una cultura poco violenta para resolver conflictos, que no hace que las reglas sean absolutamente superfluas pero que es capaz de compensar su ausencia.

Con relación al segundo principio, debe decirse que se resume de la siguiente manera: El individuo cuenta poco, la colectividad social es todo. Aunque contradice la imagen del «individualismo» cruceño que se destaca en los perfiles clásicos, nosotros suponemos que este rasgo, si alguna vez fue muy pronunciado, en la actualidad, debido a la obligación de operar en grupos y redes sociales, se ha reducido mucho. El principio tiene su origen en las familias y clanes de parientes que en América Latina se encuentran en la parte más alta de la jerarquía de valores, se prolonga en los grupos de amigos y desemboca en cuantiosas asociaciones que determinan la vida de los adultos jóvenes y luego la de los maduros: clubes de deportes y otros, asociaciones de profesionales, sindicatos, uniones de empleadores y económicas, cámaras de comercio, comités civiles, clubes de carnaval, etcétera (Gobierno Municipal 1995: 39). Muchas de estas asociaciones son puramente masculinas, así como en general la separación de los sexos es aún muy pronunciada en esta ciudad. En su mayoría tienen una estructura más oligárquica que democrática. Pero esto no les quita atractivo de ninguna manera.

Para ilustrar tanto la importancia de estas agrupaciones como los peligros que entrañan hemos seleccionado dos ejemplos: las iglesias libres protestantes y las fraternidades o hermandades. Las comunidades religiosas protestantes han tenido en tiempos recientes mucha afluencia de gente, la mayoría de los nuevos templos que se encuentran fuera del centro urbano fueron construidos por ellas. Así es que en la ciudad hay alrededor de 20.000 mormones y los tres grupos anabaptistas más importantes tienen una cantidad similar de fieles, para nombrar tan sólo las dos comunidades más numerosas. En su estructura y en sus principios, estas sectas evangélicas representan una mezcla específica entre una posición contraria a las formas típicas del comportamiento social de la ciudad por un lado y, por otro, una continuación de las mismas. En lo que a sus escalas de valores y pautas morales se refiere, adoptan una posición contraria a la amoralidad general y a la falta de reglas que dominan la vida pública en Santa Cruz. El que adhiere a ellas por lo general se compromete a abstenerse de beber alcohol, no mentir ni engañar al prójimo, ser fiel al cónyuge, participar en festejos con moderación y ayudar tanto a sus correligionarios como al prójimo. También su tendencia a la introversión, que se manifiesta en el estudio periódico de la Biblia, contrasta con la extroversión del estilo de vida dominante en Santa Cruz. Por otro lado, podemos dar por supuesto que los miembros de una comunidad religiosa en todos los problemas prácticos de la vida que se les plantean, en primer lugar confían unos en otros y se prestan servicio mutuamente, con lo cual se ubican perfectamente dentro del marco del principio de las redes tan extendido en esa ciudad. Seguramente no es una casualidad, como repetidas veces se le aseguró al autor de estas líneas, que los collas constituyan la mayoría de los adherentes a estas comunidades religiosas, puesto que, como inmigrantes, debido a su desarraigo y desconcierto inicial en el nuevo ambiente, se ven compelidos a dar este paso (entrevista con F. Prado: 28-9-2000).

En cierto sentido, el extremo opuesto a las iglesias libres lo representan las fraternidades integradas exclusivamente por cambas. Mientras que aquellas tienen la función de otorgar a los desarraigados inmigrantes un apoyo espiritual y también concreto, éstas han sido creadas con el motivo de proteger de la enajenación la cultura local. En realidad ha quedado poco de este objetivo cultural y las hermandades, constituidas en su mayoría por universitarios de clase media y pequeños empresarios, tienen la tendencia a transformarse en puras comunidades de intereses, cuyos miembros se facilitan mutuamente negocios y encargos procurando mantener alejada a la competencia. En particular se han destacado negativamente en los titulares de la prensa las llamadas logias, asociaciones con supuestos nobles objetivos culturales que en cuanto a actividades semi- e ilegales no van a la zaga de los manejos de los prominentes funcionarios públicos corruptos (Ferreira 1994).

En resumen, queremos retener que en Santa Cruz la estructura social tiene rasgos pronunciadamente corporativistas (Schmitter 1979). Es seguro que el principio de organización total contribuye a que los conflictos no sobrepasen un determinado umbral en la escalada. Pero al mismo tiempo implica una sensible limitación de las posibilidades de desarrollo individual y, en general, del individualismo característico de la mayoría de las sociedades occidentales.

El costo del crecimiento precipitado

La muy veloz expansión de una pequeña ciudad que poseía todas las características de las «comunidades» tradicionales para convertirse en una gran urbe moderna, con división del trabajo, plantea para Santa Cruz tres problemas centrales:

— La evolución de las relaciones entre los cambas autóctonos y los inmigrados collas, sobre todo en lo que respecta a las pretendidas o efectivas diferencias en los modelos de identidad y cultura de ambos grupos;
— la relación de la región y de la ciudad con el Estado central;
— la relación con el propio pasado y sobre todo la superación del choque cultural producido por la penetración del capitalismo avanzado en una estructura social determinada ampliamente por elementos premodernos y estamentales.

Resulta notable que de estos tres desafíos sobre todo el primero haya sido percibido y estudiado. Esto es notable en el sentido de que, desde nuestro punto de vista, la amenaza de la tradicional cultura camba por los inmigrantes del altiplano es limitada. Además queda por discutirse en qué consistía la esencia de esta cultura y hasta qué punto hubiera podido prevalecer —independientemente de la corriente migratoria— en el curso de la incontenible modernización del estilo de vida. Surge la sospecha de que los collas sirven en cierto modo de «chivos expiatorios» y se los responsabiliza de una evolución cuyas causas más profundas yacen en que los mismos cambas se han desviado de su estilo de vida tradicional y de su idiosincrasia.

En lo relativo a la reestructuración de las relaciones entre la región y el Estado central, muchos cruceños han puesto grandes esperanzas en ella (entrevista con R. Ferreira: 29-9-2000). Alarmados por un egoísmo de grupo cada vez más desvergonzado, esperan que la presencia más acentuada y la intervención de las instancias estatales en los asuntos comunales y regionales garantice una mayor consideración del bienestar general y de asuntos trascendentes. El triste espectáculo que ofrece en este aspecto la Administración municipal debería advertir contra demasiado optimismo. Como se puede estudiar en los casos de otros países de América Latina en los cuales el Estado, sus organismos y sus leyes siempre han desempeñado un papel importante (nos referimos, por ejemplo, a la Argentina), esto no ha producido un orden transparente ni mayor civilidad. En general, los mecanismos estatales de regulación, que por su parte no estaban exentos de contradicciones, se superponían al juego de fuerzas de los grupos y asociaciones rivales, de manera que de ello resultaba un conjunto híbrido, en el cual es difícil orientarse y las posibilidades de manejos con doble fondo son considerables. Seguramente, más que confiar en el poder ordenador del Estado, le convendría a la ciudad seguir con el principio básico de la organización propia de larga tradición en la región. La condición para esto, sin embargo, sería revivir el componente de esta tradición que favorece el bienestar común y delegar sólo los asuntos indispensables a un organismo de coordinación, como podría ser la Administración municipal.

Que esto tenga éxito depende del probablemente principal y último desafío que debe afrontar la ciudad (Cooperativa Cruceña de Cultura 1990: 10): el reemplazo de las formas de comportamiento social basadas en rezagos estamentales por modelos sociales y maneras de proceder dictadas por el capitalismo moderno. La penetración de ideas liberales y mercantiles en un contexto social todavía ampliamente determinado por elementos tradicionalistas no sólo exige un cambio radical en la manera de pensar y actuar, sino que también deja despiadadamente al descubierto las debilidades latentes del viejo orden. La economía capitalista del tipo neoliberal destruyó el mito de la comunidad y de la solidaridad que había sido cultivado durante mucho tiempo en la ciudad al dejar crecer paulatinamente la brecha entre ricos y pobres (Prado Salmón *et al.* 2000). Además, al exigir una protección legal vinculante de los derechos de propiedad reveló un vacío importante del antiguo sistema, es decir la falta de reglas de comportamiento social transparentes, claras y respetadas por todos. Esto significa que la veloz y consecuente expansión en el oriente boliviano de la orientación hacia el mercado y las ganancias hace que se vuelvan virulentos dos de los problemas que ya Durkheim, hace alrededor de cien años, había considerado centrales durante la transición de la sociedad tradicional a la moderna: el problema de la integración social y el de la regulación social. Todavía está por verse si Santa Cruz los solucionará (Durkheim 1990; Besnard 1987).

Bibliografía

ADAMS, Willi Paul (1973): *Republikanische Verfassung und bürgerliche Freiheit. Die Verfassungen und politischen Ideen der amerikanischen Revolution*. Darmstadt/Neuwied.

ADEODATO, J. Mauricio (1998): *Unbeständigkeitsstrategien in Rechtssystemen der Peripherie: Eine Form alternativen Rechts*. Manuscrito inédito. Frankfurt am Main.

ADLER, Fredda (1983): *Nations not obsessed with crime*. Colorado.

ADLER LOMNITZ, Larissa (1971): «Reciprocity of Favors in the Urban Middle Class of Chile». En: Dalton, G. (comp.): *Studies in economic anthropology*. Washington, pp. 93-106.

— (1988):»Informal Exchange Networks in Formal Systems: A Theoretical Model». En: *American Anthropologist*, tomo 90, Nº 1, pp. 42-55.

— /LOMNITZ, Claudio (1994): «Estado y etnicidad: Rito y negociación en la campaña presidencial de 1988». En: *Ibero-Amerikanisches Archiv*, Neue Folge Jg. 20, Nº 1-2, pp. 56-60.

ÁGUILA ZÚÑIGA, Ernesto/MALDONADO PRIETO, Carlos (1996): «Orden público en el Chile del siglo XX: trayectoria de una policía militarizada». En: Waldmann, Peter (comp.): *Justicia en la calle*. Medellín, pp. 73-98.

AHRENS, Helen/NOLTE, Detlef (comps.) (1999): *Rechtsreformen und Demokratieentwicklung in Lateinamerika*. Frankfurt am Main.

ALBERDI, Juan Bautista (1966): *Bases y puntos de partida para una organización de la República Argentina*. Buenos Aires.

AMBOS, Kai (1997): *Straflosigkeit von Menschenrechtsverletzungen. Zur «impunidad» in südamerikanischen Ländern aus völkerrechtlicher Sicht*. Freiburg im Breisgau.

— (2000): «Erscheinungsformen der Impunidad und Gegenmaßnahmen». En: Fischer, Thomas/Krennerich, Michael (comps.): *Politische Gewalt in Lateinamerika*. Frankfurt am Main, pp. 231-257.

AMNESTY INTERNATIONAL (1994): *Politische Gewalt in Kolumbien. Mythos und Wirklichkeit*. Bonn.

ANDERSON, Charles W. (1967a): *Politics and Economic Change in Latin America. The Governing of Restless Nations*. Princeton.

— (1967b): «Toward a Theory of Latin American Politics». En: Snow, Peter G. (comp.): *Government and Politics in Latin America*. New York, pp. 230-246.

ARDAYA JIMÉNEZ, Rosendo (1997[2]): *Historia del desarrollo socioeconómico de Santa Cruz hasta 1952*. Santa Cruz (Bolivia).

ARDITO, Wilfredo (1997): «The Right to Self-Regulation. Legal Pluralism and Human Rights in Peru». En: *Journal of Legal Pluralism and Unofficial Law*, tomo 39, pp. 1-42.

ASTURIAS, Miguel Ángel (1968): *El señor Presidente*. Buenos Aires.

ATEHORTÚA CRUZ, Adolfo *et al.* (1995): *La impunidad en Cali*. Cali.

BÄUMLING, Richard (1987[3]): «Rechtsstaat». En: *Evangelisches Staatslexikon*. Tomo 2, Stuttgart, col. 2806-2818.

BAYART, Jean François (1989): *L'État en Afrique. La politique du ventre*. Paris.

BAYONA, José J./VANEGAS, Gildardo (1994): «Aparición y realidad de las violencias». En: *Boletín Socioeconómico*, 27, pp. 35-62.

BECQUART-LECLERCQ, Jeanne (1989): «Paradoxes of Political Corruption: A French View». En: Heidenheimer, A. J. *et al.* (comps.): *Political Corruption. A Handbook*. New Brunswick/Oxford, pp. 191-210.

BENDA-BECKMANN, Franz von (1994): «Rechtspluralismus. Analytische Begriffsbildung oder politisch-ideologisches Programm?». En: *Zeitschrift für Ethnologie*, tomo 119, pp. 1-16.

BENEVIDES, María Victoria/FISCHER, Rosa María (1985): «Alltagserfahrungen und städtische Gewalt. Zur Praxis des Lynchens in Brasilien». En: *Lateinamerika-Analysen und Berichte* (Hamburg), 9, p. 20 y ss.

BERGHOLDT, Anders (1999): *Cambas y Collas. Un estudio sobre identidad cultural en Santa Cruz de la Sierra*. Aarhus.

BERGQUIST, Charles *et al.* (comps.) (1992): *Violence in Colombia. The Contemporary Crisis in Historical Perspective*. Wilmington.

BERNECKER, Walther L. (1989): *Schmuggel, Illegalität und Korruption im Mexiko des 19. Jahrhunderts*. Frankfurt am Main.

BERNECKER, Walther L. *et al.* (comps.) (1992): *Handbuch der Geschichte Lateinamerikas*. Tomo 2: *Lateinamerika von 1760 bis 1900*. Stuttgart.

BESNARD, Philippe (1987): *L'anomie, ses usages et ses fonctions dans la discipline sociologique depuis Durkheim*. Paris.

BICUDO, Helio P. (1977): *Die Todesschwadronen unter Anklage*. Mettingen.

BOBBIO, Noberto (1989): The Great Dichotomy: Public/Private, en: *Ídem*: *Democracy and Dictatorship. The Nature and Limits of State Power*. Cambridge, pp. 1-21.

BOECKH, Andreas (2000): «Lateinamerikanische Entwicklungsvorstellungen zwischen Nachahmung und Eigenständigkeit». En: Manfred, Mols/ Öhlschläger, Rainer (comps.): *In Vorbereitung auf das 21. Jahrhundert: Lateinamerikas Entwicklungserfahrungen und -perspektiven*. Frankfurt am Main, pp. 27-44.

BOISSEVAIN, Jeremy (1974): *Friends of friends: networks, manipulators and coalitions*. New York.

BORÓN, Atilio A. (1998): «Faulty Democracies? Reflexion on the Capitalist 'Fault Lines' in Latin America». En: Agüero, Felipe/Stark, Jeffrey (comps.): *Fault Lines of Democracy in Post-Transition Democracy*. Florida, pp. 41-66.

BOTANA, Natalio R. (1991): «La Convención de Filadelfia de 1787». En: *Ídem*: *La libertad política y su historia*. Buenos Aires, pp. 149-171.

BOTANA, Natalio/WALDMANN, Peter (comps.) (1988): *El impacto de la inflación en la sociedad y la política*. Buenos Aires.

BRACHT, Ignacio F. (1994): *La seguridad en el Buenos Aires Criollo (1820-1840)*. Buenos Aires.

BRADFORD, Colin (comp.) (1994): *Redéfinir l'État en Amérique Latine*. Paris (OCDE).

BRADING, David A. (1994): «Nationalism and State-Building in Latin American History». En: *Ibero-Amerikanisches Archiv*, año 20, Nº 1-2, pp. 83-108.

BRANDT, Hans-Jürgen (1999): «Friedensgerichtsbarkeit als Alternative. Erfahrungen mit einem System der Streitschlichtung in Peru». En: Ahrens, H./Nolte, D. (comps.): *Rechtsreformen und Demokratieentwicklung in Lateinamerika*. Frankfurt am Main, pp. 207-221.

BREUER, Stefan (1986): «Sozialdisziplinierung. Probleme und Problemverlagerungen eines Konzepts bei Max Weber, Gerhard Oestreich und Michel Foucault». En: Sachße, C./Tennstedt, F. (comps.): *Soziale Sicherheit und soziale Disziplinierung*. Frankfurt am Main, pp. 45-69.

— (1998): *Der Staat. Entstehung, Typen, Organisationsstadien*. Hamburg.

BUISSON, Inge (1992): «Probleme der Staatenbildung im spanischen Südamerika (1810-1830)». En: Elvert, J./Salewski, M. (comps.): *Staatenbildung in Übersee*. Stuttgart, pp. 11-20.

— /Schottelius, Herbert (1980): *Die Unabhängigkeitsbewegungen in Lateinamerika, 1788-1826*. Stuttgart.

Burckhardt, Johannes (1997): «Die Friedlosigkeit der Frühen Neuzeit. Grundlegung einer Theorie der Bellizität Europas». En: *Zeitschrift für Historische Forschung*, tomo 24, Nº 4, pp. 509-574.

Bushnell, David (1985): «The Independence of South America». En: Bethell, L. (comp.): *The Cambridge History of Latin America*. Cambridge, vol. III, pp. 95-156.

— (1992): «Politics and Violence in Nineteenth-Century Colombia». En: Bergquist, Ch. *et al.* (comps.): Wilmington, pp. 11-30.

Camacho, Álvaro G./Guzmán Álvaro B. (1990): *Colombia: Ciudad y violencia*. Bogotá: Foro Nacional.

Cárdenas, Martha (1985): *Once ensayos sobre la violencia*. Bogotá: Centro Gaitán/Cerec.

Chevigny, Paul G. (1991): «Police Deadly Force as Social Control: Jamaica, Brazil and Argentina». En: Huggins, Martha K. (comp.): *Vigilantism and the State in Modern Latin America. Essays on extralegal Violence*. New York *et al.*, pp. 189-217.

Chiaramonte, Jose C. (1986): «Legalidad Constitucional o Caudillismo: El Problema del orden social en el surgimiento de los Estados autónomos del litoral argentino en la primera Mitad del Siglo xix». En: *Desarrollo Económico*, Nº 102, julio-septiembre, pp. 175-196.

Cifuentes, H. R. (1995): *Policía y reforma policial en Guatemala*. Manuscrito. Ciudad de Guatemala.

Commission for the Study of the Violence (1992): «Organized Violence». En: Bergquist, Ch. *et al.* (comps.): *Violence in Colombia*. Wilmington, pp. 261-272.

Constitución del Estado Bolivar (1864). Caracas.

Constituciones Políticas del Perú 1821-1919 (1922). Lima.

Constitución y Leyes Políticas de la Republica de Chile (1881). Santiago.

Conto de Knoll, Dolly (1991): *Die Straßenkinder von Bogotá. Ihre Lebenswelt und ihre Überlebensstrategien*. Frankfurt am Main: Verlag für Interkulturelle Kommunikation.

Cooperativa Cruceña de Cultura (1990[2]): *Los cruceños y la cultura*. Santa Cruz de la Sierra.

Cornblit, Oscar (1995): *Power and Violence in the Colonial City*. Cambridge.

Corradi, Juan E. (1985): *The fitfull Republic. Economy, Society and Politics in Argentina*. Boulder/London.

Correa Sutil, Jorge (1999): «Judicial Reforms in Latin America: Good News for the Unterprivileged?». En: Méndez, J. E. *et al.* (comps.): *The*

(Un)Rule of Law and the Underprivileged in Latin America. Notre Dame, pp. 255-271.

CORREA SUTIL, Jorge/JIMÉNEZ, María A. (1995): «Acceso de los pobres a la justicia en Perú». En: Vanderschneren, F./Oviedo, E. (comps.): *Acceso de los pobres a la justicia en países de America Latina*. Santiago de Chile, pp. 163-184.

CREVELD, Martin van (1999): *Aufstieg und Untergang des Staates*. München.

CRISCENTI, Joseph T. (1961): «Argentine Constitutional History, 1810-1852: A Re-examination». En: *HAHR*, tomo 41, pp. 367-409.

DA MATTA, Roberto (1987): «The Quest for Citizenship in a Relational Universe». En: Wirth, J. D. *et al.* (comps.): *State and Society in Brazil. Continuity and change*. Boulder/London, pp. 307-335.

— (1991): *Carnivals, Rogues and Heroes. An Interpretation of Brazilian Dilema*. Notre Dame/London.

DASGUPTA, Partha (1988): «Trust as a Commodity». En: Gambetta, D. (comp.): *Trust. Making and Breaking Cooperative Relation*. New York/Oxford, pp. 49-72.

DEALY, Candill G. (1977): *The Public Man. An Interpretation of Latin America and other Catholic Countries*. Amherst.

DIABY-PENTZLIN, Friederike (1998): «Förderung von Rechtsstaatlichkeit mit den Mitteln der Entwicklungszusammenarbeit - ein Hindernislauf?». En: *Nord-Süd aktuell*, 1. Quartal, pp. 91-104.

DREIER, Ralph (1997): «Mißlungene Gesetze». En: Diedrichsen, Uwe/Dreier, Ralph (comps.): *Das mißglückte Gesetz*. Göttingen, pp. 1-16.

DUMONT, Louis M. (1976): *Gesellschaft in Indien. Die Soziologie des Kastenwesens*. Wien.

— (1983): *Essais sur l'Individualisme*. Paris.

DURKHEIM, Émile [1897] (1986): «Der Individualismus und die Intellektuellen». En: Bertram, Hans (comp.): *Gesellschaftlicher Zwang und moralische Anomie*. Frankfurt am Main, pp. 54-70.

— (1990): *Der Selbstmord*. Frankfurt am Main.

— (1991): *Physik der Sitten und des Rechts*. Frankfurt am Main.

— [1902] (1992): *Über soziale Arbeitsteilung*. Frankfurt am Main.

ECKERT, Roland (1993): «Gesellschaft und Gewalt — ein Aufriß». En: *Soziale Welt*, 44, pp. 358-374.

EISENSTADT, S. N./RONIGER, L. (1984): *Patrons, clients and friends. Interpersonal relations and the structure of trust in society*. Cambridge.

ELIAS, Norbert (1969): *Über den Prozeß der Zivilisation*. Bern/München, 2 tomos.

ELSTER, John (1989): *The cement of society. A study of social order*. Cambridge *et al*.

ELWERT, Georg (1993): «Wenn das Geld zur Macht fließt. Korruption in Afrika». En: *E+Z*, año 34, N° 3, pp. 68-70.

— (1997): «Gewaltmärkte. Beobachtungen zur Zweckrationalität von Gewalt». En: Trotha, Trutz von (comp.): *Soziologie der Gewalt*. Opladen, pp. 86-101.

ESCALANTE GONZALBO, Fernando (1992): *Ciudadanos Imaginarios. Memorial de los Afanes y Desventuras de la Virtud y Apología del Vicio Triunfante en la Republica Mexicana*. México D. F.

— (1995): «Die Bürgerliche Gesellschaft und die Grenzen des Handlungsspielraumes des Staates». En: Mols, M./Thesing, J. (comps.): *Der Staat in Lateinamerika*. Mainz, pp. 211-227.

ESCOBAR, Santiago S. (1995): *La Institucionalidad Policial en Chile*. Manuscrito. Panajáchel.

FAIRFIELD, Roy P. (comp.) (1986[2]): *The Federalist Papers*. Baltimore/London.

FATHEUSER, Thomas (1994): «Jenseits des staatlichen Gewaltmonopols. Drogenbanden, Todesschwadronen und Profiteure: die andere Privatisierung in Rio de Janeiro». En: Dirmoser, D. *et al*. (comps.): *Jenseits des Staates, Lateinamerika-Analysen und Berichte*, N° 18, pp. 23-38.

FERNS, Henry S. (1969): *La Argentina*. Buenos Aires.

FERREIRA, Reymi J. (1994): *Las Logias en Santa Cruz*. Santa Cruz.

FISHER, John R. (1992): «Iberische Kolonialpolitik seit 1760». En: Bernecker, W. L. *et al*. (comps.): *Handbuch der Geschichte Lateinamerikas*. Tomo 2, Stuttgart, pp. 15-63.

FLEER, Peter/TOBLER, Hans Werner (2001): «'Access to Land'. The State and the evolution of landholding patterns in the US and Argentina in the 19th century». En: *Iberoamericana*, año I, N° 4, pp. 11-44.

FUNK, Albert (1986): *Polizei und Rechtsstaat. Die Entwicklung des staatlichen Gewaltmonopols in Preußen 1848-1914*. Frankfurt am Main/New York.

GABALDÓN, Luis Gerardo (1996a): «Tendencias y perspectivas del control social en Venezuela en la década de los noventa». En: Gabaldón, Luis Gerardo/Christopher Birbeck (comps.): *Control social y justicia penal en Venezuela. Ensayos en homenaje a Héctor Febres Cordero*. Mérida, pp. 15-35.

— (1996b): «La Policía y el uso de la fuerza física en Venezuela». En: Waldmann, Peter (comp.): *Justicia en la Calle*, Medellín, pp. 269-281.

GABALDÓN, Luis Gerardo/BETTIOL, Daniela (1991-1992): «Visibilidad y recursos en el control social formal: una evaluación en el contexto de la Ley sobre Vagos y Maleantes». En: *Revista Cenipec*, N° 14.

GABBERT, Wolfgang (1997): «Chiapas — Die Grenzen der Kooptation und der Aufstand von 1994». En: *Lateinamerika. Analysen und Berichte*, tomo 21, Bad Honnef, pp. 162-178.

GAITÁN DAZA, Fernando (1995): *Una indagación sobre las causas de la violencia en Colombia*. Bogotá.

GALVÃO DE SOUSA, Jose P. (1967): «Remarques sur l'idee de Constitution et la Signification sociologique du Droit constitutionnel». En: *Jahrbuch des öffentlichen Rechts*, tomo 10, pp. 39-66.

GAMBETTA, Diego (1988): «Mafia: The Price of Distrust». En: *Ídem* (comp.): *Trust. Making and Breaking Cooperative Relation*. New York/Oxford, pp. 158-175.

GARCÍA MÁRQUEZ, Gabriel (1996): *Noticia de un secuestro*. Barcelona.

GARDINER, John A./OLSON, David, J. (comps.) (1974): *Theft of the City. Readings on Corruption in Urban America*. Bloomington/London.

GARGARELLA, Roberto (2000): *The Scepter of Reason. Public Discussion and Political Radicalism in the Origins of Constitutionalism*. Manuscrito inédito.

GARRO, Alejándro M. (1999): «Access to Justice for the Poor in Latin America». En: Mendez, J. E. *et al.* (comps.): *The (Un)Rule of Law and the Underprivileged in Latin America*. Notre Dame, pp. 278-302.

GARZÓN VALDÉS, Ernesto (1994): «Verfassung und Stabilität in Lateinamerika». En: *Innsbrucker Geographische Studien*, tomo 21, pp. 43-60.

— (1997a): «Eine kritische Analyse der Funktionen des Rechts in Lateinamerika». En: *Ibero-Amerikanisches Archiv*, año 23, 1997, N° 3-4, pp. 321-363.

— (1997b): «The Concept of Corruption». En: *Associations*, año 1, pp. 103-125.

— (1999): «Rechtsphilosophische Überlegungen über Verfassungsreformen in Lateinamerika». En: Ahrens, H. /Nolte, D. (comps.): *Rechtsreformen und Demokratieentwicklung in Lateinamerika*. Frankfurt am Main, pp. 110-132.

GEBHARD, Jürgen (1999): «Amerikanismus — Politische Kultur und Zivilreligion in den USA». En: *Aus Politik und Zeitgeschichte*, B49/90, 30.11 pp. 3-18.

GEHRKE, Hans-Joachim (1995): «Der Nomosbegriff in der Polis». En: Behrens, Okko/Sellert, Wolfgang (comps.): *Nomos und Gesetz. Ursprünge und Wirkungen des griechischen Gesetzesdenkens*. Göttingen, pp. 13-35.

GERDES, Claudia (1987): *Mexikanisches Banditentum (1821-76) als sozialgeschichtliches Phänomen*. Saarbrücken.

GESSNER, Volkmar (1976): *Recht und Konflikt. Eine soziologische Untersuchung privatrechtlicher Konflikte in Mexiko*. Tübingen.

GIRARD, René (1972): *La violence et le sacré*. Paris.

GOBIERNO MUNICIPAL DE SANTA CRUZ DE LA SIERRA (1995): *Elay Santa Cruz. Informe del desarrollo humano de la ciudad de Santa Cruz de la Sierra*. Santa Cruz.

GONZÁLEZ, Fernán (1993): «Espacio público y violencias privadas». En: Santoyo, Myriam (comp.): *Conflicto social y violencia*. Bogotá, pp. 33-48.

GÖSSNER, Rolf (comp.) (1995): *Mythos Sicherheit. Der hilflose Schrei nach dem starken Staat*. Baden-Baden.

GRAHAM, H. D./GURR, Ted R. (comps.) (1969): *The History of Violence in America*. New York (Washington)/London.

GROISMAN, Enrique (1983): *Poder y derecho en el 'Proceso de Reorganización Nacional'*. En: *CISEA. Ensayos y Tesis*, Nº 5, Buenos Aires.

GUMUCIO, Mariano Baptista (1987): *Latinoamericanos y norteamericanos. Cinco siglos de dos culturas*. La Paz.

GUZMÁN, Álvaro (1994): «Violencia urbana en Cali durante 1993: una aproximación». En: *Boletín Socioeconómico*, 27, pp. 17-32.

GUZMÁN, Álvaro *et al*. (1993): «Violencia urbana y seguridad ciudadana en Cali». En: *Revista Foro*, 22, pp. 12-25.

HALPERIN DONGHI, Tulio (1972): *Revolución y guerra. Formación de una elite dirigente en la Argentina criolla*. Buenos Aires.

— (1991): *Geschichte Lateinamerikas von der Unabhängigkeit bis zur Gegenwart*. Frankfurt am Main.

HAMMERGREN, Linn A. (1998): *The Politics of Justice and Justice Reform in Latin America. The Peruvian Case in Comparative Perspective*. Boulder/Colorado.

HARRIS, John *et al*. (comps.) (1995): *The New Institutional Economics and Third World Development*. London/New York.

HART, H. L. A. (1961): *The Concept of Law*. Oxford.

HART, Klaus (1998): «Ein armer Toter zählt nicht viel. Die Slums in Rio sind dem Terror krimineller Banden ausgeliefert». En: *Der Überblick*, 98/1, marzo, pp. 85-89.

HAUPT, Heinz-Gerhard (1985): «Staatliche Bürokratie und Arbeiterbewegung. Zum Einfluß der Polizei auf die Konstituierung von Arbeiterbewegung und Arbeiterklasse in Deutschland und Frankreich zwischen 1848 und 1880». En: Kocka, Jürgen (comp.): *Arbeiter und Bürger im 19. Jahrhundert*. München, pp. 219-260.

HEATH, Dwight B. (1972): «New Patrons for Old: Changing Patron-Client Relationships in the Bolivian Yungas». En: Strickon, A./Greenfield, S. M. (comps.): *Structure and Process in Latin America. Patronage, Clientages and Power Systems*. Albuquerque, pp. 101-137.

HEIDEKING, Jürgen (1989a): «Die demokratische Herausforderung. Revolution, Unabhängigkeitskrieg und Bundestagsgründung in Nordamerika, 1763-1815». En: Langewiesche, D. (comp.): *Revolution und Krieg. Zur Dynamik historischen Wandels seit dem 18. Jahrhundert*. Paderborn, pp. 33-55.

— (1989b): «Die geschichtliche Bedeutung der amerikanischen Verfassungsdebatte von 1787 bis 1791». En: *Amerikastudien*, 34, pp. 33-48.

— (1999a): «'Ableger' Europas oder historischer Neubeginn? Britisch-Amerika und die USA». En: Reinhard, W. (comp.): *Verstaatlichung der Welt? Schriften des Historischen Kollegs. Kolloquien 47*. München, pp. 1-18.

— (1999b): «People's War or Standing Army? Die Debatte über Militärwesen im Krieg in den Vereinigten Staaten von Amerika im Zeitalter der Französischen Revolution». En: Kunisch, J./Münkler, H. (comps.): *Die Wiedergeburt des Krieges aus dem Geist der Revolution*. Berlin, pp. 131-152.

HERDEGEN, Matthias (1995): «Investitionsschutz in Lateinamerika: Neuere Entwicklungen im Verfassungs- und Völkervertragsrecht». En: *Zeitschrift für Vergleichende Rechtswissenschaft*, tomo 94, pp. 341-351.

HERNÁNDEZ, Tosca (1991): «'Extraordinary' Police Operations in Venezuela». En: Huggins, Martha K. (comp.): *Vigilantism and the State in Modern Latin America. Essays on extralegal violence*. New York, p. 157 y ss.

HOFMANN, Hasso (1987): «Das Postulat der Allgemeinheit des Gesetzes». En: Starck, Christian (comp.): *Die Allgemeinheit des Gesetzes*. Göttingen, pp. 9-48.

HOLSTON, James/CALDEIRA, Teresa (1998): «Democracy, Law and Violence: Disjunctions of Brazilian Citizenship». En: Agüero, F./Stark, J. (comps.): *Fault Lines of Democracy in Post-Transition Latin America*. Miami, pp. 263-296.

HUGGINS, Martha K. (comp.) (1991): *Vigilantism and the state in Modern Latin America. Essays on extralegal Violence*. New York *et al*.

— (1992): «La policía, el derecho y la transición democrática en América Latina». En: *Pensamiento Centroamericano*, pp. 19-26.

— /HARITOS-FATOUROS, Mika (1996): «Conciencia torturada: secretos y moralidad en la violencia policial brasileña». En: Waldmann, Peter (comp.): *Justicia en la Calle*. Medellín, pp. 323-354.

HUHLE, Rainer (1993): «La violación de los Derechos Humanos, Privilegio de los Estados?». En: *Memoria. Boletin informativo del DIM*, 5, pp. 6-21.

ISUANI, Ernesto Aldo (1999): «Anomia social y anemia estatal. Sobre integración social en la Argentina». En: Filmus, Daniel (comp.): *Los noventa. Política, sociedad y cultura en América Latina y la Argentina de fin de siglo*. Buenos Aires, pp. 25-51.

JACKSON, Robert M. (1990): *Quasi States: Sovereignty, International Relations, and the Third World*. Cambridge *et al.*

JARAMILLO, Ana María (1993): «Milicias populares en Medellín entre lo privado y lo público». En: *Revista Foro*, 22, pp. 25-44.

JARAMILLO, Mario A. (1988): *Impacto del narcotráfico en Antioquia*. Medellín.

JELIN, Elizabeth *et al.* (1996): *Vida cotidiana y control institucional en la Argentina de los 90*. Buenos Aires.

JELLINEK, Georg (1905[2]): «Das Recht des modernen Staates». En: *Allgemeine Staatslehre*. Berlin.

JESSEN, Ralph (1991): *Polizei im Industrierevier. Modernisierung und Herrschaftspraxis im Westfälischen Ruhrgebiet 1848-1914*. Göttingen.

JOUVENEL, Bertrand de (1972): *Du pouvoir*. Paris.

KALMANOWIECKI (1991): «Police, People and Preemtion in Argentina». En: Huggins, Martha K. (comp.): *Vigilantism and the State in Modern Latin America. Essays on extralegal Violence*. New York *et al.*, pp. 47-60.

KARST, Kenneth/SCHWARTZ, Murray L./SCHWARTZ Audrey L. (1973): *The Evolution of Law in the Barrios of Caracas*. Los Angeles.

KNABE, Ricarda (1994): *Drogen, Guerrilla und Gewalt. Gewaltsame Konflikte in Kolonisationszonen Kolumbiens und der Friedensversuch des Präsidenten Belisario Betancur (1982-1986)*. Münster/Hamburg.

KRAUTHAUSEN, Ciro/SARMIENTO, Luis Fernando (1991): *Cocaína & Co*. Bogotá.

KRUMWIEDE, Heinrich (1980): *Politik und katholische Kirche im gesellschaftlichen Modernisierungsprozeß. Tradition und Entwicklung in Kolumbien*. Hamburg.

LACROIX, Bernard (1973): «Régulation et anomie selon Durkheim». En: *Cahiers Internationaux de Sociologie*, vol. IV, pp. 265 y ss.

LAMPE, Ernst-Joachim (comp.) (1995): *Rechtsgleichheit und Rechtspluralismus*. Baden-Baden.

LE GRAND, Catherine (1986): «Los antecedentes agrarios de la violencia: el conflicto social en la frontera colombiana». En: Sánchez, Gonzalo (comp.): *Pasado y presente de la violencia en Colombia*. Bogotá, pp. 87-110.

LECHNER, Jan (1992): «Kultur und Literatur». En: Bernecker, W. L. *et al.* (comps.): *Handbuch der Geschichte Lateinamerikas*. Tomo 2, Stuttgart, pp. 64-92.

LESSMANN, Peter (1989): *Die preußische Schutzpolizei in der Weimarer Republik. Streifendienst und Straßenkampf*. Düsseldorf.

LIEDT, Doris (1987): «Miguel Ángel Asturias: Der Herr Präsident». En: Lühr, V. (comp.): *Das Problem der Anomie in Lateinamerika*. Berlin, p. 75.

LOCKWOOD, David (1971³): «Soziale Integration und Systemintegration». En: Zapf, W. (comp.): *Theorien des sozialen Wandels*. Köln/Berlin, pp. 124-137.

LÖSING, Norbert (1996): «Realidad y perspectivas de la policía en América Latina. Resumen y reflexión». En: Waldmann, Peter (comp.): *Justicia en la calle*. Medellín, pp. 381-404.

LOVEMAN, Brian (1993): *The Constitution of Tyranny. Regimes of Exception in Spanish America*. Pittsburgh/London.

LUCENA SALMORAL, Manuel (1992): «Neu-Granada/Großkolumbien». En: Bernecker, W. L. *et al.* (comps.): *Handbuch der Geschichte Lateinamerikas*. Tomo 2, Stuttgart, pp. 208-248.

LUTZ, Donald S. (1988): *The Origins of American Constitutionalism*. Baton Rouge/London.

LYNCH, John (1973): *The Spanish American Revolutions 1808-1826*. London.

— (1985): «The Origins of Spanish American Independence». En: Bethell, L. (comp.): *The Cambridge History of Latin America. Vol. III: From Independence to 1870*. Cambridge, pp. 3-49.

LYNN KARL, Terry (1995): «The hybrid Regimes of Central America». En: *Journal of Democracy*, tomo, 6, Nº 3, pp. 72-86.

MAIER, Julio (1996): «Breve historia institucional de la policía argentina». En: Waldmann, Peter (comp.): *Justicia en la calle*. Medellín, pp. 126-137.

MAIER, Julio/ABREGÚ, Martín/TISCORNIA, Sofía (1996): «El papel de la policía en la Argentina y su situación actual». En: Waldmann, Peter (comp.): *Justicia en la calle*. Medellín, pp. 161-183.

MANN, Michael (1993): *The Sources of Social Power. Vol. II: The rise of classes and nation-states. 1760-1914*. Cambridge.

MANSILLA, H. C. F. (1990): «Neopatrimonialistische Aspekte von Staat und Gesellschaft in Lateinamerika. Machtelite und Bürokratismus in einer politischen Kultur des Autoritarismus». En: *Politische Vierteljahresschrift*, Jg. XXXI, pp. 33-53.

— (1996): «Estructuras, funciones y problemas de la policía boliviana. Un esbozo introductorio». En: Waldmann, Peter (comp.): *Justicia en la calle*. Medellín, pp. 142-160.

— (1999): «Bücher aus Bolivien. Analyse des Reformmodells — Ein unzureichendes Problembewußtsein?». En: *KAS/Auslandsinformationen*, 04, pp. 83-96.

MARSHALL, T. M./BOTTOMORE, Tom (1992): *Citizenship and social Class*. London/Concord.

MATHER, F. C. (1959): *Public Order in the Age of the Chartists*. Manchester.

MCADAMS, A. James (comp.) (1997): *Transitional Justice and the rule of law in New Democracies*. Notre Damc.

MEDINA, Medófilo (1992): «Violence and Economic Development: 1945-1950 and 1985-1988». En: Bergquist, Ch. *et al*. (comps.): *Violence in Colombia*. Wilmington, pp. 155-166.

MENZIES, Ken (1995): «State Crime by the Police and its Control». En: Jeffrey, Ian (comp.): *Controlling State Crime. Current issues in Criminal Justice*, tomo 9, New York/London, pp. 141-162.

MERTON, Robert K. (1968): «Sozialstruktur und Anomie». En: Sack, F./König, R. (comps.): *Kriminalsoziologie*. Frankfurt am Main, pp. 283-313.

MILLER, David W. (1978): *Queen's Rebels. Ulster Loyalism in Historical Perspective*. Dublin.

MINGARDI, Guaracy (1992): *Tiras, Gansos e Frutas. Cotidiano e Reforma na Policía Civil*. São Paulo.

— (1996): «Corrupçao e violência na Policía de São Paulo». En: Waldmann, Peter (comp.): *Justicia en la calle*. Medellín, pp. 283-299.

MISZTAL, Barbara A. (1996): *Trust in modern Societies*. Cambridge, England.

MOLS, Manfred/THESING, Josef (comps.) (1995): *Der Staat in Lateinamerika*. Mainz.

MORENO, Francisco José/MITRANI, Barbara (comps.) (1971): *Conflict and Violence in Latin American Politics. A Book of Readings*. New York.

MORSE, Richard D. (1974): «The Heritage of Latin America». En: Wiarda, H. J. (comp.): *Politics and Social Change in Latin America. A Distinct Tradition*. Amherst, Mass., pp. 25-69.

MOYANO, María José (1991): «The 'Dirty War' in Argentina: Was it a war and how dirty was it?». En: Waldmann, P./Tobler, H. W. (comps.): *Staatliche und parastaatliche Gewalt in Lateinamerika*. Frankfurt am Main, pp. 45-74.

MÜNKLER, Herfried (1987): *Im Namen des Staates. Die Begründung der Staatsraison in der Frühen Neuzeit*. Frankfurt am Main.

NINO, Carlos S. (1992): *Un país al margen de la ley. Estudio de la anomia como componente del subdesarrollo argentino*. Buenos Aires.

NIPPERDEY, Thomas (1993): *Deutsche Geschichte 1866-1918. Tomo 2: Machtstaat vor der Demokratie*. München.

NOHLEN, Dieter (1994): «Vergleichende Methoden». En: *Ídem* (comp.): *Lexikon der Politik*. München, tomo 2, pp. 507-517.

NOLTE, Detlef (1999): «Rechtsreformen und Demokratie in Lateinamerika». En: *Ídem*/Ahrens, H. (comps.): *Rechtsreformen und Demokratieentwicklung in Lateinamerika*. Frankfurt am Main, pp. 9-35.

NORTH, Douglas *et al*. (1983): *Growth and Welfare in the American Past. A new Economic History*. Englewood Cliffs.

O'DONNELL, Guillermo (1983): *Democracia en la Argentina: micro y macro*. Notre Dame: Kellog Institute of International Studies, Working Paper 2.

— (1984): *¿Y a mí qué me importa? Notas sobre socialidad en Argentina y Brasil*. Notre Dame: Kellog Institute of International Studies, Working Paper Nº 9.

— (1989): *Situaciones: Micro-escenas de la privatización de lo público en São Paulo. Con Comentarios de Da Matta y de J. S. Valenzuela*. Notre Dame: Kellog Institute of International Studies, Working Paper 121.

— (1993): «On the State, Democratization and Some Conceptual Problems: A Latin American View with Glances at some postcommunist Countries». En: *World Development*, tomo 21, Nº 8, pp. 1355-1369.

— (1996): *Another Institutionalization: Latin America and Elsewhere*. Notre Dame: Kellog Institute for International Studies, Working Paper 222.

— (1997): «Ilusiones sobre la Consolidación». En: *Nueva Sociedad*, tomo 62, pp. 70-89.

— (1999): «Polyarchies and the (Un)Rule of Law in Latin America: A partial Conclusion». En: Méndez, J./O'Donnell, G./Pinheiro, P. S. (comps.): *The Rule of Law and the Underprivileged in Latin America*. Notre Dame, pp. 303-333.

OESTREICH, Gerhard (1969): «Strukturprobleme des europäischen Absolutismus». En: *Ídem*: *Geist und Gestalt des frühmodernen Staates. Ausgewählte Aufsätze*. Berlin, pp. 179-197.

OQUIST, Paul (1980): *Violence, Conflict and Politics in Colombia*. New York.

OROZCO Abad, Iván (1992): *Combatientes, rebeldes y terroristas. Guerra y derecho en Colombia*. Bogotá.

ORTIZ, Carlos Miguel (1986): «'La Violencia' y los negocios. Quindío años 50 y 60». En: Sánchez, Gonzalo (comp.): *Pasado y presente de la violencia en Colombia*. Bogotá, pp. 267-304.

PAGDEN, Anthony (1988): «The Destruction of Trust and its Economic Consequences in the Case of Eighteenth-century Naples». En: Gambetta, D. (comp.): *Trust. Making and Breaking Cooperative Relation*. New York/Oxford, pp. 127-141.

PAREKH, Bhikhu (1992): «The Cultural Particularity of Liberal Democracy». En: *Political Studies*, tomo XL, Special Issue, Prospects for Democracy, pp. 160-175.

PÉCAUT, Daniel (1988): *Crónica de dos décadas de política colombiana 1968-1988*. Bogotá.

— (1992): «Guerrillas and Violence». En: Bergquist, Ch. *et al.* (comps.): *Violence in Colombia*. Wilmington, pp. 217-239.

— (1993): «Violencia y política en Colombia». En: Adrianzén, Alberto *et al.* (comps.): *Democracia, etnicidad y violencia en los países andinos*. Lima, pp. 267-288.

— (1994): «¿Es posible una interpretación global de los fenómenos recientes de la violencia en Colombia?». En: *Boletín Socioeconómico*, 27, pp. 1-15.

PÉREZ-PRENDES MUÑOS ARRACO, José-Manuel (1996): «El modelo político español en América». En: Blockmans, W. *et al.* (comps.): *The Heritage of the Pre-Industrial European States*. Lisboa, pp. 41-66.

PIETSCHMANN, Horst (1992): «Burocracia y corrupción en Hispanoamérica colonial. Una aproximación tentativa». En: *Nova Americana*, Nº 5, pp. 11-37.

— (1994): «Die politisch-administrative Organisation». En: Bernecker, Walther L. *et al.* (comps.): *Handbuch der Geschichte Lateinamerikas*. Tomo 1: *Mittel-, Südamerika und Karibik bis 1760*. Stuttgart, pp. 328-364.

PINHEIRO, Paulo Sérgio (1991): «Police and Political Crisis: The Case of the Military Police». En: Huggins, Martha K. (comp.): *Vigilantism and the State in Modern Latin America. Essays on extralegal Violence*. New York *et al.*, pp. 167 y ss.

PIZARRO, Eduardo L. (1993): «Colombia ¿hacia una salida democrática de la crisis nacional?». En: Adrianzén, Alberto *et al.* (comps.): *Democracia, etnicidad y violencia en los países andinos*. Lima, pp. 137-166.

— (1994): *Insurgencia sin revolución. Violencia política y proceso de paz en Colombia*. Manuscrito inédito.

POPITZ, Heinrich (1969^2): *Prozesse der Machtbildung*. Tübingen.

— (1992): *Phänomene der Macht. Autorität — Herrschaft — Gewalt — Technik*. Tübingen.

PRADO SALMÓN, Fernando *et al.* (2000): *Estrategia de lucha contra la pobreza urbana*. 2º Foro Urbano. Santa Cruz (Cedure).

PRIETO OSORNO, Alexander (1993): *Die Mörder von Medellín. Todeskult und Drogenhandel*. Frankfurt am Main.

PRITZL, Rupert F. J. (1997): *Korruption und Rent-Seeking in Lateinamerika. Zur politischen Ökonomie autoritärer politischer Systeme*. Baden-Baden.

PUHLE, Hans-Jürgen (1994): «Unabhängigkeit, Staatenbildung und gesellschaftliche Entwicklung in Nord- und Südamerika». En: Junker, D. *et al.* (comps.): *Lateinamerika am Ende des 20. Jahrhunderts*. München, pp. 27-48.

RASSEM, Mohammed (1983): «Bemerkungen zur 'Sozialdisziplinierung' im Frühmodernen Staat». En: *Zeitschrift für Politik*, año 30, N° 3, pp. 217-238.

REINHARD, Wolfgang (1983): «Zwang zur Konfessionalisierung. Prolegomena zu einer Theorie des konfessionellen Zeitalters». En: *Zeitschrift für Historische Forschung*, tomo 10, N° 3, pp. 257-277.

— (1996): *Les élites du pouvoir et la construction de l'Etat en Europe*. Paris.

— (1998): «Freunde und Kreaturen. Historische Anthropologie von Patronage-Klientel-Beziehungen». En: *Freiburger Universitätsblätter*, Jg., N° 139, pp. 127-141.

— (1999a): *Geschichte der Staatsgewalt. Eine vergleichende Verfassungsgeschichte Europas von den Anfängen bis zur Gegenwart*. München.

— (comp.) (1999b): *Verstaatlichung der Welt? Europäische Staatsmodelle und außereuropäische Machtprozesse*. München.

RIEDMANN, Arnold (1996): «La reforma policial en Colombia». En: Waldmann, Peter (comp.): *Justicia en la calle*. Medellín, pp. 215-240.

RIEKENBERG, Michael (1990): *Zum Wandel von Herrschaft und Mentalität in Guatemala. Ein Beitrag zur Sozialgeschichte Lateinamerikas*. Köln/Wien.

— (1995): *Nationbildung. Sozialer Wandel und Geschichtsbewußtsein am Río de la Plata (1810-1916)*. Frankfurt am Main.

— (1996): «La Policía, la 'moral' y el orden público en Guatemala (siglo XIX)». En: Waldmann, Peter (comp.): *Justicia en la calle*. Medellín, pp. 355-379.

RODRÍGUEZ, Jaime E. (1998): *The Independence of Spanish America*. Nueva edición. Cambridge.

ROJAS, Carlos Eduardo (1994): *La violencia llamada limpieza social*. Bogotá.

ROMERO, Jose Luis (1969): *Las ideas políticas en Argentina*. Buenos Aires.

RUBLACK, Ulinka (1997): «Frühneuzeitliche Staatlichkeit und lokale Herrschaftspraxis in Württemberg». En: *Zeitschrift für Historische Forschung*, tomo 24, Nº 1/4, pp. 347-376.

SALAZAR, Alonso J. (1990): *No nacimos pa' semilla. La cultura de las bandas juveniles en Medellín*. Bogotá.

SALOMÓN, Leticia (1993): *La violencia en Honduras*. Tegucigalpa.

SÁNCHEZ, Gonzalo (1984): *Ensayos de historia social y política del siglo* XX. Bogotá.

— (1986): «Los estudios sobre la violencia: balance y perspectivas». En: *Ídem* (comp.): *Pasado y presente de la violencia en Colombia*. Bogotá, pp. 11-30.

— (1992): «The Violence: an Interpretative Síntesis». En: Bergquist, Ch. *et al*. (comps.): *Violence in Colombia*. Wilmington, pp. 75-124.

SÁNCHEZ, Gonzalo *et al*. (comps.) (1987): *Colombia: violencia y democracia. Informe presentado al Ministerio de Gobierno*. Bogotá.

SÁNCHEZ, Gonzalo/MERTENS, Donny (1985²): *Bandoleros, gamonales y campesinos. El caso de la violencia en Colombia*. Bogotá.

SÁNCHEZ, Gonzalo/PEÑARANDA, Ricardo (comps.) (1986): *Pasado y presente de la violencia en Colombia*. Bogotá.

SARMIENTO, Domingo F. (1972⁹): *Facundo. Civilización y Barbarie*. Buenos Aires.

SCHLUMBOHM, Jürgen (1997): «Gesetze, die nicht durchgesetzt werden — ein Strukturmerkmal des frühneuzeitlichen Staates?». En: *Geschichte und Gesellschaft. Zeitschrift für historische Sozialwissenschaften*, año 23, Nº 4, pp. 647-663.

SCHMID, Carola (1996): «Posibilidades de una investigación empírica sobre la Policía en América Latina». En: Waldmann, Peter (comp.): *Justicia en la calle*. Medellín, pp. 355-379.

— (1999): «Justiz im Alltag: die Rolle der Polizei in Lateinamerika». En: AHRENS, H./NOLTE, D. (comps.): *Rechtsreformen und Demokratieentwicklung in Lateinamerika*. Frankfurt am Main, pp. 240-255.

SCHMID, Robert A. (1996): «La corrupción en la Policía Preventiva del Distrito Federal de México». En: Waldmann, Peter (comp.): *Justicia en la calle*. Medellín, pp. 301-320.

SCHMIDT, Peer (1997): «Neoestoicismo y disciplinamiento social en Iberoamérica colonial (siglo XVII)». En: Kohut, Karl/Rose, Sonia V. (comps.): *Pensamiento europeo y cultura colonial*. Frankfurt am Main, pp. 81-204.

SCHMITTER, Philippe C. (1979): «Still the Century of Corporatism?». En: Schmitter Philippe C./Lehmbruch, Gerhard (comps.): *Trends toward Corporatist Intermediation*. Beverley Hills/London, pp. 7-72.

SCHNEIDER, Hans (1987[3]): «Konstitutionalismus». En: *Evangelisches Staatslexikon*, Stuttgart, col. 1860 y ss.

SCHRÖTER, Bernd (1992): «Überlegungen zu Alternativen der gesellschaftlichen Entwicklung in Spanisch-Amerika am Ende der Kolonialzeit (1770 bis 1820/24)». En: *Asien, Afrika, Lateinamerika*, tomo 20, pp. 133-140.

SMITH, Philipp T. (1985): *Policing Victorian London. Political Policing, Public Order and the Metropolitan Police*. Westport/London.

SMULOVITZ, Catalina (1995): «El Poder Judicial en la Nueva Democracia Argentina. El trabajoso parto de un Actor». En: *Agora. Cuadernos de Estudios Políticos*, año 1, Nº 2, pp. 85-105.

SOUSA SANTOS, Boaventura (1977): «The Law of the Oppressed: The Construction and Reproduction of Legality in Pasagarda». En: *Law & Society Review*, tomo 12, Nº 1, pp. 5-126.

SPILLMANN, Kurt/SPILLMANN, Kati (1991): «On Enemy Images and Conflict Escalation». En: *International Social Science Journal*, 127, pp. 57-76.

SPITTLER, Gerhard (1980): «Streitregelung im Schatten des Leviathan. Eine Darstellung und Kritik rechtsethnologischer Untersuchungen». En: *Zeitschrift für Rechtssoziologie*, tomo 1, Nº 1, pp. 4-32.

STAMMEN, Theo (1977[5]): *Der Rechtsstaat – Idee und Wirklichkeit in Deutschland*. München.

STOURZH, Gerald (1984): «The American Revolution, Modern Constitutionalism and the Protection of Human Rights». En: Thompson, K./Myers, R. J. (comps.): *Truth and Tragedy. A Tribute to Hanns J. Morgenthau*. New Brunswick/London, pp. 162-175.

— (1988): «Constitution. Changing Meanings of the Term from the early seventeenth to the late eighteenth Century». En: Ball, T./Pocock, J. G. (comps.): *Conceptual Change and the Constitution*. Kansas, pp. 35-54.

TETZLAFF, Reiner (2001): *Ist der postkoloniale Leviathan in Afrika entbehrlich? Fragmentierte Gesellschaften zwischen Staatszerfall und sozialer Anomie. Kriegsherrentum und private Organisation von Überlebenssicherheit*. Manuscrito inédito. Hamburg.

THEDIECK, Franz (1999): «Verwaltungskontrolle in Lateinamerika». En: Ahrens, H./ Nolte, D. (comps.): *Rechtsreformen und Demokratieentwicklung in Lateinamerika*. Frankfurt am Main, pp. 222-239.

THOME, Helmut (2001): *Theoretische Ansätze zur Erklärung langfristiger Gewaltkriminalität seit Beginn der Neuzeit*. Manuscrito inédito. Halle.

TILLY, Charles (1985): «War Making and State Making as Organized Crime». En: Evans, P. B./Rueschemeyer, Dieter/Skocpol, Thedda (comps.): *Bringing the State back in*. Cambridge/Mass., pp. 169-191.

TOBLER, Hans Werner (2000): «Die Staatsentwicklung in den USA und Lateinamerika». En: Edelmayer, F. *et al.* (comps.): *Die vielen Amerikas. Die Neue Welt zwischen 1800 und 1930*. Frankfurt am Main, pp. 53-68.

TOBLER, Hans Werner/WALDMANN, Peter (comps.) (1991): *Staatliche und parastaatliche Gewalt in Lateinamerika*. Frankfurt am Main.

TOCQUEVILLE, Alexis de (1976): *Über die Demokratie in Amerika*. München.

TROTHA, Trutz von (1987): *Distanz und Nähe*. Tübingen.

— (1994): «'Streng aber gerecht' — 'hart aber tüchtig'. Über Formen von Basislegitimität und ihre Ausprägungen am Beginn staatlicher Herrschaft». En: Mohlig, Wilhelm J. G./Trotha, Trutz von (comps.): *Legitimation von Herrschaft und Recht*. Köln, pp. 69-92.

URIBE, María Victoria (1992): *Limpiar la tierra: Guerra y poder entre esmeralderos*. Bogotá.

— (1994): *Colombia: una construcción social violenta*. Manuscrito inédito.

VALENILLA LANZ, Laureano [1919] (1961): *Cesarismo democrático. Estudios sobre las bases sociologicas del la constitución efectiva de Venezuela*. Caracas.

VORLÄNDER, Hans (1989): «Verfassungsverehrung in Amerika: Zum konstitutionellen Symbolismus in den USA». En: *Amerikastudien*, N° 34, pp. 69-82.

— (1997): *Hegemonialer Liberalismus. Politisches Denken und politische Kultur in den USA*. Frankfurt am Main/New York.

WALDMANN, Adrián (2001): «Wirtschaft und Identität in Santa Cruz de la Sierra. '¡Soy Camba, y qué!'». En: Sevilla, R./Benavides, A. (comps.): *Bolivien. Das verkannte Land?* Bad Honnef, pp. 143-164.

WALDMANN, Peter: (1971): «Vergleichende Analyse autoritärer Staatsideologien in Lateinamerika». En: Lindenberg, Klaus (eds): *Politik in Lateinamerika*. Hannover, pp. 33-44.

— (1978a): «Caudillismo als Konstante der Politischen Kultur Lateinamerikas?». En: *Jahrbuch für Geschichte von Staat, Wirtschaft und Gesellschaft Lateinamerikas*, tomo 15, pp. 191-208.

— (1978b): «Ursachen der Guerrilla in Argentinien». En: *Jahrbuch für die Geschichte von Staat, Wirtschaft und Gesellschaft Lateinamerikas*, tomo 15, pp. 295-349.

— (1980): «Unsicherheit als Alltagserfahrung in Lateinamerika». En: *Aus Politik und Zeitgeschichte. Beilage zur Zeitschrift «Das Parlament»*, tomo 13, pp. 31-36.

— (1994): «Politik und Gewalt in Lateinamerika». En: *Innsbrucker Geographische Studien*, tomo 21, pp. 73-80.

— (1995): «Gesellschaften im Bürgerkrieg. Zur Eigendynamik entfesselter Gewalt». En: *Zeitschrift für Politik*, año 42, N° 4, pp. 343-368.

— (1996a): «Anomie in Argentinien». En: Nolte, D./Werz, N. (comps.): *Argentinien. Politik, Wirtschaft, Kultur und Außenbeziehungen*. Frankfurt am Main, pp. 58-80.

— (1996b): *Justicia en la calle. Ensayos sobre la policía en América Latina*. Medellín.

— (1996c): «El nacimiento de la policía moderna en Alemania del siglo XIX y algunas conclusiones relacionadas con la América Latína de hoy». En: *Ídem* (comp.): *Justicia en la calle. Ensayos sobre la policía en América Latína*. Medellín, pp. 31-54.

— (1997): *Radicalismo étnico. Análisis comparado de las causas y efectos en conflictos étnicos violentos*. Madrid.

— (1998): «Soziale Anomie. Zur Fruchtbarkeit eines klassischen soziologischen Konzeptes in Bezug auf die Entwicklungsländer». En: *Geschichte und Gegenwart*, año 17, pp. 143-164.

— /RIEDMANN, Arnold (1996): «Lateinamerikas Polizei — Das Beispiel Kolumbiens». En: *Zeitschrift für Lateinamerika*, 49, pp. 17-34.

— /SCHMID, Carola (1996): «¿Protección o extorsión? Aproximación al perfil real de la policía en America Latina». En: *Contribuciónes*, N° 3, pp. 157-185.

WEBER, Max (1972[5]): *Wirtschaft und Gesellschaft*. Tübingen.

WEIG, Berthold (1994): «Soziale Parallelstrukturen in brasilianischen Großstädten. Das Beispiel Rio de Janeiro». En: *Konrad Adenauer Stiftung (KAS) Auslandsinformationen*, 2, pp. 75-82.

WERZ, Nikolaus (1991): *Das neuere politische und sozialwissenschaftliche Denken in Lateinamerika*. Freiburg im Breisgau.

WIARDA, Howard J. (1974): «Law and Political Development in Latin America: Toward a Framework of Analysis». En: *Ídem* (comp.): *Politics and Social Change in Latin America. A distinct Tradition*. Amherst, Mass., pp. 199-229.

WILSON, James Q. (1989): *Bureaucracy. What Government Agencies do and why they do it*. New York.

WYDUCKEL, Dieter (1979): *Princeps legibus solutus. Eine Untersuchung zur frühmodernen Rechts- und Staatslehre*. Berlin.

ZINTL, Reinhard (1993): «Clubs, Clans und Cliquen». En: Ramb, B. T./Tietzel, M. (comp.): *Die ökonomische Logik des menschlichen Verhaltens*. München, pp. 89-117.

ZWILGMEYER, Franz (1929): *Die Rechtslehre Savignys*. Leipziger rechtswissenschaftliche Studien, N° 37, Leipzig.